中国当代作品选编

1949—1986

（法、英文注释）
TEXTES CHOISIS
D'ECRIVAINS CHINOIS
READINGS FROM
CHINESE WRITERS

I

华语教学出版社
北 京
Sinolingua
Beijing

First Edition 1989

ISBN 7-80052-066-8
ISBN 0-8351-1916-5

Copyright 1989 by Sinolingua
Published by Sinolingua
24 Baiwanzhuang Road, Beijing, China
Distributed by China International Book Trading
Corporation (Guoji Shudian)
P.O. Box 399. Beijing, China

Printed in the People's Republic of China

前　言

　　《中国当代作品选编》系供国外大专院校中文专业讲授中国语言文学的辅助教材；可作为具有一定汉语水平的读者学习中国文学的普及读物；还可作为中国语言文学教师的教学参考资料。

　　本书和《中国古代作品选编》、《中国现代作品选编》属一套丛书。本套丛书的编选是从文学入手，从语言着眼。阅读这套丛书，可以使读者较系统地接触中国文学，既可了解中国文学的概貌，又可丰富有关中国历史、社会、文化和语言方面的知识。从而巩固提高汉语水平。

　　本册选文照顾到1949年至1986年间各个历史阶段的重要作家及其重要作品，同时考虑到读者的汉语水平，所选作品力求通俗易懂，并注意兼顾不同流派、不同风格、不同题材和不同艺术形式。有些选文虽然不是作家的代表作，但仍能体现作家的艺术风格。

　　为了方便教学和阅读，对选文中的难词、难句、方言和成语等均注有汉语拼音，并加了英、法两种译文，有的还作了必要的注释。

　　本书所选作家均附有作者小传。对各篇选文也作了简明扼要的介绍。

　　参加本册编写工作的是北京语言学院的教师马中林、杨国章、刘社会、苑锡群、孙伯芬、张亚军、孙德芗、张兰欣、郭洁珠。

编者

长篇小说 （节选）

诗

中国当代文学发展概况

（1949——1986）

    1949年10月1日，中华人民共和国宣告成立。人剥削人的制度消灭了，社会主义制度建立了，中国社会进入了一个崭新的历史时期。在新的历史时期中，新文学运动有了更加深入、更加广泛的发展。

    从1949年到1965年，中国迅速恢复了国民经济，并开始大规模的社会主义建设。在此期间，文学创作，包括小说、戏剧、诗歌、散文等，都获得了蓬勃的发展，涌现出一大批深受广大群众欢迎的优秀作品。老舍以满饱的热情创作了《龙须沟》、《茶馆》和《正红旗下》等作品，描绘了他所熟悉的北京人的生活风貌，以深沉的笔触，揭露了旧中国的黑暗，赞颂了人民的新政权。郭沫若的《蔡文姬》，田汉的《关汉卿》和《文成公主》，都对历史人物给予了重新评价，并且以新的观点描绘了汉族和少数民族的兄弟关系。同时还出现了许多描绘半个多世纪以来中国人民革命斗争壮丽图景的作品。如长篇小说《创业史》、《红旗谱》、《红岩》、《青春之歌》、《风云初记》、《林海雪原》、《红日》、《铁道游击队》、《山乡巨变》等，中、短篇小说《三千里江山》、《风雪之夜》、《黎明的河边》、《党费》、《百合花》、《李双双小传》、《我的第一个上级》、《春种秋收》等，以及话剧《万水千山》、《霓虹灯下的哨兵》，歌剧《刘三姐》、《洪湖赤卫队》等，都是广大读者、观众熟悉和喜爱的作品。报告文学《谁是最可爱的人》，以其强烈的国际主义的革命情感和对人民军队的热情赞颂而传诵一时。短篇小说《组织部新来的青年人》、报告文学《在桥梁工地上》等，敏锐地反映了社会主义时期的人民内部矛盾。在诗歌方面，诗人们创作了不少优秀诗篇，热情地唱出了新生活的赞歌。

    1966年至1976年的"文化大革命"期间，林彪、"四人帮"大搞封建法西斯文化专制主义和文化虚无主义，形成了新中国文化史上最黑暗的年代。中国的文艺蒙受了一场空前的浩劫。

在林彪、"四人帮"相继覆灭之后，中国又开始了一个新的历史时期。各种形式的优秀文学作品，如雨后春笋，不断涌现。如长篇小说《将军吟》、《许茂和他的女儿们》、《东方欲晓》、《蹉跎岁月》、《黄河东流去》、《芙蓉镇》，中篇小说《大墙下的红玉兰》、《天云山传奇》、《蒲柳人家》、《乔厂长上任记》、《人到中年》，短篇小说《班主任》、《神圣的使命》、《李顺大造屋》、《小镇上的将军》、《谁生活得更美好》、《雕花烟斗》、《围墙》、《这是一片神奇的土地》、《内当家》等；报告文学《励精图治》、《祖国高于一切》、《热流》等；还有话剧《王昭君》、《丹心谱》、《于无声处》、《报春花》、《左邻右舍》、《谁是强者》等；以及诗歌《天安门诗抄》、《中国的十月》、《一月的哀思》等，都以激动人心的主题，丰富多彩的内容和独特的艺术手法吸引、打动了广大读者和观众。一个人才辈出、群星灿烂的文艺复兴的时代正在到来。

新中国成立后的三十几年中，文学创作的成果是相当可观的。这些成果不仅丰富了中国人民的文化宝库，而且也为世界文化宝库增添了新的财富。

老 舍（1899—1966）

现代著名作家，人民艺术家。原名舒庆春，字舍予。北京人，满族，出身贫苦。早期当过中、小学教员，1924年赴英国伦敦大学任教并开始创作。早期作品有《老张的哲学》、《赵子曰》和《二马》等。

1930年回国后，任济南齐鲁大学、青岛大学教授。1935年他和王统照一起创办《避暑录话》，在此期间创作有短篇小说集《赶集》、《樱海集》、《蛤藻集》和长篇小说《猫城记》等。1937年长篇小说《骆驼祥子》问世。

抗战期间他创作了许多剧作，还写有短篇小说集《火车集》、《贫血集》等。1946年赴美国讲学，1944年至1947年写了长篇小说《四世同堂》。

1949年回国后，老舍先后创作了《方珍珠》、《龙须沟》、《茶馆》等二十多个剧本。

解放后，老舍曾任中国文联副主席、中国作家协会副主席、北京市文联主席等职。

现已出版的老舍的作品，除长篇小说外，还有《老舍短篇小说选》、《老舍剧作选》等多种。

龙 须 沟

（节选）

龙须沟是北京一条有名的臭沟，两岸住着勤劳安分的劳动人民。多少年来这条臭沟无人过问。解放前人民群众捐献修沟的钱被贪官、恶霸所侵吞。北京刚解放，人民政府就决定治理这条臭沟，为人民除害。话剧《龙须沟》以这个历史事实为背景，描写了沟边一个小杂院解放前后人民生活的变化。

本文选自《老舍剧作选》，人民文学出版社1978年版。《龙须沟》为三幕六场话剧，下面节选其中第一幕。

* * *

第 一 幕

时间 北京解放前，一个初夏的上午，昨夜下过雨。

地点 龙须沟〔1〕。这是北京天桥〔2〕东边的一条有名的臭沟，沟里全
是红红绿绿的稠泥浆，夹杂着垃圾〔3〕、破布、死老鼠、死猫、
死狗和偶尔发现的死孩子。附近硝皮〔4〕作坊〔5〕、染坊〔6〕所
排出的臭水，和久不清除的粪便，都聚在这里一齐发霉。不但
沟水的颜色变成红红绿绿，而且气味也教人从老远闻见就要作
呕，所以这一带才俗称为"臭沟沿"。沟的两岸，密密层层的
住满了卖力气的、耍手艺的〔7〕，各色穷苦劳动人民。他们终
日终年乃至〔8〕终生，都挣扎在那肮脏腥臭〔9〕的空气里。他们
的房屋随时有倒塌的危险，院中大多数没有厕所，更谈不到厨
房；没有自来水，只能喝又苦又咸又发土腥味的井水；到处是
成群的跳蚤，打成团〔10〕的蚊子，和数不过来的臭虫，黑压
压〔11〕成片的苍蝇，传染着疾病。

每逢〔12〕下雨，不但街道整个的变成泥塘，而且臭沟的水
就漾〔13〕出槽〔14〕来，带着粪便和大尾巴蛆，流进居民们比街
道还低的院内、屋里、淹湿了一切的东西。遇到六月下连阴雨
的时候，臭水甚至带着死猫、死狗、死孩子冲到土炕上面，大
蛆在满屋里蠕动着，人就仿佛是其中的一个蛆虫，也凄惨地蠕
动着。

布景 龙须沟的一个典型小杂院。院子不大，只有四间东倒西歪的破
土房。门窗都是东拼西凑〔15〕的，一块是老破花格窗，一块是
"洋式"窗子改的，另一块也许是日本式的旧拉门儿〔16〕，上
边有的糊着破碎不堪发了霉的旧报纸，有的干脆钉上破木板或
碎席子，即或有一半块小小的破玻璃，也已被尘土、煤烟子和
风沙等等给弄得不很透亮了。

2

北房是王家，门口摆着水缸和破木箱，一张长方桌放在从云彩缝里射出来的阳光下，上边晒着大包袱。王大妈正在生着焊活[17]和作饭两用的小煤球炉子。东房，右边一间是丁家，屋顶上因为漏雨，盖着半领破苇席，用破砖压着，绳子拴着，檐下挂着一条旧车胎；门上挂着补了补钉[18]的破红布门帘，门前除了一个火炉和几件破碎三轮车零件外，几乎是一无所有[19]。左边一间是程家，门上挂着下半截已经脱落了的破竹帘子，窗户上糊着许多香烟画片；门前有一棵发育不全的小枣树，借着枣树搭起一个小小的喇叭花[20]架子。架的下边，靠左上角有一座泥砌的柴灶。程娘子[21]正在用捡来的柴棍烧火，蒸窝窝头，给疯子[22]预备早饭。（这一带的劳动人民，大多数一天只吃两顿饭。）柴灶的后边是塌倒了的半截院墙墙角，从这里可以看见远处的房子，稀稀落落的电线杆子，和一片阴沉的天空。南边中间是这个小杂院的大门，又低又窄，出来进去总得低头。大门外是一条狭窄的小巷，对面有一所高大而破旧的房子，房角上高高的悬着一块金字招牌"当[23]"。左边中间又是一段破墙，左下是赵老头儿所住的一间屋子，门关着，门前放着泥瓦匠所用的较大工具；一条长凳，一口倒放着的破缸，缸后堆着垃圾，碎砖头。娘子的香烟摊子，出卖的茶叶和零星物品，就暂借这些地方晒着。满院子横七竖八的绳子上晒着各家的破衣破被。脚下全是湿泥，有的地方垫[24]着炉灰，砖头或木板。房子的墙根角全发了霉，生了绿苔[25]。天上的云并没有散开，乌云在移动着，太阳一阵露出来，一阵又藏进去。〔幕启：门外陆续有卖青菜的、卖猪血的、卖驴肉的、卖豆腐的、剃头的、买破烂[26]的和"打鼓儿"的声音，还有买菜还价[27]的争吵声，附近有铁匠作坊的打铁声，织布声，作洋铁盆洋铁壶的敲打声。

　　程娘子坐在柴灶前的小板凳上添柴烧火。小妞子[28]从大门前的墙根搬过一些砖头来，把院子铺出一条走道[29]丁四嫂〔30〕正在用破盆在屋门口舀〔31〕屋子里渗进去的雨水。二春〔32〕抱着几件衣服走出来，仰着头正看刚露出来的太阳，把衣服搭在绳子上晒。大妈生好了煤球炉子，仰头看着天色，小心翼翼〔33〕地抱起桌上的大包袱来，往屋里收。二春正走到房门口，顺手接进去。大妈从门口提一把水壶，往水缸走去，可是不放心二春抱进去的包袱，眼睛还盯在二春的身上。大妈用水瓢由水缸里取水，置〔34〕壶炉上，坐下，开始作活。

四嫂　（递给妞子一盆水）你要是眼睛不瞧着地，摔了盆，看我不好好揍你一顿！

小妞　你怎么不管哥哥呢？他一清早就溜出去，什么事也不管！

四嫂　他？你等着，等他回来，我不揍扁〔35〕了他才怪！

小妞　爸爸呢，干脆就不回来！

四嫂　甭〔36〕提他！他回来，我要不跟他拼命〔37〕，我改姓〔38〕！

疯子　（在屋里，数来宝〔39〕）叫四嫂，别去拼，一日夫妻百日恩〔40〕！

娘子　（把隔夜的窝头蒸上）你给我起来，屋里精湿〔41〕的，躺什么劲儿！

疯子　叫我起，我就起，尊〔42〕声娘子别生气！

小妞　疯大爷，快起呀，跟我玩！

四嫂　你敢去玩！快快倒水去，弄完了我好作活！晌午的饭还没辙〔43〕哪！

疯子　（穿破夏布〔44〕大衫〔45〕，手持芭蕉扇，一劲地〔46〕搧，似欲赶走臭味，出来，向大家点头）王大妈！娘子！列位〔47〕大嫂！姑娘们！

小妞　（仍不肯去倒水）大爷！唱！唱！我给你打家伙！

四嫂　（过来）先干活儿！倒在沟里去！（妞子出去）

娘子　你这么大的人，还不如小妞子呢！她都帮着大人作点事，看你！

疯子　娘子差矣〔48〕！（数来宝）想当初，在戏园，唱玩艺〔49〕，挣

洋钱，欢欢喜喜天天象过年！受欺负，丢了钱，臭鞋、臭袜、臭沟、臭水、臭人、臭地熏得我七窍冒黑烟〔50〕（弄水洗脸）

娘子　你呀！我这辈子算倒了霉啦！

四嫂　别那么说，他总比我的那口子〔51〕强点，他不是这儿（指头部）有点毛病吗？我那口子没毛病，就是不好好地干！拉不着钱，他泡蘑菇〔52〕；拉着钱，他能一下子都喝了酒！

疯子　（一边擦脸，一边说）我这里，没毛病，臭沟熏得我不爱动。
　　　（外面有吆喝〔53〕豆腐声。）

疯子　有一天，沟不臭，水不清，国泰民安〔54〕享太平。（坐下来吃窝头）

小妞　（进来，模仿数来宝的竹板声）呱唧呱唧呱唧呱。

娘子　（提起香烟篮子）王大妈，四嫂，多照应着点，我上市去啦。

大妈　街上全是泥，你怎么摆摊子呢？

娘子　我看看去！我不弄点钱来，吃什么呢？这个鬼地方，一阴天，我心里就堵上个大疙疸〔55〕！赶明儿〔56〕六月连阴天〔57〕，就得瞪着眼挨饿！（往外走，又立住）看，天又阴得很沉！

小妞　妈，我跟娘子大妈去！

四嫂　你给我乖乖地在这里，哪儿也不准去！（扫阶下的地）

小妞　我偏去！我偏去！

娘子　（在门口）妞子，你等着，我弄来钱，一定给你带点吃的来。乖！外边呀，精湿烂滑的，滑到沟里去可怎么办！

疯子　叫娘子，劳您驾，也给我带个烧饼这么大。（用手比，有碗那么大）

娘子　你呀，呸！烧饼，我连个芝麻也不会给你买来！（下）

小妞　疯大爷，娘子一骂你，就必定给你买好吃的来！

四嫂　唉，娘子可真有本事！

疯子　谁说不是！我不是不想帮忙啊，就是帮不上！看她这么打里打外〔58〕的，我实在难受！可是……唉！什么都甭说了！

赵老　（出来）哎哟！给我点水喝呀！

5

疯子　赵大爷醒啦！

二春
小妞　（跑过去）怎样啦！怎样啦？

大妈　只顾了穷忙，把他老人家忘了。二春，先坐点开水！

二春　（往回跑）我找余子〔59〕去。（入屋中）

四嫂　（开始坐在凳上作活）赵大爷，你要点什么呀？

疯子　丁四嫂，你很忙，侍候病人我在行！

二春　（提余子出来，将壶中水倒入余子，置炉上，去看看缸）妈，水就剩了一点啦！

小妞　我弄水去！

四嫂　你歇着吧！那么远，满是泥，你就行啦？

疯子　我弄水去！不要说，我无能，沏茶〔60〕灌水我还行！帮助人，真体面〔61〕，甚么活儿我都干！

大妈　（立起）大哥，是发疟子〔62〕吧？

赵老　（点头）唉！刚才冷得要命，现在又热起来啦！

疯子　王大妈，给我桶。

大妈　四嫂，教妞子帮帮吧！疯子笨手笨脚的，再滑到臭沟里去！

四嫂　（迟顿了一下）妞子，去吧！可留点神，慢慢走！

小妞　疯大爷，咱们俩先抬一桶；来回二里多地哪！多了抬不动（找到木棍）你拿桶。

二春　（把桶递给疯子）不脱了大褂呀？省得溅上泥点子！

疯子　（接桶）我里边，没小褂，光着脊梁不象话！

小妞　呱唧呱唧呱唧呱。（同疯子下）

大妈　大哥，找个大夫看看吧？

赵老　有钱，我也不给大夫啊！唉！年年总有这么一场，还老在这个时候！正是下过雨，房倒屋塌，有活作的时候，偏发疟子！打几班儿〔63〕呀，人就软得象棉花！多么要命！给我点水喝呀，我渴！

大妈　二春，搧搧火！

赵老	善心的姑娘，行行好吧！
四嫂	赵大爷，到药王庙去烧股香，省得疟子鬼儿老跟着您！
二春	四嫂，蚊子叮了才发疟子呢。看咱们这儿，蚊子打成团。
大妈	姑娘人家，少说话；四嫂不比你知道的多！（又坐下）
二春	（倒了一黄砂碗开水，送到病人跟前）您喝吧，赵大爷！
赵老	好姑娘！好姑娘！这碗热水救了老命喽！（喝）
二春	（看赵老用手赶苍蝇，借来四嫂的芭蕉扇给他搧）赵大爷，我这可真明白了姐姐为什么一去不回头！
大妈	别提她，那个没良心的东西！把她养大成人，聘出去，她会不来看我一眼！二春，你别再跟她学，扔下妈妈没人管！
二春	妈，您也难怪姐姐。这儿是这么脏，把人熏也熏疯了！
大妈	这儿脏，可有活儿干呢！九城八条大街，可哪儿能象这里挣钱这么方便？就拿咱们左右的邻居说，这么多人家里只有程疯子一个闲人。地方干净有什么用，没的吃也得饿死！
二春	这儿挣钱方便，丢钱也方便。一下雨，摆摊子的摆不上，卖力气的出不去，不是瞪着眼挨饿？臭水往屋里跑，把什么东西都淹了；哪样不是钱买的？
四嫂	哼，昨儿个夜里，我蹲在炕上，打着伞，把这些背心顶在头上。自己的东西弄湿了还好说，弄湿了活计〔64〕赔得起吗！
二春	因为脏，病就多。病了耽误作活，还得花钱吃药！
大妈	别那么说。俗语说得好："不干不净，吃了没病！"我在这儿住了几十年，还没敢抱怨一回！
二春	赵大爷，您说。您年年发疟子，您知道。
大妈	你教大爷歇歇吧，他病病歪歪的！我明白你的小心眼里都憋着〔65〕什么坏呢！
二春	我憋着什么坏？您说！
大妈	哼，没事就往你姐姐那儿跑。她还不唧唧咕咕，说什么龙须沟脏，龙须沟臭！她也不想想，这是她生身之地，刚离开这儿几个月，就不肯再回来，说一到这儿就要吐，真遭罪呀！甭你小

眼睛眨巴眨巴地看着我！我不再上当，不再把女儿嫁给外边人！

二春　那么我一辈子就老在这儿？连解手儿[66]都得上外边去？

大妈　这儿不分男女，只要肯动手，就有饭吃；这是真的，别的都是瞎扯！这儿是宝地！要不是宝地，怎么越来人越多？

二春　没看见过这样的宝地！房子没有一间整的，一下雨就砸死人，宝地！

赵老　姑娘，有水再给我点！

二春　（接碗）有，那点水都是您的！

赵老　那敢情好！

大妈　您不吃点什么呀？

赵老　不想吃，就是渴！

四嫂　发痧子伤气[67]，得吃呀，赵大爷！

二春　（端来水）给您！

赵老　劳驾！劳驾！

二春　不劳驾！

赵老　姑娘，我告诉你几句好话。

二春　您说吧！

赵老　龙须沟啊，不是坏地方！

大妈　我说什么来着？赵大爷也这么说不是？

赵老　地好，人也好。就有两个坏处。

二春　哪两个？

四嫂　（拿着活计凑过来）您说说！

赵老　作官的坏，恶霸坏！

大妈　大哥，咱们说话，街上听得见，您小心点！

　　　〔天阴上来，阳光被云遮住。

赵老　我知道！可是，我才不怕！六十岁了，也该死了，我怕什么？

大妈　别那么说呀，好死不如癞[68]活着！

赵老　作官的坏……

8

〔刘巡长，腰带在手中拿着，象去上班的样子，由门外经过。

大妈　（打断赵的话）赵大爷，有人……（二春急跑到大门口去看）二春，过来！

二春　（在门口）刘巡长！

四嫂　（跑到门口）刘巡长，进来坐坐吧！

巡长　四嫂子，我该上班儿了。

四嫂　进来坐坐，有话跟您说！

巡长　（走进来）有什么话呀？四嫂！

四嫂　您给二嘎子〔69〕……

大妈　啊，刘巡长，怎么这么闲在呀？

巡长　我正上班去，四嫂子把我叫住了。（转身）赵大爷，您好吧？

大妈　哪儿呀，又发上疟子啦！

巡长　这是怎么说的！吃药了吗？

赵老　我才不吃药！

巡长　总得抓〔70〕剂药吃！你要是老不好，大妈，四嫂子都得给您端茶送水的……

二春　不要紧，有我侍候他呢！

巡长　那也耽误作活呀！这院儿里谁也不是有三有俩的。就拿四嫂说，丁四成天际不照面……

四嫂　可说的是呢！我请您进来，就为问问您给二嘎子找个地方学徒的事，怎么样了呢？

巡长　我没忘了，可是，唉，这年月，物价一天翻八个跟头，差不多的规矩〔71〕买卖全关了门，您叫我上哪儿给他找事去呢！

大妈　刘巡长，二嘎子呀可是个肯下力、肯吃苦的孩子！您就多给分分心吧！

巡长　得，四嫂，我必定在心！我说四嫂，教四爷可留点神，别喝了两盅，到处乱说去！（低声）前儿个半夜里查户口，又弄下去五个！硬说人家是……（回头四望，作"八"的手式）是这个！多半得……唉，都是中国人，何必呢？这玩意，我可不能

　　　　干！

赵老　对！

四嫂　听说那回放跑了俩，是您干的呀？

巡长　我的四奶奶！您可千万别瞎聊啊，您要我的脑袋搬家是怎着？

四嫂　您放心，没人说出去！

二春　刘巡长，您不会把二嘎子荐到工厂去吗？我还想去呢！

四嫂　对，那敢情好！

大妈　二春，你又疯啦！女人家上工厂！

巡长　正经工厂也都停了车啦！您别忙，我一定给想办法！

四嫂　我谢谢您啦！您坐这歇歇吧！

巡长　不啦，我呆不住！

四嫂　歇一会儿，怕什么呢？（把疯子的板凳送过来，刘只好坐下）

赵老　我刚才说的对不对？作官的坏！作官的坏，老百姓就没法活下去！大小的买卖〔72〕，工厂，全教他们接收的给弄趴下啦〔73〕，就剩下他们自己肥头大耳朵地活着！

二春　要不穷人怎么越来越多呢！

大妈　二春，你少说话！

赵老　别的甭说，就拿咱们这儿这条臭沟说吧，日本人在这儿的时候，咱们捐过钱，为挖沟，沟挖了没有？

二春　没有！捐的钱也没影儿啦！

大妈　二春，你过来！（二春走回去）说话小心点！

赵老　日本人滚蛋了以后，上头说把沟堵死。好麻，沟一堵死，下点雨，咱们这儿还不成了海？咱们就又捐了钱，别说堵啊，得挖。可是，沟挖了没有？

四嫂　他妈的，那些钱又教他们吃了，丫头养的〔74〕！

大妈　四嫂，嘴里干净点，这儿有大姑娘！

二春　他妈的！

大妈　二春！

赵老　程疯子常说什么"沟不臭，水又清，国泰民安享太平。"他说

10

得对，他不疯！有了清官，才能有清水。我是泥水匠，我知道：城里头，大官儿在哪儿住，哪儿就修柏油[75]大马路；谁作了官，谁就盖高楼大瓦房。咱们穷人哪，没人管！

巡长　一点不错！

四嫂　捐了钱还教人家白白的吃[76]了去！

赵老　有那群作官的，咱们永远得住在臭沟旁边。他妈的，你就说，全城到处有自来水，就是咱们这儿没有！

大妈　就别抱怨啦，咱们有井水吃还不念佛？

四嫂　苦水呀，王大妈！

大妈　也不太苦，二性子[77]！

二春　妈，您怎么会对付呢？

大妈　你不将就，你跟你姐姐一样，嫁出去永远不回头！你连一丁点孝心也没有！

赵老　刘巡长，上两次的钱，可都是您经手！我问你，那些钱可都上哪儿去了？

巡长　您问我，我可问谁去呢？反正我一心无愧！（站起来，走到赵面前）要是我从中赚过一个钱，天上现在有云彩，教我五雷轰顶[78]！人家搂[79]钱，我挨骂，您说我冤枉不冤枉！

赵老　街坊四邻都知道你的为人[80]都说你不错！

巡长　别说了，赵大爷！要不是一家五口累赘[81]着我呀！我早就远走高飞啦，不在这儿受这份窝囊气[82]！

赵老　我明白，话又说回来，咱们这儿除了官儿，就是恶霸。他们偷，他们抢，他们欺诈，谁也不敢惹他们。前些日子，张巡官一管，肚子上挨了三刀！这成什么天下？

巡长　他们背后有撑腰的呀，杀了人都没事！

大妈　别说了，我直打冷战[83]！

赵老　别遇到我手里！我会跟他们拼！

大妈　新鞋不踩臭狗屎呀！您到茶馆酒肆[84]去，可千万留点神，别乱说话！

赵老　你看着，多咱他们欺负到我头上来，我教他们吃不了兜着走！

巡长　我可真该走啦！今儿个还不定有什么蜡坐〔85〕呢！（往外走）

四嫂　（追过去）二嘎子的事，您可给在点心〔86〕哪！刘巡长。

巡长　就那么办，四嫂！（下）

四嫂　我这儿道谢啦！

大妈　要说人家刘巡长可真不错！

赵老　这样的人就算难得！可是，也作不出什么事儿来！

四嫂　他想办出点事来，一个人也办不成呀！〔丁四无精打采〔87〕地进来。

四嫂　嗨！你还回来呀！

丁四　你当我爱回来呢！

四嫂　不爱回来，就再出去！这儿不短你这块料〔88〕！

　　　〔丁四不语，打着呵欠直向屋子走去。

四嫂　（把他拦住）拿钱来吧！

丁四　一回来就要钱哪？

四嫂　那怎么着？！家里还揭不开锅呢！

丁四　揭不开锅！我在外边死活你管了吗？

四嫂　我们娘几个死活谁管呢？甭费话，拿钱来。

丁四　没钱！

四嫂　钱哪儿去啦？

丁四　交了车份〔89〕。

四嫂　甭来这套！你当我不知道呢！不定又跑到哪儿喝酒去了。

丁四　那你管不着。太爷〔90〕我自个挣钱自个花，你打算怎么着吧！你说！

四嫂　我打算怎么着？这破家又不是我一个人的！好吧！咱谁也甭管！（说着把活计扔下）

丁四　你他妈的不管，活该！

四嫂　怎么着？你一出去一天，回来磅子儿〔91〕没有，临完了，把钱都喝了猫儿尿〔92〕！

12

丁四　我告诉你，少管我的闲事！

四嫂　什么？不管？家里揭不开锅，你可倒好……

丁四　我不对，我不该回来，太爷我走！

　　〔四嫂扯住丁四，丁四抄起门栓[93]来要打四嫂，二春跑过去把门栓抢过来。

赵老　（大吼）丁四！

　　〔丁四被赵老的怒吼声震住，低头不语，往屋门口走，四嫂坐下哭，二春蹲下去劝。

赵老　这是你们丁家的事，按理说我可不该插嘴，不过咱们爷儿们住街坊[94]也不是一年半年啦，总算是从小儿看你长大了的，我今儿个可得说几句讨人嫌[95]的话……

丁四　（颓唐地坐下）赵大爷，您说吧！

赵老　四嫂，你先别这么哭，听我说。（四嫂止住哭声）你昨儿晚上干什么去啦？你不知道家里还有三口子张着嘴等着你哪！孩子们是你的，你就不惦记着吗！

丁四　（眼泪汪汪地）不是，赵大爷！我不是不惦记孩子，昨儿个整天的下雨，没什么座儿[96]，挣不着钱！晚上在摊儿坐着，您猜怎么着，晌午六万一斤的大饼，晚上就十二万啦！好家伙，交完车份儿，就没钱了。东西一天翻十八个跟头[97]，您不是不知道！

赵老　唉！这个物价呀，就要了咱们穷人的命！可是你有钱没钱也应该回家呀，总不照面儿不是一句话啊！就说为你自个儿想，半夜三更住在外边，够多悬[98]哪！如今晚儿天天半夜里查户口，半夜一个说不对劲，轻了把你拉去当壮丁，当炮灰，重了拿你当八路，弄去灌凉水轧杠子[99]，磨成了灰还不知道是怎样死的呢！

丁四　这我都知道。他妈的我们蹬三轮儿的受的这份气，就甭提了。就拿昨儿个说吧，好容易遇上个座儿，一看，可倒好，是个当兵的。没法子，拉吧，打永定门一直转游到德胜门脸儿，上边淋着，底下蹚着，汗珠子从脑瓜顶儿直流到脚底下。临完，下车一个子儿〔100〕没给还不算，还差点给我个大脖拐〔101〕！他妈的，坐完车不给钱，您说是什么人头儿〔102〕！我刚交了车，一看掉点儿〔103〕了，我就往家里跑。没几步，就滑了我俩大跟头，您不信瞅瞅这儿，还有伤呢！我一想，这溜儿〔104〕更过不来啦，怕掉到沟里去，就在刘家小茶馆蹲了半夜。我没睡好，提心吊胆〔105〕的，怕把我拉走当壮丁去！跟您说吧，有这条臭沟，谁也甭打算好好的活着！〔四邻的工作声——打铁、风箱、织布声更大了一点。

四嫂　甭拉不出屎来怨茅房！东交民巷〔106〕、紫禁城〔107〕倒不臭不脏，也得有尊驾〔108〕的份儿呀！你听听，街坊四邻全干活儿，就是你没有正经事儿。

丁四　我没出去拉车？我天天光闲着来着？

四嫂　五行八作〔109〕就没您这一行！龙须沟这儿的人都讲究有个正经行当！打铁，织布，硝皮子，都成一行；你算哪一行？

丁四　哼，有这一行，没这行，蹬上车我可以躲躲这条臭沟！我是属牛〔110〕的，不属臭虫，专爱这块臭地！

赵老　丁四，四嫂，都少说几句吧……（刘巡长上）怎么，刘巡长……

巡长　我说今儿个又得坐蜡不是？

四嫂　刘巡长，什么事呀？

巡长　唉，没法子，又叫我收捐！

全体　什么，又收捐？

巡长　是啊，您说这教我多为难？

丁四　家家连窝头都混不上呢，还交得起他妈的捐！

巡长　说的是啊！可是上边交派下来，您教我怎么办？

赵老　我问你，今儿个又要收什么捐？

巡长　反正有个"捐"字，您还是养病要紧，不必细问了。捐就是捐，您拿钱，我收了交上去，咱们心里就踏实啦。

赵老　你说说，我听听！

巡长　您老人家一定要知道，跟您说吧！这一回是催卫生捐。

赵老　什么捐？

巡长　卫生捐。

赵老　（狂笑）卫生捐？卫生——捐！（再狂笑）丁四，哪儿是咱们的卫生啊！刘巡长，谁出这样的主意，我贪他的八辈祖宗！
　　　（丁四搀他入室）

巡长　唉！我有什么办法呢？

大妈　您可别见怪他老人家呀！刘巡长！要是不发烧，他不会这么乱骂人！

二春　妈，你怎这么怕事呢？看看咱们这个地方，是有个干净的厕所，还是有条干净的道儿？谁都不管咱们，咱们凭什么交卫生捐呢？

大妈　我的小姑奶奶，你少说话！巡长，您多担待〔111〕，她小孩子。不懂事！

巡长　王大妈，唉，我也是这儿的人！你们受什么罪，我受什么罪！别的就不用说了！
　　　（要走）

大妈　不喝碗茶呀？真，您办的是官事，不容易！

巡长　官事，对，官事！哈哈！

四嫂　大估摸一家得出多少钱呢？

丁四　（由赵屋中出来）你必得问清楚，你有上捐的瘾〔112〕！

四嫂　你没有那个瘾，交不上捐你去坐监牢，德行〔113〕！

丁四　刘巡长，您对上头去说吧，给我修好了路，修好了沟，我上捐。不给我修啊，哼，我没法拉车，也就没钱上捐；要命有命，就是没钱！

巡长　四爷，您是谁？我是谁？能跟上头说话？

大妈　丁四，你就别为难巡长了吧！当这份差事，不容易！
　　　〔程疯子与小妞抬着水桶，进来。

疯子　借借光〔114〕，水来了！刘巡长，您可好哇？

15

巡长　疯哥你好？

〔大妈把缸盖连菜刀，搬到自己坐的小板凳上，二春接过桶去，和大妈抬着往缸里倒，疯子也想过去帮忙。

丁四　喝，两个人才弄半桶水来？

小妞　疯大爷晃晃悠悠，要摔七百五十个跟头，水全洒出去啦！

二春　没有自来水，可要卫生捐！

巡长　我又不是自来水公司，我的姑娘！再见吧！（下）

丁四　（对程）看你的大褂褂，下边成了泥饼子啦！

疯子　黑泥点儿，白大褂儿，看着好象一张画儿。（坐下，抠〔115〕大衫上的泥）

丁四　凭这个，咱们也得上卫生捐！

四嫂　上捐不上捐吧，你该出去奔奔，午饭还没辙哪！

丁四　小茶馆房檐底下，我蹲了半夜，难道就不得睡会儿吗？

四嫂　那，我问你今儿个吃什么呢？

丁四　你问我，我问谁去？

大妈　别着急，老天爷饿不死瞎家雀儿！要不然这么着吧，先打我这儿拿点杂合面去，对付过今儿个，教丁四歇歇，明儿蹬进钱来〔116〕再还我。

丁四　王大妈，这合适吗？

大妈　这算得了什么！你再还给我呀！快睡觉去吧！（推丁四下）

〔丁低头入室。二春早已跑进屋去，端出一小盆杂合面来，往丁四屋里送，四嫂跟进去。

二春　四嫂，搁那儿呀！

四嫂　（感激地）哎哟，二妹妹，交给我吧！（下）

〔二嘎子跑进来，双手捧着个小玻璃缸。

二嘎　妞子，小妞，快来！看！

小妞　（跑过来）哟，两条小金鱼！给我！给我！

二嘎　是给你的！你不是从过年的时候，就嚷嚷着要小金鱼吗？

小妞　（捧起缸儿来）真好！哥，你真好！疯大爷，来看哪！两条

16

两条！

疯子 （象小孩似的，蹲下看鱼。学北京卖金鱼的吆喝）卖大小——小金鱼儿咧。

四嫂 （上）二嘎子，你一清早就跑出去，是怎回事？说！

二嘎 我……

四嫂 金鱼是哪儿来的？

二嘎 卖鱼的徐六给我的。

四嫂 他为什么那么爱你呢？不单给鱼，还给小缸！瞧你多有人缘〔117〕哪！你给我说实话！我们穷，我们脏，我们可不偷！说实话！要不然我搂死你！

丁四 （在屋内）二嘎子偷东西啦！我来搂他！

四嫂 你甭管！我会搂他！二嘎子，把鱼给人家送回去！你要是不去，等你爸爸搂上你，可够你受的！去！

小妞 （要哭）妈，我好容易有了这么两条小鱼！

二春 四嫂，咱们这儿除了苍蝇，就是蚊子，小妞子好容易有了两条小鱼，让她养着吧！

四嫂 我可也不能惯着孩子作贼呀！

疯子 （解大衫）二嘎子，说实话，我替你挨打跟挨骂！

二嘎 徐六教我给看着鱼挑子，我就拿了这个小缸，为妹妹拿的，她没有一个玩艺儿〔118〕！

疯子 （脱下大衫）拿我的大褂还徐六去！

四嫂 那怎么能呢？两条小鱼儿也没有那么贵呀！

疯子 只要小妞不落泪，管什么金鱼贵不贵！

二春 （急忙过来）疯哥，穿上大褂！（把两张票子给二嘎）二嘎子，快跑，给徐六送去。

〔二嘎接钱飞跑而去。

四嫂 你快回来！

〔天渐阴。

四嫂 二妹妹，哪有这么办的呢！小妞子，还不过去谢谢王奶奶跟二

17

姑姑哪？

小妞　（捧着缸儿走过去）奶奶，二姑姑，道谢啦！

大妈　好好养着哟，别叫野猫吃了哟！

小妞　（把缸儿交给疯子）疯大爷，你给我看着，我到金鱼池，弄点闸草[119]来！红鱼，绿闸草，多么好看哪！

四嫂　一个人不能去，看掉在沟里头！

〔四嫂刚追到大门口，妞子已跑远。狗子[120]由另一个地痞[121]领着走来，那个地痞指指门口，狗子大模大样走进来。地痞下。

四嫂　嗨，你找谁？

狗子　你姓什么？

四嫂　我姓丁。找谁？说话！别满院子胡蹓跶[112]！

狗子　姓程的住哪屋？

二春　你找姓程的有什么事？

大妈　少多嘴。（说着想往屋里推二春）

狗子　小丫头片子，你少问！

二春　问问怎么了？

大妈　我的小姑奶奶，给我进去！

二春　我凭什么进去呀？看他们把我怎么样？

（大妈已经把二春推进屋中，关门，两手紧把着门口）

狗子　（一转身看见疯子）那是姓程的不是？

四嫂　他是个疯子，你找他干什么？

大妈　是啊，他是个疯子。

狗子　（与大妈同时）他妈的老娘儿们少管闲事！（向疯子）小子，你过来！

二春　你别欺负人！

大妈　（向屋内的二春）我的姑奶奶，别给我惹事啦！

四嫂　他疯疯癫癫的，你有话跟我说好啦。

狗子　（向四嫂）你这娘们再多嘴，我可揍扁了你！

18

四嫂　（搭讪〔123〕着后退）看你还怪不错的呢！

疯子　（为了给四嫂解除威胁，自动地走过来）
　　　我姓程，您哪，有什么话您朝着我说吧！

狗子　小子，你听着，我现在要替黑旋风〔124〕大太爷管教管教你。
　　　不管他妈的是你，是你的女人，还是你的街坊四邻，都应当记
　　　住：你们上晓市〔125〕作生意，要有黑旋风大太爷的人拿你们
　　　的东西，就是赏你们脸〔126〕。今天，我姓冯的，冯狗子，赏
　　　给你女人脸，拿两包烟卷，她就喊巡警，不知死的鬼！我不跟
　　　她打交道，她是个不禁搀的老娘们；我来管教管教！

娘子　（挎着被狗子踢坏了的烟摊子，气愤，忍泪，低着头回来。刚
　　　到门口，看见狗子正发威）冯狗子！你可别赶尽杀绝呀！你硬
　　　抢硬夺，踢了我的摊子不算，还赶上门来欺负人！

　　　〔四嫂接过娘子的破摊子，娘子向狗子奔去。

狗子　（放开疯子，慢慢一步一步紧逼娘子）踢了你的摊子是好的，
　　　惹急了咱爷儿们，教你出不去大门！

娘子　（理直气壮地，但是被逼得往后退）你讲理不讲理？你凭什么
　　　这么霸道？走，咱们还是找巡警去！

狗子　（示威）好男不跟女斗。（转向疯子）小子，我管教管教你！
　　　（狠狠地打疯子几个嘴巴，打的顺口流血）

　　　……〔疯子老实地挨打，在流泪；娘子怒火冲天，不顾一切地冲向
　　　狗子拼命，却被狗子一把抓住。

　　　〔二春正由屋内冲出，要打狗子，大妈惊慌地来拉二春，四嫂想
　　　救娘子又不敢上前。

赵老　（由屋里气得颤巍巍〔127〕地出来）娘子，四奶奶，躲开！我
　　　来斗斗他！打人，还打个连苍蝇都不肯得罪的人，要造反吗？
　　　（拿起大妈的切菜刀）

狗子　老梆子你管他妈的什么闲事，你身上也痒痒吗？

大妈　（看赵拿起她的切菜刀来）二嘎的妈！娘子！拦住赵大爷，他
　　　拿着刀哪！

19

赵老　我宰了这个王八蛋！

娘子　宰他！宰他！

二春　宰他！宰他！

四嫂　（拉着娘子，截住赵）丁四，快出来，动刀啦！

大妈　（对冯狗子）还不走吗？他真拿着刀呢！

狗子　（见势不佳）搁着你的，放着我的，咱们走对了劲儿再瞧。
　　　（下）

二春　你敢他妈的再来！

丁四　（揉着眼出来）怎回事？怎回事？

四嫂　把刀抢过来！

丁四　（过去把刀夺过来）赵大爷，怎么动刀呢！

大妈　（急切地）赵大爷！赵大爷！您这是怎么嘹？怎么得罪黑旋风
　　　的人呢？巡官、巡长，还让他们扎死呢，咱们就惹得起他们
　　　啦？这可怎么好呕！

赵老　欺负到程疯子头上来，我受不了！我早就想斗斗他们，龙须沟
　　　不能老是他们的天下！

大妈　娘子，给疯子擦擦血，换件衣裳！赶紧走，躲躲去！冯狗子调
　　　了人来，还了得！丁四，陪着赵大爷也躲躲去，这场祸惹得不
　　　小！

娘子　我骂疯子，可以；别人欺负他，可不行！我等着冯狗子……

大妈　别说了，还是快走吧！

赵老　我不走！我拿刀等着他们！咱们老实，才会有恶霸！咱们敢动
　　　刀，恶霸就夹起尾巴跑！我不发烧了，这不是胡话。

大妈　看在我的脸上，你躲躲！我怕打架！他们人多，不好惹！打起
　　　来，准得有死有活！

赵老　我不走，他们不会来！我走，他们准来！

丁四　您的话说对了！我还睡我的去！（入室）

娘子　疯子，要死死在一块，我不走！

大妈　这可怎么好呕！怎么好呕！

20

二春　妈，您怎这么胆小呢！

大妈　你大胆儿！你不知道他们多么厉害！

疯子　（悲声地）王大妈，丁四嫂，说来说去都是我不好！（颓丧地坐下）想当初，我在城里头作艺〔128〕，不肯低三下四地侍候有势力的人，教人家打了一顿，不能再在城里登台〔129〕。我到天桥下地〔130〕，不肯给胳臂钱〔131〕，又教恶霸打个半死，把我扔在天坛根。我缓醒过来，就没离开这龙须沟！

娘子　别紧自伤心啦！

二春　让他说说，心里好痛快点呀！

疯子　我是好人，二姑娘，好人要是没力气啊，就成了受气包儿！打人是不对的，老老实实地挨打也不对！可是，我只能老老实实地挨打……哼，我不想作事吗？老教娘子一个人去受累，成什么话呢！

娘子　（感动）别说啦！别说啦！

疯子　可是我没力气，作小工子活，不行；我只是个半疯子！（要犯疯病）对，我走！走！打不过他们，我会躲！
　　　　〔二嘎子跑进来，截住疯子。

二嘎　妈，我把钱交给了徐六，他没说什么。妈，远处又打闪哪！又要下雨！

娘子　（拉住疯子）别再给我添麻烦吧，疯子！

四嫂　（看看天，天已阴）唉！老天爷，可怜可怜穷人，别再下雨吧！屋子里，院子里，全是湿的，全是脏水，教我往哪儿藏，哪儿躲呢！有雷，去霹〔132〕那些恶霸；有雨，往田里下；别折磨我们这儿的穷人了吧！
　　　　〔隐隐〔133〕有雷声。

疯子　（呆立看天）上哪儿去呢？天下可哪有我的去处呢？
　　　　〔雷响。

娘子　快往屋里抢东西吧！
　　　　〔大家都往屋里抢东西，乱成一团，暴雨下来。

21

〔巡长跑上。

巡 长　了不得啦！妞子掉在沟里啦！

众 人　妞子……（争着往外跑）

四 嫂　（狂喊）妞子！（跑下）

——狂风大雨中幕徐闭〔134〕

译　　注

[1] 龙须沟	Lóngxūgōu	Rigole Longxu (*barbe de dragon*)
		the Longxu (*Dragon Beard*) Ditch
[2] 天桥	Tiānqiáo	*nom de lieu*
		name of a place
[3] 垃圾	lājī	ordure
		rubbish
[4] 硝皮	xiāopí	tannage
		tannage
[5] 作坊	zuōfang	atelier
		workshop
[6] 染坊	rǎnfáng	teinturerie
		dyehouse
[7] 耍手艺的	shuǎ shǒuyì de	artisan
		artisan
[8] 乃至	nǎizhì	même
		even
[9] 腥臭	xīngchòu	puant
		stinking

[10] 打成团	dǎ chéng tuán	en grand nombre
		form a cloud of
[11] 黑压压	hēiyāyā	grouillant
		a dark mass of
[12] 每逢	měiféng	au moment où
		every time when ...
[13] 漾	yàng	déborder
		overflow
[14] 槽	cáo	lit de la rigole
		trough
[15] 东拼西凑	dōngpīn-xīcòu	pièces regroupées
		piece together
[16] 拉门儿	lāménr	porte coulissante
		a sliding door
[17] 焊活	hànhuó	soudure
		soldering
[18] 补钉	bǔding	rapiècement
		patch
[19] 一无所有	yīwúsuǒyǒu	ne rien posséder
		own nothing
[20] 喇叭花	lǎbahuā	belle-de-jour
		morning glory
[21] 程娘子	Chéng niángzǐ	la femme de Cheng
		Cheng's wife
[22] 程疯子	Chéng fēngzi	*Cheng-le-fou*
		Cheng, the madman
[23] 当	dàng	mont-de-piété
		pawn
[24] 垫	diàn	recouvrir

23

		cover
[25] 绿苔	lǜtái	mousse
		lichen
[26] 破烂	pòlàn	chiffon
		worthless stuff
[27] 还价	huánjià	marchander
		bargain
[28] 小妞子	Xiǎoniūzi	*nom de personne*
		name of a person
[29] 走道	zǒudào	allée
		path
[30] 丁四嫂	Dīng sìsǎo	*nom de personne* (quatrième belle-soeur Ding)
		name of a person
[31] 舀	yǎo	ici: vider
		ladle out
[32] 二春	Èrchūn	*nom de personne*
		name of a person
[33] 小心翼翼	xiǎoxīnyìyì	avec beaucoup d'attention
		with great care
[34] 置	zhì	déposer
		put
[35] 扁	biǎn	casser
		be crushed
[36] 甭	béng	ne . . . pas
		don't
[37] 拼命	pīnmìng	risquer sa peau
		fight at all risks
[38] 改姓	gǎi xìng	changer le nom de famille

24

change surname

[39] 数来宝　　shǔláibǎo　　ballade rythmée

rhythmic storytelling

[40] 恩　　ēn　　affection

grateful affection

[41] 精湿　　jīngshī　　trop humide

wet

[42] 尊　　zūn　　appeler respectueusement

Your Respect, a polite way
to address a person

[43] 没辙　　méizhé　　sans moyen

don't know how to deal with

[44] 夏布　　xiàbù　　toile de ramie

grass cloth

[45] 大衫　　dàshān　　tunuque

robe

[46] 一劲地　　yíjìn de　　sans cesse

continuously

[47] 列位　　lièwèi　　tous

everyone

[48] 差矣　　chàyǐ　　avoir tort

be wrong

[49] 玩艺　　wányìr　　ballade

ballad

[50] 七窍冒烟　　qīqiào-màoyān　　La fumée lui sort par les
sept orifices

the seven holes: two eyes,
two ears, two nostrils and
a mouth

25

[51]	我的那口子	wǒ de nàkǒuzi	mon mari my old man (husband)
[52]	泡蘑菇	pào mógu	vivre au jour le jour slow-paced
[53]	吆喝	yāohe	crier peddler's cry
[54]	国泰民安	guótài-mín'ān	la paix du pays et la tran- quillité du peuple The land is peaceful and the people are happy.
[55]	疙疸	gēda	nœud knot
[56]	明儿	míngr	ici: plus tard later
[57]	连阴天	liányīntiān	des jours successifs avec le ciel couvert ou la pluie running days of cloudy and rainy
[58]	打里打外	dǎlǐ dǎwài	être très occupé et par le travail et par le ménage busy working within and without home
[59]	氽子	cuānzi	cruchon a small pot for fast boiling of water
[60]	沏茶	qī chá	infuser du thé make tea
[61]	体面	tǐmian	honorable honorable

[62]	疟子	nuèzi	malaria
			malaria
[63]	打过几班儿	dǎguò jǐ bānr	après plusieurs crises
			after several rounds of suffering
[64]	活计	huóji	produits finis
			finished articles
[65]	憋着	biēzhe	engendrer
			harbour
[66]	解手儿	jiěshǒur	aller aux toilettes
			go to the toilet
[67]	伤气	shāngqì	nuire à la santé
			destroy one's health
[68]	癞	lài	mal
			worthless
[69]	二嘎子	Èrgǎzi	surnom d'une personne
			nickname of a person
[70]	抓	zhuā	ici: aller acheter (des médicaments chinois)
			buy (Chinese herbal medicine)
[71]	规矩	guīju	correct
			decent
[72]	买卖	mǎimai	magasin
			business
[73]	趴下啦	pāxià la	faire faillite
			go bankrupt
[74]	丫头养的	yātou yǎng de	bâtard
			bastard
[75]	柏油	bǎiyóu	goudron

		asphalt
[76] 吃	chī	extorquer
		be extorted
[77] 二性子	èrxìngzi	ici: à moitié (amer)
		mild bitter
[78] 五雷轰顶	wǔléi hōngdǐng	être foudroyé par un coup de tonnerre
		be struck by lightning
[79] 搂	lōu	extorquer
		extort
[80] 为人	wéirén	conduite; comportement
		behavior
[81] 累赘	léizhui	accabler
		support (a family)
[82] 窝囊气	wōnangqì	être victime d'une injustice
		be subjected to annoyances
[83] 冷战	lěngzhan	frisson
		shiver with cold
[84] 酒肆	jiǔsì	bar
		wineshop
[85] 有……蜡坐	yǒu …… làzuò	être embarrassé
		to be in trouble
[86] 在点心	zàidiǎnrxīn	faire attention
		keep in mind
[87] 无精打采	wújīng-dǎcǎi	(avoir) l'air abattu
		dispirited
[88] 料	liào	ici: matière
		stuff
[89] 车份	chēfèn	impôt d'un pousse-pousse

rent of a rickshaw or a
pedicab

[90] 太爷   tàiyé   ici: seigneur

master

[91] 磅子儿   bàngzǐr   sou

a penny

[92] 猫儿尿   māorniào   ici: vin

urine of cat, a disgraceful
name for alcohol

[93] 门拴   ménshuān   verrou

gate bar

[94] 街坊   jiēfang   voisin

neighbours

[95] 讨人嫌   tǎorénxián   déplaisant

unpleasant

[96] 座儿   zuòr   ici: client

rider

[97] 翻跟头   fān gēntou   (le prix) monter en flèche

(price rises) several times
higher

[98] 悬   xuán   dangereux

dangerous

[99] 轧杠子   yà gàngzi   torturer quelqu'un avec une
barre

torture with a heavy bar

[100] 子儿   zǐr   sou

a penny

[101] 脖拐   bóguǎi   gifle

a slap in the face

[102] 人头儿	réntóur	une espèce de
		a bastard
[103] 掉点儿	diào diǎnr	commencer à pleuvoir
		start to rain
[104] 这溜儿	zhè liùr	cet endroit
		this area
[105] 提心吊胆	tíxīn-diàodǎn	être dans l'angoisse
		be in constant fear
[106] 东交民巷	Dōngjiāomínxiàng	ancien quartier des légations
		the Legation Quarter
[107] 紫禁城	Zǐjìnchéng	la Cité interdite
		the Forbidden City
[108] 尊驾	zūnjià	Votre excellence (ici: avec ironie)
		Your Respect
[109] 五行八作	wǔháng bāzuō	tous les métiers
		all kinds of jobs
[110] 属牛	shǔ niú	être né à l'année de bœuf
		be born in the year of ox
[111] 担待	dāndài	tolérer
		forgive
[112] 瘾	yǐn	manie
		addiction
[113] 德行	déxing	détestable
		disgusting
[114] 借光	jièguāng	pardon
		excuse me, please
[115] 抠	kōu	gratter

scratch

[116] 蹬进钱来　dēngjìn qián lai　gagner de l'argent

earn money

[117] 人缘　rényuán　populaire

popularity

[118] 玩艺儿　wányìr　joujou

plaything

[119] 闸草　zhácǎo　herbe aquatique

water-weed

[120] 狗子　Gǒuzi　*surnom d'une personne*

nickname of a person (dog)

[121] 地痞　dìpi　voyou

local ruffian

[122] 蹓跶　liūda　flâner

stroll

[123] 搭讪　dāshàn　dire quelque chose pour

sauver une situation

embarrassante

mutter in an embarrassing

situation

[124] 黑旋风　Hēixuànfēng　ouragan noir, *surnom d'un*

despote local

Black whirlwind, *nickname of*

a person

[125] 晓市　xiǎoshì　marché du matin

second-hand market

[126] 赏脸　shǎngliǎn　faire honneur à

think highly of someone

[127] 颤巍巍　chànwēiwēi　tremblant

31

			tottering
			trembling
[128]	作艺	zuòyì	travailler comme un artiste
			work as an entertainer
[129]	登台	dēngtái	monter sur les planches
			give performance on a stage
[130]	下地	xiàdì	ici: présenter sur le terrain (pour un artiste)
			to work as an entertainer on the ground
[131]	胳臂钱	gēbeiqián	frais payés à un despote local
			money paid to local ruffians
[132]	霹	pī	foudroyer
			strike
[133]	隐隐	yǐnyǐn	vaguement
			obscure
[134]	徐闭	xúbì	tirer doucement (les rideaux)
			(Curtain) falls slowly.

郭沫若（1892—1978）

卓越的文学家、历史学家和著名的社会活动家。四川乐山县人，原名郭鼎堂，沫若是他的笔名。

郭沫若1914年赴日本学医，1919年开始文学创作，1912就出版了著名诗集《女神》，开创了一个时代的新诗风。他还写了不少剧本和小说。

郭沫若是1921成立的"创造社"的发起人和最主要的成员，积极开展文学活动。1926年赴广州任广东大学文学院院长。

抗战爆发后，他是中华全国文艺界抗敌协会的主要领导人之一。在此期间，他创作了《屈原》、《虎符》等有名的历史话剧。1959年他写出了优秀历史剧《蔡文姬》。

解放后他一直担任全国文联主席、科学院院长等重要职务。现有《沫若文集》17卷，收集了他的主要著作。

蔡 文 姬

（节选）

《蔡文姬》是五幕历史话剧，写于1959年2月。剧作反映了东汉时期，丞相曹操以重金迎取远嫁匈奴、博学多才的蔡文姬归汉，完成《续汉书》的故事。蔡文姬为曹操思慕贤才的精神所感动，毅然离别丈夫、子女回到汉朝，为发展中华民族的文化作出了贡献。全剧以民族和睦为主导思想，通过蔡文姬、曹操等人思想、行为的刻画，赞颂了"忧以天下，乐以天下"，捐弃个人悲欢，以国事为重的崇高品质。

本文选自《郭沫若选集》第3卷，人民文学出版社1961年版。

●　　　　　●　　　　　●

第 四 幕

第一场

邺下〔1〕，曹丞相〔2〕之书斋〔3〕。夜。

琴〔4〕棋〔5〕弓〔6〕矢〔7〕，图书文物〔8〕均可适当布置，但须朴质〔9〕而庄重〔10〕。曹操〔11〕尚〔12〕俭约〔13〕，不喜奢华〔14〕，具有平民〔15〕风度〔16〕。多才多艺，喜谐谑〔17〕，潇洒〔18〕，不拘形迹〔19〕。但亦〔20〕有威〔21〕可畏〔22〕，令人不敢侵犯〔23〕。当时的习惯还是席地而坐〔24〕，地上全面敷〔25〕毡毯〔26〕，座有坐垫〔27〕或蒲团〔28〕之类。书案〔29〕须矮〔30〕。但曹操所用之书案要大些，案上陈列〔31〕文书〔32〕笔砚〔33〕之类。砚乃〔34〕瓦砚，形如长箕而有四足。曹操善书，在案旁不妨设一有釉陶筒〔35〕（不能用瓷，当时尚〔36〕无瓷），插入纸卷画轴之类。

曹操在灯下看书，不断击节〔37〕称赏〔38〕，连赞"好诗！好诗！"其〔39〕夫人卞氏〔40〕坐在一旁缝补〔41〕被面〔42〕。曹操所用被面已历10年，每岁解浣〔43〕缝补。

卞氏　这条被面真是经用呵。算来用了10年了，补补缝缝，已经打了好几个大补钉〔44〕。

曹操　补钉愈多愈好。冬天厚实，暖和些。夏天去了绵絮〔45〕，当单被盖，刚合适。

卞氏　（笑出）你真会打算。

曹操　天下人好多都还没有被盖，有被盖已经是天大的幸福了。（拍案叫绝）呵，好诗！好诗！（继之以朗吟，一面以手击拍）

　　　　　谓〔46〕天有眼呵何不见我独漂流？

　　　　　谓神有灵呵何事〔47〕处〔48〕我天南海北头？

　　　　　我不负〔49〕天呵天何配〔50〕我殊〔51〕匹〔52〕？

　　　　　我不负神呵神何殛〔53〕我越〔54〕荒州〔55〕？

好大的气魄〔56〕！有胆力，说得出！

卞氏　你在读谁的诗呵？

曹操　蔡文姬的《胡笳十八拍》[57]，是董祀[58]前几天由长安派人送回来的。

卞氏　哦？蔡文姬已经到了长安吗？

曹操　早就到了，恐怕在这一两天就要回到我们这儿来了。

卞氏　我们要好好地欢迎她呀。怪可怜的，陷没[59]在南匈奴[60]，足足12年！你说，她今年有多大年纪了？

曹操　算来怕已有三十一二吧。我记得她是在她父亲充军[61]的时候生在朔方[62]的，那是光和元年（公元178年）蔡邕[63]在朔方九个月，朝廷赦免了他们。但蔡邕在回来的路上又得罪了五原[64]太守[65]王智[66]，他们又要杀他，弄得来在江海亡命[67]12年。直到初平[68]元年（公元190年）才回到洛阳[69]，他立即就被董卓[70]强迫利用了，实在可惜。

卞氏　他为什么不逃走，就象你一样呢？

曹操　文人的短处就在这些地方了，听说他也想逃走，但没有下定决心。

卞氏　亡命12年中，蔡文姬是跟着他父亲的吧？

曹操　那当然了，不过回到洛阳以后不久就分开了。她父亲就在初平元年三月跟随朝廷迁都到长安，文姬是留下来了。她在初平三年（公元192年）嫁给河东卫仲道[71]。不久她父亲在长安遇害，她母亲赵五娘[72]也跟着死了。蔡伯喈[73]的死实在是一项大损失。他的文章学问，今天还没有人能赶得上他。

卞氏　蔡文姬听说也很有才学的啦？

曹操　她小时候很聪明，记性[74]很好，过目成诵[75]。现在看她这首《胡笳十八拍》，使我感觉着蔡中郎[76]是有一个好女儿啦。这也是艰难玉成[77]了她。她在父母死后的第二年又把丈夫死掉了。

卞氏　哎呀，真可怜啦！

曹操　丈夫死后回到陈留[78]不两年，就在兴平二年（公元195年）

又流落[79]到匈奴去了。

卞氏　哎呀，这孩子真是灾难重重啦！

曹操　我也可怜她！所以这一次才派人去南匈奴把她接回来。我看她
　　　回来是可以承继她父亲的遗志，做出一番事业的。她父亲想纂
　　　修[80]《续汉书》[81]，这对她不就是最适宜的事吗？

卞氏　她在南匈奴12年，听说已经有了一子一女，能够一道回来吗？

曹操　不能，那边的左贤王[82]不肯。

卞氏　那不又是伤心的事？

曹操　是啊，她的《胡笳十八拍》就是写出她这天大的伤心。

　　　（曹操一面谈话，一面在翻阅诗稿。他似乎能够五官并用。）

卞氏　算来她要小我十六七岁。你看，我是把她当成妹子呢，还是当
　　　成侄女儿？

曹操　当然当成侄女儿了。蔡伯喈和我是忘年之交[83]，我是把蔡文
　　　姬当成自己的女儿一样看待的。（又拍案叫绝，使卞氏吃一
　　　惊）哦，好诗，好诗！（击拍吟哦）

　　　　　怨呵欲问天，

　　　　　天苍苍呵上无缘，

　　　　　举头仰望呵空云烟。（重重地击拍）

卞氏　值得你那样欣赏的诗，那一定是很好的了。

曹操　实在好得很，实在好得很！（继续击拍吟哦）

　　　　　今别子呵归故乡，

　　　　　旧怨平呵新怨长。

　　　　　泣血仰头呵诉苍苍，

　　　　　胡为生我呵独罹此殃[84]？

　　　简直是血写成的！（停一会，继续吟哦）

　　　　　天与地隔呵子西母东。

　　　　　苦我怨气呵浩于长空，

　　　　　六合[85]虽广呵受之应不容！（又重重击拍）

卞氏　（流泪，频频以手巾拭之）多么悲哀呵，你读得我都流出眼泪

36

来了。

（此时曹丕入场。曹丕时年二十二岁。手执简牍〔86〕一通，走向曹操侧近跪地呈献。）

曹丕　爹爹，遣〔87〕胡〔88〕副使〔89〕屯田〔90〕司马〔91〕周近〔92〕迎接蔡文姬回来了。

曹操　蔡文姬已经到了吗？我和你母亲才在这儿提到她。

曹丕　周近到府报到，他呈缴〔93〕了董祀的这通表文〔94〕。南匈奴右贤王去卑〔95〕也到了。

曹操　董祀没有回来吗？

曹丕　表文里说他在华阴〔96〕落马〔97〕把右脚摔断了，要在当地治疗。

曹操　你把它念一遍给我听。（把简牍推给曹丕。）

曹丕　（展开简牍念出）"待罪臣〔98〕董祀，诚惶诚恐〔99〕死罪死罪，顿首〔100〕禀白〔101〕丞相曹公麾下〔102〕。臣从长安赶赴华阴道中，不幸失足落马，致左胫骨折断，不能行旅。遵医嘱，当留华阴疗治，恐需一月方能治愈。程期〔103〕已迫〔104〕不敢羁延〔105〕，谨〔106〕遣副使屯田司马周近护送蔡琰〔107〕回邺，先行报命。南匈奴呼厨泉〔108〕单于〔109〕所遣报聘使者右贤王去卑，亦由周近导引〔110〕晋谒〔111〕。所贡〔112〕方物〔113〕，由周近面陈〔114〕。臣一旦痊愈〔115〕，即回邺听受处分。臣董祀诚惶诚恐，死罪死罪，顿首顿首。建安十三年四月十日。"

曹操　好，那位周近我现在就接见他，你去叫人把他引到我这儿来。

卞氏　（收拾针黹〔116〕，离座）我去替你吩咐吧，（向曹丕）子桓〔117〕，你留在这儿。

曹操　那也好。

（卞氏下场）

曹操　（把《胡笳十八拍》的抄本递给曹丕）这诗你看过吗？

曹丕　呵，《胡笳十八拍》。董祀送回来的时候，我早就看到了，我还抄了副本呢。

曹操　你也欣赏吗？

曹丕　哈，我觉得是《离骚》[118]以来的一首最好的诗。

曹操　你的眼力不差。我看你们那一批文友，王粲[119]、刘桢[120]、
　　　阮瑀[121]、应玚[122]，恐怕没有一个人能作得出来。

曹丕　不行，我们没有那样的经历，没有那样磅礴[123]的感情。不
　　　仅我们这一批，据我看来，自秦汉以来就没有这样一个人。司
　　　马迁[124]的文章是好的，但他的不是诗。屈原、司马迁、蔡
　　　文姬，他们的文字是用生命在写，而我们的文字只是用笔墨在
　　　写。

曹操　你这见解好。蔡文姬有了这一篇《胡笳十八拍》，我看她这一次
　　　回来也就大有收获了。我很高兴，我做了一件好事。她如果不
　　　回来，是做不出这首好诗的。

曹丕　实在是首好诗。我很欣赏她这第十拍。（据稿指点朗诵）

　　　　　　城头烽火[125]不曾灭，
　　　　　　疆场[126]征战何时歇？
　　　　　　杀气朝朝冲塞门[127]，
　　　　　　胡风[128]夜夜吹边月[129]。

　　　这些诗句多么精巧，多么和谐呵！

曹操　我看，她的长处就在善于用民间歌谣体[130]。象这七言一句
　　　的诗，在西汉末年以来的歌谣和铜镜[131]铭文[132]里面早就
　　　有了，但一般的文人学士[133]却不敢采用。你的那两首《燕歌
　　　行》是七言诗，倒还写得不错，但也只有那么两首呵。

曹丕　文人学士总是偏于保守的，四言诗[134]固定了一千多年，近
　　　年才逐渐看重五言诗。七言诗要被人看重，恐怕还不知道要隔
　　　多少年代呢。

曹操　这些都还是技法上的事情，可以概括[135]成为有独创的风格
　　　[136]。但这《胡笳十八拍》，我看最要紧的还在有感情，有思
　　　想。这诗里面包含有灭神论[137]的见解[138]啦。

曹丕　是的，她的胆子真够大，把天地鬼神都咒骂[139]了。

曹操　我欣赏她的正在这些地方，但她会受人排斥的恐怕也就在这些

地方吧。

（一侍者入场报导："屯田司马周近到了。"）

曹操　请他进来。

（侍者应声下。不一会，周近入场，远远跪地向曹操敬礼，更向曹丕敬礼。曹氏父子分别答礼。）

周近　小官周近敬候〔140〕曹丞相万福〔141〕，敬候五官中郎将〔142〕起居〔143〕。

曹操　（指近旁座席，刚才卞氏所坐者）辛苦了，请到这儿坐下，仔细地谈谈。

周近　（惶恐）小官不敢领座。

曹操　（豁达〔144〕地）不必那么拘形迹吧，"恭敬〔145〕不如从命〔146〕"。

周近　好，那就遵命了。（起立，上前就座。）

（曹丕亦选一稍远座席坐下）

曹操　你们是今天到达的吗？

周近　是，是今天下午申时〔147〕初刻〔148〕到达的。离开龙城，一共走了四十五天。南匈奴单于呼厨泉，要我代达他的敬意，敬候丞相万福。

曹操　多谢他啦。

周近　来时他贡献了黄羊200头，胡马百匹，骆驼20头，并由右贤王去卑率领200人护送。贡品已妥贴点交。

曹操　那边的情形怎样？

周近　据小官的管测〔149〕，呼厨泉单于和右贤王去卑是心向本朝的。由于三郡乌桓〔150〕平定〔151〕了，丞相这次又特别以隆重的玉帛〔152〕赎回〔153〕蔡文姬，他们对于丞相特别是畏威怀德。呼厨泉单于特遣右贤王去卑领兵护送，也就足以表见他们的诚意。

曹操　那么，那位左贤王的态度是怎样？

周近　（略作思虑）此人的态度——我觉得不大佳妙。

曹操　呵？

周近　赎回蔡文姬，他是不同意的，作了种种的刁难〔154〕，拖延时日，最后小官只好向他说：你如果不把蔡文姬送回，后果是严重的，曹丞相的大兵到境，那就玉石俱焚〔155〕了！

曹操　（目光更加炯然〔156〕）你向他说过那样的话？

周近　是，小官是在最后一天才说出的，我看到左贤王实在桀骜不驯〔157〕，只好警告他一下。不过他听到我那样说，倒似乎反而妥贴了。此人我感觉实在傲慢，他自名为"冒顿"〔158〕，也可以想见他的野心勃勃了。

曹操　他是在追慕他们的祖先啦。

周近　正是那样的，不过我向呼厨泉单于说过，他不会成为"冒顿"，而会成为"蹋顿"的。

曹操　（笑出）哈哈，你有风趣。不过"冒顿"在匈奴本音是读为"墨毒"的。

周近　（惶恐）那我有失检点了。但我看到呼厨泉单于和右贤王去卑也喊他是"矛盾"啦。

曹操　那怕是在和左贤王开玩笑。好吧，请你谈谈蔡文姬的情况。

周近　看来还好，长途跋涉〔159〕，倒还没有生病，这是托丞相的宏福。

曹操　董都尉〔160〕把她的《胡笳十八拍》从长安送回来了，我刚才看到。她这诗你看过吗？

周近　我看过，她沿途都在弹唱。

曹操　你觉得怎样？

周近　（揣摩〔161〕不透曹操的问意，迟疑了一会）我不通音律〔162〕，也不大懂诗。不过我觉得好象很悲哀，很放肆，似乎有失"温柔敦厚〔163〕"的诗教。

曹操　唔，你这倒是一种看法。

周近　（自以为揣摩得手）我觉得蔡文姬夫人似乎有些不愿意回来，在她的诗里充满着怨恨，甚至于说到她的怨气之大连宇宙都不能容下。

曹操　但她不是也很怀念乡土吗？她这诗里不是在说："无日无夜呵不思念我乡土？"你看，她不是又在说："雁南征呵欲寄边心，雁北归呵为得汉音。雁高飞呵邈〔164〕难寻，空断肠呵思愔愔〔165〕？"你怎么能说她不愿意回来？我看，她是舍不得和她的儿女生离，所以才那样悲哀。

周近　是，是，丞相所见极是。蔡文姬的心境是杂乱的。她既怀念乡土，又舍不得儿女。她既过不惯匈奴的生活，又舍不得左贤王。据小官看来，蔡文姬和左贤王的感情很深。诗里面虽然着重说到自己的儿女，但也说到左贤王宠爱她。象左贤王那样的野心家，以冒顿（先说为"矛盾"，后改口为墨毒）自居的人，我就不大理会，为什么蔡文姬夫人对他会有好感？

曹操　（觉得他的话牵涉太远，有意转换话题）董都尉的伤势怎么样？

周近　相当严重，把左脚的胫骨折断了，将来说不定会成为残废。

曹操　他是怎样落马的？

周近　他骑在马上睡觉，马失前蹄，他就跌下马来。

曹操　你在路上赶得很紧吗？

周近　其实也并不那么紧，只是董都尉的生活——似乎可以说，是有些——失检点〔166〕的地方。

曹操　唔？是怎样的？

周近　他和蔡文姬是竹马之交〔167〕，他们太亲密了。我听说他们有时深夜相会，整晚都不睡觉。

曹操　（有些声色）有那样的事吗？

周近　丞相可以调询同路的任何人，我看每一个人都是知道的。特别是同来的匈奴人，啧有烦言。

曹操　哼，我倒没有想到董祀这后生才是这样！

周近　（看到话已投机）董都尉的态度，我实在也不能理会。他和蔡文姬特别亲密，其实都还是情理中事，最难令人理会〔168〕的是他同左贤王的来往啦。

41

曹操　他和左贤王怎样？

周近　左贤王对于本朝是有敌意的，我们在南匈奴期间，他事事刁
　　　难，对我们的行动也常常监伺〔169〕。他想扣留着蔡文姬不让
　　　她回来，总是借口：蔡文姬舍不得她的儿女。呼厨泉单于后来
　　　给了他们三天考虑，可是左贤王总是拖延、推诿〔170〕。到了
　　　第四天了，左贤王突然把董都尉请到他那里去了，据他说，蔡
　　　文姬夫人要亲自和董都尉见面，以作最后的决定。我们还耽心
　　　有什么阴谋，不让董都尉去，但他毕竟去了。然而，奇怪得很！

曹操　（有些颜色）怎么样？

周近　真是想不到的事呵。董都尉去了之后，却和那位桀骜不驯的怀
　　　抱敌意的左贤王立地成了好朋友。他们相互以刀剑相赠，据
　　　说是成了"生死之交"。左贤王把他的轻吕刀〔171〕给了董
　　　都尉，董都尉也把丞相赐给他的玉具剑〔172〕和朝廷的命服
　　　〔173〕都给了左贤王。

曹操　（含怒意）是真的？

周近　没有半点虚构。同行的人，人人都可以对证。

曹操　人人都可以对证吗？

周近　是，人人都可以对证！

曹操　哼，这岂不是暗通关节〔174〕吗？

周近　那进一步的情形小官就无从知道了。

曹操　（眼神闪烁，决绝地向着曹丕）好，子桓！你给我记下一道饬
　　　令〔175〕！

曹丕　（应命，从腰带上的小佩囊中取出铅条和木片一枚，这在古人
　　　称为"铅椠"，以备记录）请父亲念。

曹操　"十万火急，饬〔176〕华阴县令〔177〕：屯田都尉董祀暗通关
　　　节，行为不端〔178〕。令到之日，着即令其自裁〔179〕！建安十
　　　三年四月二十日。"

曹丕　（记录好，送呈曹操）请父亲署名〔180〕。

曹操　（把简牍接到手里，念了一遍，签好字，交给曹丕）你立即派

人兼程〔181〕送往华阴!

曹丕　是!（起身将下。）

曹操　你把周司马也领下去。明天上午辰时正刻（今之9时）， 在后
　　　花园松涛馆中接见右贤王去卑，周司马陪见。你们好生〔182〕
　　　部署〔183〕。（曹氏父子在交谈中，周近已跪起半身，颇呈得
　　　意之态。向曹操拱手敬礼。）

周近　丞相，我还要请示一下。

曹操　什么事?

周近　蔡文姬夫人如何交代〔184〕?

曹操　容〔185〕我再作考虑。（向曹丕）子桓，关于她的情况你可以
　　　好好查询〔186〕一下。

曹丕　（起身）是，我要留意。（向周近）周司马，请你同我一道下
　　　去。

　　　（周近再向曹操敬礼一次，起身。）

　　　　　　　　　　　　　　　　　　　　　　　　　——幕下

第 二 场

　　驿馆〔187〕之一室。前场之次日，清晨，有鸡啼声。

　　馆中设书案、镜台诸事。古人席地而坐，台案不能过高（情景可
参照顾恺之〔188〕《女史箴图》）。

　　蔡文姬正伏案假寐，案上有纸笔墨砚等，表示她在写作。

　　侍书入场，略吃一惊，忙轻轻由衣架上取下外衣，给文姬披在肩
上。

文姬　（从微睡中惊醒）啊，侍书〔189〕，多谢你啦! 天已经大亮了
　　　吗?

侍书　是的,文姬夫人,快到辰刻了。刚才我进来，看见你还在写，我
　　　没有惊动你。可是，一转眼你就睡着了。昨天才赶到这里，长
　　　途的疲劳还没有恢复，你就写了一夜。夫人，还希望你多多保
　　　重，才不辜负曹丞相的一番心意啊。

文姬　侍书，你和侍琴〔190〕对我太好了，我感谢你们。可是，你知道，我自从回到汉朝，经过长安来到邺下，一路之上，我所看到的都是太平景象，真叫我兴奋。我活了31年，这还是第一次看到的。曹丞相对我的这番心意，我是越来越能领会了。我该做些什么事情来报答他呢？董都尉说，曹丞相有意叫我帮助撰修〔191〕《续汉书》，这是我父亲的遗业呵，我是应该继承的。我父亲的著作很多，可惜都丢散了，算来我还能记得四百多篇，我正在清写目录。我想，如果我把这四百多篇尽快抄录出来，对于《续汉书》的撰述，是会有所帮助。侍书，你说对吗？

侍书　夫人，你想得真好。如果你肯让我们抄写，我们是很乐意的哪。

文姬　谢谢你们。侍琴呢？

侍书　侍琴姐一早到丞相府里去了。

文姬　我倒应该早一些去见曹丞相、向他表示我的感谢。周司马有没有什么通知来？

侍书　没有，听说他昨天晚上受到丞相的召见，但他一直没有什么通知来。我们揣想，丞相是会单独接见你的，不会同周近司马和右贤王一道。侍琴姐刚才是五官中郎将派人来叫她去的。我们揣想，可能就是商量你和丞相见面的事吧。

文姬　我多么想早一刻见到他呀！他是我父亲的好朋友，但我只在十六岁时在洛阳见过他一次。我觉得他很洒脱〔192〕。

侍书　是的，曹丞相为人是满好的。别人都说他很厉害，其实他非常平易近人。对于我们也是非常宽大的。还有他的夫人也落落大方〔193〕，那位卞氏夫人真是好，她从来没有骂过一次人，也从来没有发过一次脾气。

文姬　我听说丞相和丞相夫人非常朴素，他们平常穿的都是粗布衣服，是真的吗？

书侍　真的，丞相的衣裳和被条都是布制的，总要用上10年，每每缝了又缝，补了又补。

文姫 　我又听说有一位公子的夫人穿了丝织的衣裳，被丞相发觉了，说她违背家规，遣回家去叫她自杀了，是真的吗？

侍书 　那是言过其实〔194〕，事实是四公子（曹植）的夫人受了申斥〔195〕，想不开，自己跑回家去自杀的。

文姫 　啊，那我怎么办呢？丞相送给我的衣服都是新的，而且是丝织的。

侍书 　你才回来，情形不同。丞相在正式场合，他也还是很讲究礼貌的啦。夫人，请你梳妆吧！

文姫 　（起身就镜台而坐）是的，我是要好好地梳妆打扮一下。
　　　　（侍书为文姫梳头）
　　　　（侍琴怆惶奔入）

侍琴 　（喘息）文姫夫人！出了意外的事啦！

文姫 　（回顾）侍琴，什么事？
　　　　（侍书亦诧异，伫立回顾，执梳在手）

侍琴 　（喘息稍定）天刚亮的时候，五官中郎将打发人来找我去，我去了。他告诉我，丞相昨天晚上已经下一道饬令，专人兼程送往华阴，着董都尉服罪自裁！

文姫 　（大吃一惊）你说什么？！
　　　　（侍书也非常惊讶。文姫步下亭来，侍书随后）

侍琴 　着屯田都尉董祀，在华阴服罪自裁！

文姫 　他犯了什么罪？

侍琴 　五官中郎将说，饬令上写的罪名是“暗通关节，行为不端”。

文姫 　哎呀呀，董都尉会是这样的人吗？这是从何说起呢？

侍书 　我不能相信。

侍琴 　五官中郎将没有和我多说什么。他只是说，事情和文姫夫人有关。

文姫 　（诧异）和我有关？

侍琴 　是呵，五官中郎将是那么说。他还说，他昨天夜里想了一下，有些怀疑。但他不好亲自来查问。他说，今天清早辰时正刻，丞相要接见右贤王去卑。他希望文姬夫人最好趁这个时候去求见丞相，当面把情形说清楚，他要从旁帮助。如果罪状有不确实的地方，据五官中郎将说，事情或许还来得及挽回。

文姬　好，那就让我去吧。我不相信董都尉是那样的人，我应该去搭救他。

侍琴　我也不能相信。

侍书　让我赶快替你把头挽好，穿好衣裳去吧。

文姬　不，我就这样去。这是比救火还要急的事。事情既和我有关，那我也要算是有罪的人，我理应到丞相面前请求处分。你们愿意帮助我吗？

侍书　愿意的。

侍琴　如果有需要作证的地方，我们正好是有力的证人。

文姬　谢谢你们，我们就立刻动身！（文姬挽着侍琴急忙动身，竟无暇着履，跣足而驰。侍书亦扶持之，同下。）

——幕下

第 三 场

丞相府后园中的松涛馆，有苍松古柏甚为畅茂，花坛中芍药盛开。同日辰时。

曹操在馆中席地坐在正面，右贤王去卑与周近并坐在右翼，在曹操的左侧。曹丕坐在左翼，与周近相对。

曹操　（对右贤王）谢谢你和呼厨泉单于，你们送了那么多礼物来。

去卑　对中原来说，我们匈奴的骆驼恐怕比较稀奇得一点，所以呼厨泉单于特别贡献20头，以表示诚意。

曹操　真正多谢你们。右贤王，我想请问你，左贤王和你是不是亲弟兄？

去卑　不，他是我伯父的儿子。呼厨泉单于和我是亲弟兄。

曹操　你们还和睦吗？

去卑　（迟疑了一会）不那么太好。

曹操　为什么呢？

去卑　左贤王豪强得很，他一心想学我们的祖先冒顿（墨毒）单于，他自己也就取名为冒顿。我们照着汉字的音，背地里喊他是"矛盾"。

曹操　唔，我也听人这样说过。

去卑　他对于汉朝是不心服的！这一次送回蔡文姬夫人在他实在是万分勉强，他认为是把他的家庭破坏了。我们真怕他会闹出什么乱子呢！

曹操　可他和董都尉很要好，不是吗？

去卑　是的，那倒是件稀奇的事。起初〔196〕倒也并不那么好，在我们临走的那一天，他请董都尉去和蔡文姬见面，不到几刻工夫，不知道怎的，他们竟成为"生死之交"，相互以刀剑相赠了。

曹操　唔，董都尉在途中对于你们的态度还好吗？

去卑　人倒是满和气的，就只是文姬夫人沿途总是在夜里弹琴唱歌，董都尉有时在深更半夜里陪着她，弄得我们好些人都睡不好觉。

（此时侍者由左翼隅上场，向曹操跪禀。）

侍者　禀报丞相，蔡文姬夫人来了，恳求拜见丞相。

曹操　（迟疑）她来了？请夫人接见她吧。

曹丕　（插话）父亲，好不就请文姬夫人到这儿来，当着周司马的面，把她和董祀的情形再弄清楚一下？

曹操　（略加思索后）也好。（向侍者）你去请她进来。（侍者下）

去卑　（向曹操行礼）耽误丞相的时间太久，我告辞了。

曹操　好，我们以后还会见面的，希望你多住几天。（向曹丕）子桓，你陪送右贤王出园。你关照他们，要以藩王〔197〕礼接待右贤王，不得怠慢〔198〕。

曹丕　是。（领右贤王下场。不一会，复入场，归还原位）。

曹操　（向周近）周司马，你可以多留一会。把这阿葫芦〔199〕打开，也可以使文姬心服，使董祀死而无憾。

周近　（鞠躬）这是小官的万幸。（侍琴和侍书扶文姬入场，立在阶下。文姬披发跣足，憔悴不堪；曹操见之，不胜诧异。）

（文姬立阶下向曹操敬礼。）

文姬　蔡文姬拜见丞相，我感谢丞相把我赎回来了。可我今天来，是来向丞相请罪的。我是有罪之人，不敢整饬〔200〕仪容〔201〕，特来请求处分。

曹操　我不曾说你有罪呵，文姬？

文姬　丞相，我听说你已经饬令屯田都尉董祀在华阴服罪自裁，罪名是"暗通关节，行为不端"，而且和我有关。既是董祀之罪当死，那末文姬之罪也就不容宽恕。因此，我不召而来，请求处分。但请丞相把罪情明白宣布，文姬不辞一死，死了也会感恩怀德的。

曹操　（考虑了一下）好，把事情说清楚也有好处的。我先说明董祀的"行为不端"。我听说董祀在途中，对于夫人缺乏尊重，不能以礼自守。他同夫人每每深夜相会，弹琴唱歌，致使同行的人不能安眠。这是真的吗？

文姬　丞相，在这之外，还有什么其他不端的行为？

曹操　这已经足以构成死罪了，你请先说，这总不是冤枉他吧？

文姬　丞相，如果没有其他的罪行，那"行为不端"的罪名实在是冤枉呵！

曹操　怎么？你如果能够解释，就请你解释吧。

文姬　（一面陈述，一面作适当的行动）沿途我在夜里爱弹琴唱歌，这是我的不是。我这次回来留下了我的一双幼儿幼女，这悲哀总使我不能忘怀。我在到长安以前，日日夜夜都是沉沦〔202〕在悲哀里面。我寝不安席〔203〕，食不甘味〔204〕，在夜里就只好弹琴唱歌，以排解自己的悲哀。我弹的不是靡靡之音〔205〕，我唱的也不是桑间濮上〔206〕之辞，我所弹的唱的就是我自己做的《胡笳十八拍》，是诉述自己的悲哀。这歌辞，我听说董都尉

48

已经抄呈丞相，丞相可以复按。

曹操　是的，你的《胡笳十八拍》我已经拜读了。

文姬　就因为我沉沦于自己的悲哀，董都尉倒经常对我劝告。我不否
认，他对我有深切的关怀；丞相知道，我们是亲戚，从幼小时
就是一道长大。我们是同学同乡，如姐如弟。但我们是相互尊
重的，并不曾"不能以礼自守"。我们在深夜相会就只有过一
次。

曹操　是那样的吗？

文姬　那是到了长安，在我父亲的墓上。我夜不能寐，趁着深更夜
静，大家都已经睡熟，我独自一人到父亲墓上哭诉。一时晕绝，
被侍书、侍琴救醒过来。我因为在天幕里感觉气闷，便留在墓
亭上弹琴，也唱出了一两拍《胡笳诗》。现在想起来，我实在太
不应该。我以为夜静更深，别人都睡熟了，不会惊醒。这都是
由于我只沉沦于自己的悲哀，没有余暇顾及别人。我真是万分有
罪。然而在深夜里弹唱毕竟扰了别人的安眠。董都尉那时也被
我扰醒，他走到墓亭下徘徊，最后给予我以深切的劝告。他的
话太感动人了，使我深铭五内〔207〕。他责备我太只顾自己，
不顾他人。他教我，应该效法曹丞相，"以天下之忧为忧，以
天下之乐为乐。"象我这样沉溺在儿女私情里面，毁灭自己，
实在辜负了曹丞相对我的期待。他的话太感动人了，可惜我不
能够照样说出。董都尉说的那番话，侍书、侍琴都是在场倾听
的，我可以质〔208〕诸天地鬼神，我没有丝毫的粉饰。

曹操　（有些憬悟）原来是那样的！侍书、侍琴，你们是在场吗？

侍书　是的。

侍琴　自从文姬夫人离开匈奴龙城，我们是朝夕共处的。

曹操　那你们就是很好的证人了。董都尉的话，你们都记得？

侍琴　和文姬夫人所说的差不离。

侍书　只有遗漏，没有增添。我记得，董都尉说过，如今黎民百姓〔209〕
安居乐业，已和12年前完全改变面貌了。这是天大的喜事，他

49

怪文姬夫人为什么不以天下的快乐为快乐。

曹操　唔，董祀的话是有道理的。文姬夫人，你还有什么话说？

文姬　自从董都尉劝告了我，我的心胸开朗了。我曾经向他发誓：我要控制我自己，要乐以天下，忧以天下。自从离开长安以来，我就不曾在夜里弹琴唱歌了。我觉也能睡，饭也能吃了。我完全变成了一个新人。但是，我万没有想到，毕竟由于我而致董都尉陷于死罪！这是使我万分不安的。

曹操　（受感动，感到自己有些轻率，误信了片面之辞，意态转和缓）文姬夫人，这一层，看来是把董祀冤枉了。但我听说左贤王是有野心的人，他想恢复冒顿（墨毒）单于的雄图，自名"冒顿"，他也轻视本朝。这些可是事实吗？

文姬　（点头）是事实，全是事实。

曹操　他不肯放你回来，更不肯放你的儿女回来，作了种种刁难，对于我派遣去的使臣也加以监视，这些可也是事实吗？

文姬　（点头）是事实，全是事实。

曹操　那就好了。人各爱其妻子、儿女，这在左贤王，我倒认为是不足奇怪的。但奇怪的是屯田都尉董祀啦。听说在你临走的一天，他被左贤王引去和你见面。他们两人便立地成为了"生死之交"。左贤王赠刀于董祀，董祀把我给他的玉具剑和朝廷的命服也都赠给了左贤王。这样的奇迹又该怎样解释呢？

文姬　这些是不是就构成"暗通关节"的罪状的原因？

曹操　是呵，恐怕只好作这样的解释吧？

文姬　丞相，如果只是这样，那又是冤枉了好人了！

曹操　怎么说？文姬！你不好一味袒护〔210〕。

文姬　我决不袒护谁，丞相，请允许我慢慢地说吧。（停一会）左贤王是一位倔强的人，我和他做夫妻12年都没有能够改变他的性格，我很惭愧。但他是一位直心直肠的人，我也能够体谅他。他是不肯放我回来的，但他终于让我回来了。他要我回来遵照丞相的意愿，帮助撰修《续汉书》。他说这比我留在匈奴更有意义。左贤王的改变，这倒要感谢董都尉的一番开诚布公〔211〕的谈话啦。（略停，调整思索。）

曹操 文姬夫人，我们迎接你回家的用意，正是你所说的那样，大家都期待着你能够回来，帮助撰修《续汉书》。你知道，这是你父亲伯喈先生的遗业呵。就和前朝的班昭〔212〕继承了他父亲班彪〔213〕的遗业，帮助了她的哥哥班固撰修了《前汉书》一样，你也应该继承你父亲的遗业，帮助撰修《续汉书》。这件事，我们改天再从长商议。现在我看你是太疲劳了，你请休息一下吧。（向侍书与侍琴）你们把文姬夫人引下去替她穿戴好了，再服侍上来。

文姬 感谢丞相的关切。

（侍书与侍琴扶文姬下）

（曹操离座步下馆阶，曹丕与周近随下）

（曹操在园中徘徊，有所思索）

曹操 （止步。向周近）周司马，看来事情是有些错综啦。

周近 （惶恐地）我可终不能了解，董都尉和左贤王何以会立地成为了"生死之交"。要说是奇迹，实在也是一个奇迹。

曹操 （向曹丕）我现在感觉着我们有点轻率〔214〕了。昨天晚上我们如果把侍琴和侍书调来查问一下，不是也可以弄清些眉目〔215〕吗？

曹丕 是呵，我在今天清早才想到。我曾经调侍琴来询问过一下，但因时间仓卒，我没有问个仔细。我也认为，她们或许不知道。

曹操 古人说："兼听则明，偏听则暗"〔216〕，看来是一点也不错的。我们这回可算得到了一次教训了！

（侍琴与侍书扶文姬登场，衣履整饬。发已成髻着冠。文姬向曹操、曹丕、周近等分别敬礼。）

曹操 文姬，请你坐下讲吧。（指示一株大树下的天然石）你已经站了好半天啦。

（侍琴与侍书扶文姬坐于石上）

文姬　谢谢丞相的关切。请让我继续讲下去吧。我得承认，在我临走的一天，到底是走还是不走，我都还没有决定的。让左贤王引董都尉来和我见面，的确是出于我的请求。我最初也不知道他就是陈留董祀，我只听说是"东师都尉"啦，见了面，我才知道是他。（向周近）周司马，你是不是向左贤王说过：如果不让我回来，曹丞相的大兵一到就要把匈奴荡平？

周近　（有些不安，勉强地）是，我是曾经说过。

文姬　你这话，很刺伤了左贤王，也几乎使我改变了回来的念头。左贤王误认为你们都是带兵的人，你们一位是都尉，一位是司马啦。他认为你们一定有大兵随后。在我也认为如果真是这样，那就是师出无名，我也宁肯死在匈奴。因此，我让左贤王把董都尉请来，由我当面问他。我是叫左贤王潜伏着偷听，让我单独和董都尉见面，诱导他说出实话。董都尉是带着侍书和侍琴一同来的。我要感谢丞相，给了我一具焦尾琴和几套衣冠，还派遣贴亲的人侍书和侍琴来陪伴。那时董都尉对我所说的一番话，侍书和侍琴也是在场的。

曹操　（向侍琴和侍书）你们都听到吗？那好，文姬夫人，请你休息一下，你让侍琴讲吧！侍琴，你讲！董都尉到底说了些什么？

侍琴　董都尉人很诚恳，他首先交了丞相带去的礼品，接着他便宣扬了丞相的功德，宣扬了丞相的文治武功。他说，他自己只是屯田都尉，周司马也只是屯田司马，并没有大兵随后。他说，丞相是爱兵如子，视民如伤〔217〕的。丞相用兵作战是为了平定中原，消弭外患〔218〕。他说，丞相善用兵，但决不轻易用兵。正因为这样，才成为"王者之师，天下无敌"。他也体谅了左贤王，说他不肯放走儿女是人情之常。他要文姬夫人体贴丞相的大德，丞相所期待的是四海一家。他劝文姬夫人以国事为重，把天下人的儿女作为自己的儿女。他所说的还多，可惜我记不全了。

曹操　（向文姬）文姬夫人，侍琴说的没有错吗？

文姬　她说得很扼要。我要坦白地承认呵，董都尉的话感动了我，但

　　　　更有力的是感动了在旁偷听着的左贤王。左贤王突然露面，向
　　　　董都尉行了大礼。十分感动地把自己的佩刀献给董都尉，还对
　　　　董都尉发誓：“从今以后决心与汉朝和好！”

曹操　　（很受感动）看来左贤王倒是一位杰出的人物啦。侍琴，侍书，
　　　　这话你们也确是听到的？

侍书
侍琴　　（同时）他确是那样发誓的。

文姬　　就在这样的情况下，董都尉也感激地把自己所佩的玉具剑解赠
　　　　给左贤王，他也声明这是曹丞相赏赐给他的，在他是比自己的
　　　　生命还要宝贵的物品。

曹操　　（已恍然大悟）呵，是那样的！

文姬　　再说到赠送衣服的事吧。那是匈奴人的习惯，对于心爱的朋
　　　　友，要赠送本民族的服装。左贤王照着这种民族习惯又赠送了
　　　　董都尉一套匈奴服装，而且让他穿戴上了。董都尉也是出于一
　　　　时的感激，他就把他身上脱下的衣服冠带也留给左贤王，但却
　　　　没有想到这是以朝廷的命服轻易赠予外人。实在也要怪我，当
　　　　时我也没有注意到，没有从旁劝止他。……

　　　　　　（在文姬陈述中，在场者表情上须有不同反应。曹操须表
　　　　示感动而憬悟，时作考虑之状。周近渐由疑虑而惶，以至失恐
　　　　望。曹丕则处之以镇静，不动声色。侍书、侍琴应时时相视，
　　　　表示对文姬的关心、对周近的怀疑，她们已经觉悟到事情是出
　　　　于周近的中伤离间。）

曹操　　（不等文姬再说下去，便插断她的话头）文姬夫人，这一切我
　　　　都明白了，谢谢你。你今天来的真好，我是轻信了片面之辞，
　　　　几乎错杀无辜。（向曹丕）子桓，你取出铅椠来，为我记下一
　　　　道饬令。

曹丕　　（取出铅椠）请父亲口授吧。

曹操　　“华阴令即转屯田都尉董祀：汝〔219〕出使〔220〕南匈奴，宣扬
　　　　朝廷德惠，迎回蔡琰，招徕远人，克奏肤功〔221〕，着〔222〕晋职

〔223〕为长安典农中郎将〔224〕。伤愈，即行前往视事。毋〔225〕怠！建安十三年四月二十一日。"

（曹丕书毕，晋呈曹操签署。）

曹操　（向曹丕）你赶快派人选乘骏马，星夜兼程前往华阴投递，务将前令追回缴消。不得有误。（向周近）周近！你知罪吗？

周近　（叩头）小官万分惶恐，死罪死罪。

曹操　本朝和南匈奴和好，得来不易，险些被葬送在你的手里。

文姬　丞相，周近司马看来也未必出于有心，他是错在片面推测。好在真相已经大白，请丞相从宽发落吧。

曹操　好，我也太不周到。既然文姬讲情，子桓，你把周近带下去，从宽议处。

周近　（再叩头谢恩）感谢丞相的大恩大德！（回头又向文姬敬礼）感谢文姬夫人。

（文姬答礼无言，周近随曹丕下。）

曹操　（十分和蔼地向文姬）文姬，真是辛苦了。让我亲自引你去见见我的夫人，她是很惦念你的。

文姬　谢谢丞相。还有一件事要禀白丞相。

曹操　什么事？

文姬　侍琴和侍书服侍我将近两个月，我感谢她们，我也感谢丞相。现在我的生活自己可以照管了，请丞相允许她们立即回丞相府服务。

曹操　啊，这是小事情。你也不能没有人照拂啦，我看就把侍琴留在你身边，让侍书回来好了。我们进后堂去吧，慢慢商量，慢慢商量。

（曹操先行，二婢扶蔡文姬随下。）

——幕徐闭

译　注

[1]　邺下　　　　Yèxià　　　　*ancien nom de lieu, au nord*

54

			d'Anyang, dans la province du Henan
			ancient name of a place located to the north of Anyang, Henan province.
[2]	丞相	chéngxiàng	premier ministre
			prime minister
[3]	书斋	shūzhāi	cabinet de travail
			study
[4]	琴	qín	luth
			a seven-stringed plucked instrument
[5]	棋	qí	échecs
			go
[6]	弓	gōng	arc
			bow
[7]	矢	shǐ	flèche
			arrow
[8]	文物	wénwù	vestiges culturels
			cultural relics
[9]	朴质	pǔzhì	simple
			simple
[10]	庄重	zhuāngzhòng	sérieux
			sober
[11]	曹操	Cáo Cāo	(155-220) *chef militaire et poète; il ouvrit la voie à la Dynastie des Wei; héros du roman des Trois Royaumes statesman and poet of Wei,*

55

[12] 尚	shàng	donner la préférence à
		advocate
[13] 俭约	jiǎnyuē	économie
		thrift
[14] 奢华	shēhuá	luxe
		luxury
[15] 平民	píngmín	roturier
		the common people
[16] 风度	fēngdù	allure
		manner
[17] 谐谑	xiéxuè	humour
		humour
[18] 潇洒	xiāosǎ	ici: désinvolte
		natural and unrestrained
[19] 不拘形迹	bùjūxíngjī	sans se laisser limiter par quelque cliché que ce soit
		not punctilious
[20] 亦	yì	mais aussi
		also
[21] 威	wēi	prestige
		prestige
[22] 畏	wèi	qui impose le respect
		be regarded with respect
[23] 侵犯	qīnfàn	offenser
		offend
[24] 席地而坐	xídìérzuò	s'asseoir par terre
		sit on the ground
[25] 敷	fū	couvrir

cover

[26] 毡毯　　　zhāntǎn　　　tapis
　　　　　　　　　　　　　blanket

[27] 坐垫　　　zuòdiàn　　　coussin
　　　　　　　　　　　　　cushion

[28] 蒲团　　　pútuán　　　coussinet en jonc
　　　　　　　　　　　　　rush cushion

[29] 书案　　　shū'àn　　　table
　　　　　　　　　　　　　table

[30] 矮　　　　ǎi　　　　　bas
　　　　　　　　　　　　　short

[31] 陈列　　　chénliè　　　exposer
　　　　　　　　　　　　　lay

[32] 文书　　　wénshū　　　document
　　　　　　　　　　　　　document

[33] 笔砚　　　bǐyàn　　　pinceau et encrier chinois
　　　　　　　　　　　　　writing brush and inkstone

[34] 乃　　　　nǎi　　　　être
　　　　　　　　　　　　　be

[35] 有釉陶筒　yǒu yòu táotǒng　plumier de faïence émaillé
　　　　　　　　　　　　　a brush pot of glazed pot-
　　　　　　　　　　　　　tery

[36] 尚　　　　shàng　　　pas encore
　　　　　　　　　　　　　not yet

[37] 击节　　　jījié　　　ici: battre la mesure (en
　　　　　　　　　　　　　lisant des poèmes)
　　　　　　　　　　　　　beat time with one's hand

[38] 称赏　　　chēngshǎng　apprécier
　　　　　　　　　　　　　show appreciation

[39] 其	qí	son
		his
[40] 卞氏	Biàn shì	*nom de Madame Cao*
		name of Madam Cao
[41] 缝补	féngbǔ	raccommoder
		mend
[42] 被面	bèimiàn	enveloppe de couverture
		quilt cover
[43] 解浣	jiěhuàn	laver
		wash
[44] 补钉	bǔding	rapiècement
		patch
[45] 绵絮	miánxù	ouate
		a cotton wadding (for a quilt)
[46] 谓	wèi	dire
		say
[47] 何事	héshì	pourquoi
		why
[48] 处	chǔ	punir
		put
[49] 负	fù	désappointer
		disappoint
[50] 配	pèi	marier
		marry
[51] 殊	shū	étrange
		short-lived
[52] 匹	pǐ	conjoint
		husband

[53] 殛	jí	ici: forcer
		force
[54] 越	yuè	venir
		cross over
[55] 荒州	huāngzhōu	plaine déserte
		wasteland
[56] 气魄	qìpò	style noble
		boldstyle
[57] 胡笳十八拍	Hújiā Shíbā Pāi	un *poème de Cai Wenji*
		a poem written by Cai Wenji
[58] 董祀	Dǒng Sì	*nom de personne*
		name of a person
[59] 陷没	xiànmò	tomber dans les mains de
		fall into the hands of
[60] 南匈奴	nán Xiōngnú	une minorité nationale dans l'ancienne Chine
		the Southern (Hu), a minority nationality in ancient China
[61] 充军	chōngjūn	être en exil
		be banished
[62] 朔方	Shuòfāng	*nom de lieu*
		name of a place
[63] 蔡邕	Cài Yōng	*père de Cai Wenji*
		father of Cai Wenji
[64] 五原	Wǔyuán	*nom de lieu*
		name of a place
[65] 太守	tàishǒu	gouverneur de commanderie

local registrate

[66] 王智　Wáng Zhì　*nom de personne*
name of a person

[67] 亡命　wángmìng　se réfugier
seek refuge

[68] 初平　Chūpíng　*nom de règne* d'un empereur
the title of an emperor's reign

[69] 洛阳　Luòyáng　*nom de lieu*
name of a place

[70] 董卓　Dǒng Zhuō　*nom de personne*
name of a person

[71] 卫仲道　Wèi Zhòngdào　premier mari de Cai Wenji
Cai Wenji's first husband

[72] 赵五娘　Zhào Wǔniáng　*mère de Cai Wenji*
mother of Cai Wenji

[73] 蔡伯喈　Cài Bójiē　un *autre nom de Cai Yong*
another name of Cai Yong

[74] 记性　jìxing　mémoire
memory

[75] 过目成诵　guòmù-chéngsòng　être capable de réciter ce qu'on
a lu après l'avoir parcouru
be able to recite an article or
a poem after reading it
only once

[76] 中郎　zhōngláng　titre officiel de Cai Yong
official title of Cai Yong

[77] 玉成　yùchéng　aguerrir
help someone succeed of sth.

[78] 陈留　Chénliú　*nom de lieu*

60

name of a place

[79] 流落　　liúluò　　mener une vie errante

wander destitute far from home

[80] 纂修　　zuǎnxiū　　compiler

compile

[81] 《续汉书》　《Xùhànshū》　Supplément à l'Histoire de la Dynastie des Han

the Continuation of the History of the Han Dynasty

[82] 左贤王　　Zuǒxiánwáng　　prince des Xiongnu, mari de Cai Wenji

husband of Cai Wenji

[83] 忘年之交　wàngniánzhījiāo　grande amitié malgré une grosse différence d'âge

good friends despite great difference in age

[84] 独罹此殃　dú lí cǐ yāng　souffrir tout seul d'un tel malheur

suffer such a disaster

[85] 六合　　liùhé　　l'univers

the universe

[86] 简牍　　jiǎndú　　message écrit sur bambou

message written on bamboo slips

[87] 遣　　qiǎn　　envoyer

dispatched

[88] 胡　　Hú　　ici: Xiongnu

the area where the Hu lived

61

[89] 副使	fùshǐ	envoyé assistant	
		assistant envoy	
[90] 屯田	túntián	terre cultivée par une colonie de soldats dans la région frontière	
		have soldiers caltivate land in border areas	
[91] 司马	sīmǎ	un *titre officiel*	
		an official position	
[92] 周近	Zhōu Jìn	*nom de personne*	
		name of a person	
[93] 呈缴	chéngjiāo	présenter	
		present	
[94] 表文	biǎowén	message	
		message	
[95] 去卑	Qùbēi	*nom de personne*	
		name of a person	
[96] 华阴	Huáyīn	*nom de lieu*	
		name of a place	
[97] 落马	luòmǎ	tomber du cheval	
		fall from a horse	
[98] 待罪臣	dàizuì chén	vassal coupable	
		the guilty person	
[99] 诚惶诚恐	chénghuáng-chéngkǒng	être dans des transes mortelles	
		in fear and trepidation	
[100] 顿首	dùnshǒu	se prosterner	
		kowtow	
[101] 禀白	bǐngbái	rapporter (à un supérieur)	
		report (to one's superior)	

[102]	麾下	huīxià	votre excellence
			Your Honor
[103]	程期	chéngqī	date de retour
			return date
[104]	迫	pò	s'approcher
			draw near
[105]	羁延	jīyán	retarder
			delay
[106]	谨	jǐn	solennellement
			cautiously
[107]	蔡琰	Cài Yán	un autre *nom de Cai Wenji*
			another name of Cai Wenji
[108]	呼厨泉	Hūchúquán	*nom de personne*
			name of a person
[109]	单于	Chányú	*chef des Xiongnu*
			chief of the Xiongnu (Hu)
[110]	导引	dǎo yǐn	guide
			guide
[111]	晋谒	jìnyè	se rendre à une audience
			have an audience with
[112]	贡	gòng	payer tribut à
			pay tribute (to a suzerain or an emperor)
[113]	方物	fāngwù	offrande
			gift
[114]	陈	chén	présenter
			present
[115]	痊愈	quányù	guérir
			recover

[116] 针黹	zhēnzhǐ	aiguille et fil
		needlework
[117] 子桓	Zǐhuán	*prénom de Cao Pi*
		name of Cao Pi
[118] 《离骚》	《Lísāo》	*Li-Sao (La Nostalgie)*
		célèbre poème de Qu Yuan
		a famous poem written by Qu Yuan
[119] 王粲	Wáng Càn	*(177-217) poète de la Dynastie des Han*
		a famous writer of late Han Dynasty
[120] 刘桢	Liú Zhēn	*(?-217) poète de la Dynastie des Han*
		a famous poet of late Han Dynasty
[121] 阮瑀	Ruǎn Yǔ	*(165-212 env.) poète de la Dynastie des Han*
		a writer of late Han Dynasty
[122] 应玚	Yīng Yáng	*(?-217) poète de la Dynastie des Han*
		a writer of late Han Dynasty
[123] 磅礴	pángbó	majestueux
		majestic
[124] 司马迁	Sīmǎ Qiān	*(145 ou 135 av J.C-?) grand historien de l'époque des Han, auteur des "Mémoires historiques"*
		a great historian and writer

of the Han Dynasty

[125] 烽火　fēnghuǒ　feu d'alarme allumé sur un lieu élevé (pour signaler l'approche de l'ennemi)

beacon-fire (used to give border alarm in ancient China)

[126] 疆场　jiāngchǎng　champ de bataille

battlefield

[127] 塞门　sàimén　frontière

frontier

[128] 胡风　hú fēng　vent du nord-ouest

the northwestern wind

[129] 边月　biān yuè　lune éclairant dans la région frontière

the moon seen at the frontier

[130] 歌谣体　gēyáotǐ　style de chanson populaire

the style of folk song

[131] 铜镜　tóngjìng　miroir de bronze

bronze mirror

[132] 铭文　míngwén　inscription

inscription

[133] 文人学士　wénrén xuéshì　lettrés

literati

[134] 四言诗　sìyán shī　vers de quatre caractères

a type of classical poem with four characters to a line, popular before the Han Dynasty

[135]	概括	gàikuò	synthétiser
			summarize
[136]	风格	fēnggé	style
			style
[137]	灭神论	mièshénlùn	anti-théologie
			atheism
[138]	见解	jiànjiě	point de vue
			idea
[139]	咒骂	zhòumà	maudire
			curse
[140]	敬候	jìnghòu	attendre respectueusement
			with respect
[141]	万福	wànfú	bonheur immense
			happiness and good luck
[142]	五官中郎将	wǔguānzhōngláng jiàng	titre officiel de Cao Pi
			official title of Cao Pi
[143]	起居	qǐjū	ici: bonne santé
			good health
[144]	豁达	huòdá	esprit large
			generous
[145]	恭敬	gōngjìng	respecter
			respect
[146]	从命	cóngmìng	obéir à
			obey
[147]	申时	shēnshí	de 3 h. à 5 h. de l'après-midi
			the period of the day from 3 p.m. to 5 p.m.
[148]	初刻	chūkè	premier quart d'heure
			the first quarter

[149] 管测　　　guǎncè　　　　observer
observe

[150] 三郡乌桓　SānjùnWūhuán　*région où habitait une ancienne*
minorité nationale Wuhuan
a place inhabited by an ancient
minority nationality named
"Wuhuan"

[151] 平定　　　píngdìng　　　réprimer (une rébellion)
put down (a rebellion)

[152] 玉帛　　　yùbó　　　　　jade et soie
jade objects and silk fabrics,
used as state gifts in ancient
China

[153] 赎回　　　shúhuí　　　　racheter
redeem

[154] 刁难　　　diāonàn　　　créer des difficultés pour qqn.
make things difficult for
others

[155] 玉石俱焚　yùshí-jùfén　　jade et pierre, tout fut la
proie des flammes (la des-
truction totale)
jade and stone
burned together,
destroy everything

[156] 炯然　　　jiǒngrán　　　brillant
bright

[157] 桀骜不驯　jié'ào-bùxùn　opiniâtre
stubborn and intractable

[158] 冒顿　　　Mòdú　　　　*nom de personne*

name of a person

[159] 长途跋涉　chángtú báshè　faire un long voyage
make a long arduous journey

[160] 都尉　dūwèi　titre officiel
official position

[161] 揣摩　chuǎimó　conjecturer
figure out

[162] 音律　yīnlǜ　règle de la musique ou du
rythme
rhyme scheme

[163] 温柔敦厚　wēnróu-dūnhòu　tendre et honnête
gentle, honest and sincere

[164] 邈　miǎo　lointain
far away

[165] 愔愔　yīnyīn　taciturne
silently

[166] 失检点　shī jiǎndiǎn　indiscrétion
careless in speech and act

[167] 竹马之交　zhúmǎzhījiāo　amitié sincère liée dès l'en-
fance
friends who know each other
since childhood

[168] 理会　lǐhuì　comprendre
understand

[169] 监伺　jiānsì　surveiller
keep watch on

[170] 推诿　tuīwěi　prétexter
pretext

[171] 轻吕刀　qīnglǚdāo　une sorte de couteau

			a kind of knife
[172]	玉具剑	yùjùjiàn	une sorte d'épée
			a kind of sword
[173]	命服	mìngfú	uniforme officiel des mandarins donné par la Cour impériale
			official uniform given by the imperial court
[174]	暗通关节	àntōng guānjié	entretenir des intelligences avec un pays étranger
			keep illicit relations with a foreign country
[175]	饬令	chìlìng	ordre
			order
[176]	饬	chì	ordonner
			command
[177]	县令	xiànlìng	chef de district
			county registrate
[178]	不端	bùduān	deshonorable
			dishonorable
[179]	自裁	zìcái	se suicider
			commit suicide
[180]	署名	shǔmíng	signer
			sign
[181]	兼程	jiānchéng	faire son trajet en redoublant d'efforts
			travel at double speed
[182]	好生	hǎoshēng	avec attention
			carefully

[183]	部署	bùshǔ	disposer
			dispose
[184]	交代	jiāodài	arranger
			arrange
[185]	容	róng	permettre
			let
[186]	查询	cháxún	s'enquêter de
			enquire into
[187]	驿馆	yìguǎn	relais de poste
			guesthouse
[188]	顾恺之	Gù Kǎizhī	*peintre célèbre de la dynastie des Jin de l'Est*
			name of a famous painter in East Jin Dynasty
[189]	侍书	Shìshū	*nom de personne*
			name of a person
[190]	侍琴	Shìqín	*nom de personne*
			name of a person
[191]	撰修	zhuànxiū	compiler
			compile
[192]	洒脱	sǎtuo	naturel et désinvolte
			free and natural
[193]	落落大方	luòluò-dàfāng	avoir un maintien naturel et distinqué
			natural and graceful
[194]	言过其实	yánguòqíshí	exagéré
			exaggerated
[195]	申斥	shēnchì	réprimander
			criticize

[196]	起初	qǐchū	au début
			at first
[197]	藩王	fānwáng	roi d'un Etat tributaire
			state guest
[198]	怠慢	dàimàn	battre froid à qqn
			neglect
[199]	闷葫芦	mèn húlu	une gourde close (mystère)
			a puzzle
[200]	整饬	zhěngchì	faire sa toilette
			deck oneself out
[201]	仪容	yíróng	tenue
			looks
[202]	沉沦	chénlún	s'abîmer dans
			be involved in
[203]	寝不安席	qǐnbù'ānxí	ne pouvoir trouver le sommeil
			feel uneasy when sleeping
[204]	食不甘味	shíbùgānwèi	perdre l'appétit
			lose appetite when eating
[205]	靡靡之音	mǐmǐzhīyīn	musique décadente
			decadent music
[206]	桑间濮上	sāngjiān-púshàng	rendez-vous secret (d'amou- reux)
			secret meeting of lovers
[207]	深铭五内	shēnmíng wǔnèi	(ces paroles) rester gravées dans son cœur
			bear firmly in mind
[208]	质	zhì	confronter
			swear by
[209]	黎民百姓	límín bǎixìng	peuple

the common people

[210] 袒护　　tǎnhù

soutenir ou protéger qqn avec partialité

give unprincipled protection to

[211] 开诚布公　kāichéng-bùgōng

franchement

speak frankly and sincerely

[212] 班昭　　Bān Zhāo

sœur cadette de Ban Gu dont elle compléta l'Histoire des Han

a woman historian of the the East Han Dynasty

[213] 班彪　　Bān Biāo

historien et père de Ban Gu

a historian of the East Han Dynasty

[214] 轻率　　qīngshuài

téméraire

indiscreet

[215] 眉目　　méimù

suite, fil des événements

outline of a solution

[216] 兼听则明 jiāntīngzémíng,
偏听则暗 piāntīngzé'àn

qui écoute les deux côtés aura l'esprit éclairé; qui n'écoute qu'un côté restera dans les ténèbres

listen to both sides and you will be enlightened; heed only one side and you will be benighted

[217] 视民如伤　shìmínrúshāng

traiter le peuple comme un blessé

		be concerned about the weal and woe of the people
[218] 消弭外患	xiāomí wàihuàn	mettre fin aux malheurs causés par un pays étranger
		protect the country from foreign aggression
[219] 汝	rǔ	tu
		you
[220] 出使	chūshǐ	aller en mission diplomatique
		go on a diplomatic mission
[221] 克奏肤功	kèzòu fūgōng	remporter de grands succès
		offer outstanding service
[222] 着	zhuó	ordonner
		order
[223] 晋职	jìnzhí	promouvoir
		be promoted to a higher position
[224] 典农中郎将	diǎnnóng zhōng- lángjiàng	*titre officiel*
		official position
[225] 毋	wù	ne . . . pas
		do not

张天翼 (1906——1985)

现代作家，儿童文学家。1906年生于南京，1928年开始发表作品，是三十年代的左翼作家之一。有《包氏父子》、《华威先生》等大量作品。张天翼还熟悉儿童心理，从1932年起，创作了《大林和小林》、《秃秃大王》等儿童文学作品。

解放后，张天翼主要从事文学方面的领导工作，发表了不少文艺评论文章，但仍用很大精力从事儿童文学创作，如《罗文应的故事》、《宝葫芦的秘密》、《不动脑筋的故事》等就是这一领域的优秀作品。

罗文应的故事

这篇小说描写了小学生罗文应是怎样在同学们的帮助下，克服了不爱学习、贪玩的坏毛病，养成了能自己管好自己的好习惯。选自《给孩子们》，人民文学出版社1959年版。

*　　　*　　　*

六年级的同学们和几位解放军叔叔交朋友，常常通信。第二小队〔1〕队员们有一次写去一封信，信上讲到了罗文应的事情，是这样写的：

叔叔们：

收到你们的信，我们高兴极了。

你们说"罗文应进步了，入队〔2〕了，真是一个喜讯。这是你们给我们的一份最好的礼物。"

我们读到这里，欢喜得把罗文应抬了起来。罗文应又是笑，又是眼泪直冒〔3〕。

上次我们和你们会面的时候，刘叔叔问罗文应为什么还不入队，

74

罗文应脸上热辣辣〔4〕的。那时候他申请过，没有批准〔5〕；他不好好温功课。

那时候罗文应其实就已经有了这个远大的理想：将来要象叔叔们一样，当人民解放军。同学们给他提意见：

"罗文应，解放军叔叔不是说过的么：你现在一定要听老师的话，好好学习，还要把身体锻炼好。"

罗文应看了同学们一眼，心里想：

"嗯，将来——你们瞧罢。"

意思是说，将来他一定搞好学习，锻炼好身体。可是今天——今天已经星期六了。刚要用功，又马上会遇到假日。不如从下星期一起罢。

到了星期一。下午放学回家，罗文应走得很快。他打定主意不再象往日那样——往日总得逛〔6〕上什么四五小时才到家，一面吃着替他留下来的饭，一面又要防备挨妈妈说。今天一定按时回家，晚饭后的时间就可以好好分配一下了。罗文应一路上打算着：

"我得把算术题都答出来，整整齐齐写在本子上，星期日就带给解放军叔叔去看。'叔叔，我将来能不能学炮兵？'——'能'！错不了！"

罗文应想得很兴奋，就胸部挺出，大踏步走进市场里去了——不知不觉走了进去的。

他在市场里一共花费了两个多钟头。他忙得什么似的；参观了许多商店。连磁器店他都仔细看过了。又在一个摊子〔7〕旁边观察那些陈列着的小刀子。他恨不得试一试，看这些小刀究竟有没有赵家林的那一把快。而他研究得最久的，是玩具店门口的那一盆小乌龟。

"回去说服妈妈，让妈妈给妹妹买一个罢。我应当照顾妹妹……"

可是罗文应觉得整个市场突然一下变了样子。他吃了一惊。他从那个盆子上面抬起头来一看，原来电灯都亮了。

"啊呀，可了不得！"他赶紧站起身来就走。"今天又迟了！"

拐进胡同，罗文应越走越快。他决计〔8〕要好好做功课。

“解放军叔叔那么关心我呢。我争取入队，一定……”

忽然他听见“拍达”一声，响得很脆。

“咦，谁在那儿打克郎球〔9〕？”罗文应往一家糖食铺里瞟了一眼。他觉得这一瞟还不够分明，就索性停下来瞧了一瞧。

唉，没有办法！这一局克郎球——罗文应非看下去不可，因为有一个“飞机”正呆在角落里，怎么也不肯动。那个打球的是个大个儿，很吃力似地打了一杆：没中。

罗文应等着那个大个儿轮到第二杆：还是不顶事。

罗文应非常着急。真要命，别人还得赶回家吃晚饭，吃了晚饭还有八道算术题，一张大字呢！可是那大个儿轮着打了五杆，偏偏都落了空！第六杆呢，又放下那个“飞机”不管，打别的去了。因此罗文应不得不老是等着。罗文应就常常遇到这一类不能解决的困难。

就这样，罗文应很晚才回到家里。他赶快扒了几口饭就算完事，唯恐耽误了复习时间，也就不管这样的吃法合不合卫生了。

“你又到哪里去？”妈妈看见他把筷子一放就往外走，惊异地问。

“我去买大字本子。”

“怎么，你放学回家的时候没有买？”

“我没有功夫呀，妈妈。”

这个星期一又象往日一样：到了该睡的时候，罗文应还在对着第二道题目发楞〔10〕，又疲倦，又焦心〔11〕。还是明天早晨再做罢。他这就一面看看画报，一面写写大字，忙到十一点钟才上床。第二天起得晚了，睡眠还是不够，上课直打瞌睡〔12〕。妈妈说他：

“你看你！谁叫你贪玩的？”

“贪玩？”罗文应红着脸，噘起了嘴。“难道我玩得舒服么？我心里可生气呢。”

真的，罗文应就是玩也没有玩好。

我们跟他谈过：

“你光想着将来当解放军，现在可一点也不准备，一天一天挨过去，把时间浪费掉了，那还行？"

"谁说行？"他低着头，两只手卷弄着衣角。"周老师告诉我时间要节约。我们一分钟一秒钟都该好好计算着用：这我知道。可是不知怎么着，一个不留神又犯〔13〕了老毛病。"

我们决定帮助他：

"罗文应，我们来集体复习罢。我们五个人都到李小琴家里去做算术题，你赞成不赞成？"

"下星期起吧？"

"今天起。"

"好，今天起就今天起！赞成！"

大家都很高兴。罗文应也不愁眉苦脸的了。

那天放学，我们派赵家林一直送罗文应到家。两个同学分手的时候，赵家林提醒一句："六点半钟以前！——记着！"

"知道，知道。"

"罗文应，"家林走了两步又回头，"吃了饭就走，别上别处去……"

罗文应觉得赵家林什么都好，可就是有点儿罗苏：

"呃哟你真是！保〔14〕你一分钟也不迟到，好了吧？"

一吃了饭，罗文应就把书本什么的收拾起来。他知道妈妈在注意着他，时不时很得意地瞧他一眼。他可装做没看见。他也没有把他参加复习小组的事告诉妈妈；他怕妈妈说什么"对呀，这才是好孩子呢！"——说得他会满脸通红。

他低着头，专心专意地把算草本装进书包里。想了一想，又把算草本拿出来：他决计不带书包出去。一背上书包，街上的人说不定会瞎猜一气——

"瞧，这个孩子又玩到这早晚才回家！"

罗文应找出一张旧报纸来包起这些东西。忽然妹妹赤着脚向他跑来，两只手慎重地捧着一本画报——爸爸新寄来的。

"哥哥包起，哥哥包起！"

哈，巧极了！好象爸爸知道他今天要去参加复习小组似的！他正好把这本新画报带到李小琴家里去，休息的时候就可以跟同学们一块儿阅读。以后这本画报就放在复习小组里罢，是大家的。

"哎，好乖，"罗文应从妹妹手里接过了画报，看了看封面，就打开纸包要把它包进去。……

他又看了看封面。

"这是谁？"他问自己。"生产模范？"

他想要包进去，又还是放心不下：呃，到底是谁呢？——封面上这位叔叔，他好象在哪里见过。

罗文应只好打开画报来找目录。一打开，他就忍不住要从头至尾翻一翻，好知道一个大概。

"光翻一翻，碍不了事〔15〕，"他看看这幅图，看看那幅图。"怎么回事呀，这是？"

要念一念那下面的说明才知道。

罗文应一个字一个字地念着。又看看图片，好象要检查那篇说明写得对不对。于是顺便又念了几节文字。一方面可又在催着自己：

"行了行了，快走罢！……瞧这农民伯伯！——呵，真棒〔16〕！"

时间不会等你。罗文应一看钟，把画报一扔就跳了起来。

六点四十二分！

"妈妈，咱们钟快了吧？"

"不快，今天刚打电话对过。"

糟了！罗文应把纸包一挟，想要跟妈妈说一声就走。可是又觉得不对头。

"罗文应！为什么迟到？"——同学们准〔17〕会问。

"罗文应！为什么又犯老毛病？"——同学们准会问。

他瞧着那个纸包发楞，不知道该怎么办。他不好意思再到李小琴家里去了。他急得出了眼泪。

"去罢，去罢，不要紧的，只要以后能够改过来，"他听见一个声音叫他。

可是谁知道同学们会怎样呢？他去了，同学们还理他么？他失了信用！他亲口约好了的又不当回事！同学们准会告诉周老师，准会告诉解放军叔叔——唉，他太对不起那位叔叔了！

"刘叔叔，你们还跟我交朋友么？"

两颗眼泪流到脸上。

假如现在还是在六点三十分以前……

可是时间再也不会回来！损失了的时间再也没有法子补救！

他愿意向同学们认错，愿意挨同学们的批评，只要同学们还肯和他好，还肯让他参加复习小组，帮助他学习。他以后一定不迟到。

时间越过越迟。他更加懊悔〔18〕，更加和自己生气。……

突然他惊了一跳：他觉得有人喊他的名字。

他侧起耳朵来仔细一听，只听见妹妹在东一句西一句地唱"小耗子上灯台"，妈妈有时候给她提提词儿。

他失望地说：

"谁还来找我！"

罗文应，你可是想错了。队员同学们怎么会把你丢开〔19〕不管呢？你听！这不是？

的确有人叫他。听得出一个是赵家林。还夹着一部高音，那正是他们的小组长李小琴——她也跑到他家找他来了。还有什么说的！罗文应当然是赶紧跑去迎上他们，一面嚷着"来了来了！"就跟他们一块儿去做功课。……

可是罗文应没有这样做，这太不好意思了。李小琴和赵家林跑进来的时候，罗文应恨不得躲起来。他低着头装做看画报。

"罗文应，"李小琴一冲进门就嚷，"你怎么不去复习？"

罗文应又快乐，又难过，撇过脸去不看他俩。

"怎么了？"李小琴站在房门口愣〔20〕了一下，把步子放轻，慢慢走近他。"病了么？"

"没有。"

"那么去罢，"赵家林两只手搁在〔21〕罗文应肩上，和李小琴互相瞧了一眼。

罗文应生怕自己一个不小心会哭出来，用力咬着下嘴唇。好一会才勉勉强强地开了口，声音低得几乎听不见：

"我不去……我有事……"

"有事？你可怎么又在这儿看画报呢？"李小琴一把拖起来。"走罢，大家等着你呢。"

原来同学们还等着他！——李小琴从来不撒谎〔22〕。

赵家林还告诉罗文应：

"要是在你家里找不着，我们就得上市场去找。要是在市场里也找不着，就到街上去找，到派出所〔23〕去找。无论如何要把你找到，叫你来跟我们温功课：小组是这么决定的。"

那就赶快！一秒钟也别迟延！

同学们跟妈妈说了一声，妈妈喜欢得抓住了李小琴的手：

"这可就好了……"

罗文应脸上滚烫〔24〕，拉开李小琴就跑。刚出了大门口又飞奔回家来，抓起桌上那本画报，才连蹦带跳地跑了出去。

三个同学又笑又嚷地走了。

这天成绩很不错。功课做完了还好好玩了一阵。罗文应从来没有这么愉快过。

"唉呀，以后可一定要注意。"罗文应下了决心。"别再耽误了时间。"

他常常记起解放军叔叔信上的话："希望你自己管得住自己。"

他向李小琴提一个意见：

"往后放学，你们不必派人送我回家了罢。你们都得绕〔25〕那么多路，花那么多时间。我自己管住自己不就得了？"

"好，"李小琴想了一下。"小组相信你做得到。"

罗文应果然做到了。他功课也一天一天地有进步了。

"开首可真不容易呀，"罗文应回想那个时候的情形。"头两天倒还好：小组没派人送我，我一个人也能一心不乱地回到了家。第三天可就有点儿什么。……"

80

第三天恰好刮了风。他放学走过市场门口，实在不放心那一盆小乌龟：今天天气那么凉，它们怎么样了？还是游得那么活泼么？

"真的，爬虫类会不会感冒的？"他自问自。"去看一看罢，啊？……不许！"

走了几步。他心里痒痒〔26〕的。光去看一看小乌龟，别的什么都不看，行不行？——这总可以通融〔27〕通融吧？

喂，别走得那么快！倒好好考虑一下看。……

"不行！"罗文应硬管住了自己。

至于胡同〔28〕里那家糖食铺里——克郎球是没有人打，倒有三个人坐在那里下跳子棋〔29〕。罗文应瞟一眼就知道了。只是不知道他们下得好不好，胜败如何。

怎么样？去稍为看一点儿——只看那么一点点儿，可以不可以？

"稍为……？嗯，还是不可以！"

他叹了一口闷气。要知道，跳子棋可不比克郎球。今天稍为看那么一下，明天起决计不看，这总不要紧了吧？

他想起了刘叔叔他们。要是叔叔们知道他现在转的什么心思，会怎么说呢？——"哼，老毛病！"

罗文应就头也不回，坚决地向前走去了。

以后就好得多。比如有一天，他发现地下有一颗脆枣〔30〕。他只不过稍为研究了一下——"咦，这究竟是卖脆枣的掉下的，还是吃脆枣的掉下的？"——就一脚把它踢得老远的，不见了。

"踢到了哪里？"——别管它！他还有事呢。要是照他以前的习惯，就非把它找到不可。

可是那颗脆枣自己却蹦蹦跳跳地又滚了回来：原来对面有个孩子也踢了它一脚。罗文应即刻又把它一脚踢回去。对面那个孩子一脚就截住了那颗脆枣，兴高采烈地向罗文应招手：

"来！我守球门！你踢！"

罗文应仅仅只愣了两秒钟。

"我没有工夫，现在不是玩的时候，"罗文应一面走一面打手势。"小朋友，你也早点回家去罢。"

这些情形罗文应都向周老师和复习小组汇报过。

叔叔们，罗文应就是这样准备着来学你们的榜样的。罗文应就是这样进步起来的。

现在呢，罗文应已经养成新的好的习惯了。不是玩的时候你要引他玩，他才不理这个岔〔31〕呢。他按时学习，劳动，运动，休息；不再浪费时间。在家里也有工夫帮助妈妈做事，有工夫照顾妹妹了。还真的给妹妹买了一个小乌龟，可好玩呢。他自己说：

"以前么，我不能做到节约时间，简直照顾不过来。妹妹我是爱的。妹妹摔了跤也不哭，只嚷："哥哥，你捡起来了我！"我听了好一会没听懂。有一回她说：'可了不及啦，我矮朵伤风啦。'你们猜，这是什么意思？鼻涕她也不叫鼻涕，叫'鼻鼻'……"

"罗文应，"周老师打断他的话。"你妹妹的语法问题以后再讨论罢。我们的谈话和作文也应该注意节约：谈得集中些，不要东拉西扯，想到哪里说到哪里。"

那么我们就暂时讲到这里罢。

敬礼！

签　名

译　注

[1] 小队　　　xiǎoduì　　　équipe de Pionniers
　　　　　　　　　　　　　　a squad of Young Pioneers

[2] 入队　　　rùduì　　　　adhérer à l'équipe de Pion-
　　　　　　　　　　　　　　　nier
　　　　　　　　　　　　　　join the Young Pioneers

[3] 冒　　　　mào　　　　　jaillir
　　　　　　　　　　　　　　roll down

[4] 热辣辣　　rèlālā　　　　brûlant

82

burning

[5] 批准　　pīzhǔn　　approuver
　　　　　　　　　　　approve

[6] 逛　　　guàng　　se promener, flâner
　　　　　　　　　　　stroll

[7] 摊子　　tānzi　　étalage
　　　　　　　　　　　stall

[8] 决计　　juéjì　　prendre la décision de
　　　　　　　　　　　make up one's mind

[9] 打克郎球　dǎ kèlángqiú　jouer au billard chinois
　　　　　　　　　　　play caroms

[10] 发楞　fālèng　　pétrifié
　　　　　　　　　　　stare blankly

[11] 焦心　jiāoxīn　　anxieux
　　　　　　　　　　　feel terribly worried

[12] 打瞌睡　dǎ kēshuì　sommeiller
　　　　　　　　　　　doze off

[13] 犯　　fàn　　commettre (une faute)
　　　　　　　　　　　make (a mistake)

[14] 保　　bǎo　　garantir; assurer
　　　　　　　　　　　guarantee

[15] 碍不了事　ài bù liǎo shì　Ça ne fait rien
　　　　　　　　　　　it doesn't matter

[16] 真捧　zhēn bàng　excellent; formidable
　　　　　　　　　　　excellent

[17] 准　　zhǔn　　sûrement
　　　　　　　　　　　surely

[18] 懊悔　àohuǐ　　se repentir; regretter
　　　　　　　　　　　regret

83

[19] 丢开	diūkāi	abandonner
		discard
[20] 楞	lèng	hésiter
		be shocked
[21] 搁	gē	déposer; mettre
		put
[22] 撒谎	sāhuǎng	mentir
		tell a lie
[23] 派出所	pàichūsuǒ	commissariat
		local police station
[24] 滚烫	gǔntàng	brûlant
		burning
[25] 绕	rào	détourner
		make a detour
[26] 痒痒	yǎngyang	démangeaison
		itch
[27] 通融	tōngróng	s'accomoder de; faire une exception
		be made an exception
[28] 胡同	hútòngr	ruelle
		lane
[29] 下跳子棋	xià tiàozǐrqí	jouer aux dames
		play Chinese checkers
[30] 脆枣	cuìzǎor	jujube croquant
		roast date
[31] 不理岔	bùlǐchár	no ats prêter attention à pay
		ne pas prêter attention à
		pay no attention to sth.

84

李 准

当代作家，1928年生，河南孟津县人。他从小生活在农村，自1952年起发表短篇小说，1954年以后从事专业创作。二十几年来，李准写下了大量的作品，代表作有《不能走那条路》、《李双双小传》、《耕云记》等。他的主要作品分别编入《车轮的辙印》、《不能走那条路》、《芦花放白的时候》、《李双双小传》等集子中。李准还写了《老兵新传》、《龙马精神》、《大河奔流》等电影剧本以及一些话剧、戏曲作品。粉碎"四人帮"后，发表了长篇小说《黄河东流去》。

李准是一位深受群众喜爱的作家，他的作品农村生活气息浓厚。他是中国作家协会理事，河南省文联副主席。

不能走那条路

这篇小说写于1953年，反映了中国农村土地改革后出现的贫富分化情况。小说通过对宋老定父子之间的矛盾的形象描绘，揭示了农业社会主义革命的必要性。本文选自《短篇小说》第三集，作家出版社1964年版。

· · ·

一

这几天，人人都在谈论着张拴卖地的事情了。

俗话〔1〕不俗，"要得穷，翻毛虫"〔2〕。张拴本来日子倒也能过，四口人种着十几亩地，要是不胡捣腾〔3〕牲口，地种好，粮食也足够吃。可是他这个人偏偏好掂根鞭杆转牛牙绳〔4〕，今年春天把一头红牡牛〔5〕换了个小叫驴〔6〕，回来做不成活，没喂够十天又卖了。算下来赔〔7〕了二十多万，想再买个牛犊〔8〕，也买不着。这时乡干部对他说："张拴你不要胡翻〔9〕吧！'翻拙弄巧〔10〕，袍子〔11〕捣个大夹袄〔12〕'。"可是他就不服气，向他妻妹夫借了一百万元，一下子到周家口赶回来两条老口牛。到家偏偏碰上麦前霜灾〔13〕，牛卖不上价。借草借料喂到犁旱地时候，好容易才算推出手，算下来一个驴价赔得干干净净，又欠下他妻妹夫几十万元的账。

"踢〔14〕下窟窿〔15〕背上账，像黄香膏药〔16〕贴在身上。"张拴是个小农户，经不起这波折〔17〕，黑夜白天怎样打算，也过不去这一脚。他妻妹夫还见天〔18〕来要账，连襟〔19〕亲戚，惹得脸青脸红，他也不想再说软话，就心一横："卖地！卖'一杆旗'，拣〔20〕好地卖，看有人要没有！"

这"一杆旗"本是村子里头一份好地，形状像个三角旗子，紧靠着流水壕〔21〕。一年两茬〔22〕起，谁见谁眼红〔23〕，是村里有名的"粮食囤"。张拴咬住牙卖这块地，一来是好卖，二来是他算着这二亩地能卖一百多万，剩下几个钱再去捞一家伙〔24〕。因为种地他既种不好，同时他也觉着种地老不解渴〔25〕。

一提起张拴卖地，村里人都估摸〔26〕起来了。有人猜这家，有人猜那家，谁也不能肯定。因为有几家解放后是活泼点〔27〕，可人家也不一定买地。有两家中农虽然能买得起，但也常常说自己穷，打量〔28〕他们也不敢动这大本头〔29〕。最后算是猜到宋老定身上。都知道他这二年翻过来啦，二儿子东林又是个木匠〔30〕，每月汇回来几十万。老定又早就吵着要置几亩业，可是还有人不相信，因为他大儿子东山是个共产党员。

二

"人眼是秤"〔31〕，这句话一点也没错说。宋老定今年一连接住东林八封挂号信，一封一封里都有钱。这算把他愁住了，他一辈子没穿过一双洋袜子，可是也舍不得买，他只是把这些钱攒〔32〕着又攒着。东山今年春天买豆饼〔33〕，向他要过一次钱，他没给，又一次是互助组里预备合主〔34〕在下凹地打一眼井，东山又向他要钱，他说："这几个钱我有用处，到以后你就知道了。"东山是个硬汉子，他不想到爹手里掏这几个钱。不过最近，他才看透他爹原来是想买地。

宋老定一听说张拴要卖"一杆旗"地，就像他先前娶媳妇时花轿〔35〕到门口那一会一样，心里又急又高兴，可又没法出去对人说。这几天他东跑西跑地打听着。吃清早饭时就一本正经〔36〕地把东山叫到屋子里，兴致勃勃地说："张拴卖地那事情这几天咋说哩？"东山简单地答了一句："人家不准备卖。"

老定半天没吭声〔37〕，东山端着饭碗出去了。

夜里，东山回来得很晚，见他爹噙〔38〕着烟袋，不住气地吸。他妈在一边打盹〔39〕。

老定看见他回来，就问："区里有人找你，见他没有？"

"见他了。"东山说罢很想再说些话，可是他没想好应该咋说。

老定是专门等着他要商量买地的事。他想着东山有个别〔40〕脾气，年轻人得慢慢顺说〔41〕。

屋子里静得像没有一个人。还是老定先开口，他磨磨蹭蹭〔42〕地说："我今天见王老三，他说张拴赌咒〔43〕要卖这块地。'一杆旗'这块地我摸底，那是黑氯土。只要雨水一灌，比上大粪还来劲。"他停了一下，使劲地又吸了口烟说："土地改革时分给张拴，我就想着咋没分给咱。不过咱是干部，当然不能跟他争这块地。现在要是他卖，咱可不能错过这机会！"他说着盯着东山的脸，又说："做庄稼人啥贵重，还不是得有几亩土！"东山知道他要说这些话，正预备回答，老定又叹了口气说："我要钱弄啥？还不是给你弟兄们打算，我能跟你们一辈子？"东山笑着说："张拴那地不卖了，你别听王老三瞎扯〔44〕。"

"他不卖！"老定笑了笑，"恐怕他那一屁股账没人给他还！"

"他没有多少账。"东山振了振精神说起来，"今后晌〔45〕我和他商量了。卖地不是办法。张拴又不是有三十亩五十亩，就那十几亩地，卖了咋办？咱和张拴家从前都是贫农，他现在遇到困难，咱要帮助他。咱咋能买他这地！"老头听得不耐烦，他风言风语〔46〕听别人说过："东山是党员，他不会买地放账〔47〕。"他想着大概儿子是因为这不敢买，就气冲冲地说："咱咋不能买？就别人能买！买地卖地是周瑜打黄盖〔48〕，一家愿打，一家愿挨，两情两愿，又不是凭党员讹〔49〕他的，有啥不能买！"东山猛不防他爹会说这些话，自己一急就说："爹！话不是这样说的！张拴卖地是不错，可是他不卖地也行，只不过需要借几十万块钱，咱不能看着人家破产。我已经答应借给他五十万块钱……"老定没等他说完就问：

"你啥时候承当〔50〕他？"他翻着两只带血丝的眼。

"今后晌承当他。"

东山话还没落地，老定忽的一声站起来了。脸别的通红，脖子筋起得大高，他像发疯一样喊着："这是东林挣的钱，不是你挣的。你借！你借！你咋没有把我借给他，你咋没有把你妈借给他！"

老头气得衣裳一披出去了。东山娘也被惊醒了。她埋怨〔51〕着说："你妹妹有喜事了，我向他要过几百回钱，想买点东西，他都不给，就想着买地。你还和他争个啥！"

三

父子俩闹这一场气不要紧〔52〕，可慌坏了东山媳妇秀兰。她先跑到麦场上解劝公公，叫他回去。老头冷冷地说："我不回去，我想坐一会！"接着他又缓缓地交代说："不用扯旗放炮〔53〕的，不要弄得谁也知道了。"

秀兰急忙回到家里，东山正躺在床上出长气。

"生气了，是不是？"她微笑着坐到床沿上。

"我也没啥气可生！"东山故意装出平和的样子。秀兰却故意逗着他说："你还不知道咱爹那心事，他早都把算盘〔54〕打好了。他给老二买地就叫他买，你管他做啥哩！"东山一听秀兰说这话，就猛地

88

坐起来说："你怎么也说这话！现在不是说咱买或者别家买，问题是不能看着张拴把地都卖了，——他以后怎么过！遇着这种事就得想办法解决。共产党员不是挂个牌子呀！"接着他又缓缓地说："我自己知道我没尽到责任。麦前我由张拴地边过，看见他地里麦长得像烧香〔55〕一样，我就觉得难受。都是贫农，明知道他种庄稼没习惯，也没有去帮助他。赶集〔56〕人每逢〔57〕由他地边过，说：'看这块地的麦，赔不了种籽！'我脸上就像被打了一下一样。像你说的我只管自己就好了。亏〔58〕你是个青年团员！"

这倒引起秀兰的话来了。秀兰说："你在我跟前要枪〔59〕哩，在咱爹跟前你咋不说哩！你既然能说这些，为啥不在咱爹跟前说？"东山勉强地笑着说："我没说完他就走了，我有啥办法！"秀兰故意绷〔60〕着脸说："我也得批评批评你。平时你见他连句话也不说，亲父子爷们〔61〕没有坐到一块说过话。你饭一端，上街了。衣裳一披，上乡政府了。你当你的党员，他当他的农民，遇着事你叫他照你的话办，他当然和你吵架。"东山笑着说："你倒给我上起课来了。"不过他心里可挺服气。秀兰正预备说下去，忽然院子里响着老定扑蹋〔62〕扑蹋的脚步声，东山急忙摆了摆手，秀兰住了口。老头到屋里后，东山静听着上房〔63〕的动静。没听清楚他娘说了句什么，老头接着拉长嗓子〔64〕说："他借钱他就借，只要他有钱！哪怕他借给人家万贯江山〔65〕哩！"秀兰推了推东山，吃吃〔66〕地笑着说："这是叫你听哩！"

四

太阳刚露出鲜红的脸，村子里的早晨是冷清清的，田野里传来隐隐的吆〔67〕牛声。

宋老定没有上地。他整整一夜没睡好觉，翻过来，翻过去，老是想着买地这一件事。天明一起身，他就去到王老三家里。

王老三解放前给地主当过账房〔68〕，过去在村里跑来跑去，也算是个“事中人”〔69〕。这几年村里人没多理他，不过他却挺会巴结〔70〕人，见了干部就想尽方法说说进步话。过去看见宋老定，眼角就没扫〔71〕过他；现在他看见村里群众挺拥护东山，见了老定就格外〔72〕亲热起来。宋老定想买地这件事和他商量过，他就跑得像梭子一样。

老定刚跨进他家大门，他就迎上来说：“咦！老哥，我昨天就预备去找你，张拴那事有门路了。”

“听说他不想卖了？”老定慢吞吞〔73〕地问。

“沤〔74〕两天也不要紧，反正有我哩。他想借几个钱，不卖地，我说：‘你不憨〔75〕吧，该卖就得卖，不受那洋症〔76〕，借钱还是得还账呀！’他心里又有点活了，你放心！”他接着又附在老定的耳朵上说：“保险〔77〕能买到你手里。这地便宜着哩，明年一季麦就把你一多半本捞回来了。”老定讨厌王老三挤眉弄眼〔78〕地说话，他说：“他真不卖咱也不强买。”王老三这时却拍了一下他的肩头说：“老哥，这机会不多，可不能错过〔79〕！咳，你呀，现在有二十来亩地，再买个十几亩，能养住个长工，就雇个长工。”接着他皮笑肉不笑〔80〕地说：“出一辈子力啦，该歇歇了。”老定听他说着，搭拉〔81〕着头半天没吭声，他脑子里嗡嗡直响。他在想着：“我真的要雇长工吗？我是扛了十八年长工的人呀！”他走出王老三家大门后，想起王老三过去给地主跑着买地也是这股子劲；他又想起在朱家扛活时，掌柜〔82〕们在大麦天，看着别人黑汁白汗干活，王老三也是摇着扇子站在一边看。他狠狠地吐了一口唾沫说：“去你娘的吧王老三，你是专会浮上水〔83〕！”

他一步一步地踱到麦场里，一排麦秸垛〔84〕出现在他的眼前。他看看这个，比比那个，他想着，“我只要把张拴几亩地买下，哼，到明年麦天就看出谁的麦秸垛大了。”他看着看着自己的麦秸垛慢慢地大了，好象有一大群人在自己场里作活……他又看那边张拴的麦垛慢慢地小了，小得像草篓子〔85〕那么大。他猛然想起张拴那一群孩子，在他眼前那一群孩子都瘦得皮包骨头，向他跑来。他急忙踮〔86〕

着脚走到家里。

秀兰正和婆婆在厨房里烙馍，两个人一问一答正说得有劲。老定听见媳妇说："我爹呀！他还是老脑筋〔87〕……"他就站在院子里歪着头听起来。

"他还不是为你们。他已经半截入土〔88〕了，还不是为你们打算。人一年一年多了，他能不为你们打算！"老婆这样说着。秀兰却笑着说："俺们才不叫他打算哩。现在咱是互助组，过年咱村要是成立合作社，咱就参加合作社。将来能用机器种地，还发愁没粮食吃！"老定听着气的胡子都立起来了，他想着遇着个瞿〔89〕儿子，又碰到个别媳妇。

吃饭时候，秀兰端上了饭。老定把脸扭在一边看都没看。秀兰说："爹！看凉了，吃罢。"他像没听见。停了一会儿，他忽然向东山娘说："我不吃了，我去集上吃肉哩！"他说着抓住几个馍，气呼呼地说："我给谁省哩，我把八股套绳〔90〕都拉断了，还落不下好！"他眼睛一翻一翻地瞪着秀兰，秀兰脸朝着墙在暗暗地笑。

老定确实到集上吃了一顿。不过他没有吃肉，他只吃了一碗豆腐汤煮馍。

五

老定和东山闹气有个特别地方，就是越生气越别着干活。哪怕是一个人耩〔91〕地，一个人帮耧〔92〕，两个人一晌能不答一句腔〔93〕，可是谁也不会蒙住被子睡大觉。

春天时候，因为借车，老定不愿意借给人家用，东山却承当了人家。两个为这事闹了一场气，足足有十天没说话。这一次闹气，老定想着最少又得半月不答腔。

天快黑的时候，东山开完党支部会议回来，老定正在喂牛，就装着添草没看见。却不料东山问着："爹！咱那谷子割后，那块地种成豌豆吧？"老定猛不防儿子会问他。他看了看东山的脸，脸上带着笑，虽然笑得不自然，他知道儿子是来和解来了。就慢悠悠地说："行吧，那地就得调调茬。"说着就坐在院子里的捶布石头上。他想着儿子大概是愿意买地了，就磨磨蹭蹭地说："你还年轻呀！啥都没有置几亩土算事！地是根本。我活着不能给你弟兄俩买十亩八亩，我心里总是下不去。你怕啥哩？有我出头买，谁敢说啥。咱也不能光吃花卷馍，咱也得打算打算吃个白馍。哼！敢说咱每年再添几亩旱麦，"他说到这里一挥手说，"麦子就见年吃不完了。"

"咱现在粮食也不是不够吃！"东山蹲在地下说了一句。

"不错呀！有是有，可总是不宽绰〔95〕。"

东山想着他爹还是这样固执，就把话转到庄稼上。他笑着说："爹，咱东地那四亩谷子，你看今年能打多少？"老定思摸〔96〕了半天说：最少也能弄它一千三四百斤。"东山知道他爹一说别家庄稼好就眼红，就说："林旺家那谷子今年一亩地能打一大石。人家组里那十九亩谷子一块强似一块，和咱那比起来高一筷子。"老定每逢听见这话就不服气，他哼了一声说："只要舍得往地里上东西，谁的地也不是'斋公'〔97〕。"东山急忙说："不错，可咱就没有上。咱今年春天要用十万二十万买点细肥上到地里，何止多打三五百斤粮食。"老定说了半天，结果又被东山抓住今年春上的事情。就又变过来说："光上粪也不中〔98〕，那得看地里啥土质。林旺那块谷地过去是咱的哩，我能不知道，一块地净是黑氯土，可养苗啦。"东山唯恐怕他不这样说，听到这里就插嘴〔99〕说："咱咋会把那块地卖给何老大了？"他说着带着埋怨口气。老定看了看孩子的脸，叹了口气说："你也不用埋怨你爹，提起来这事，我浑身〔100〕肉都直颤。民国三十二年，两季没收，偏偏你妈就害了月家疾〔101〕。我那时候正被朱家开消〔102〕了，回来只得见天推一车子煤卖卖，弄几个钱给你妈拾副药。你那时还小。你那个小妹子咋糟蹋〔103〕啦？你娘在床上躺着，我得见天抱着她挨家找奶吃。想叫你外婆来，咱家没粮食。我得做饭，侍候病人，起五更还得去推煤，结果把你那个小妹子活活饿死了。"老定说到这里眼圈红了，他停了一下咬了咬牙又说："等你妈病好，�下

92

一屁股帐，麦口期吃地主五升粮食，到麦罢还一斗。四亩地卖给何老大，算下来也不知道找了多少钱，反正只够打发〔104〕药帐。"他接着搭拉着头说："就是那年才把你送去学铜匠〔105〕，你才十三岁！"他说着偷偷看了看东山从小受过症的脸。

"那时候也没人救济救济咱？"东山反问了一句。

"救济！乡公所只差没有把穷人骨头磋成扣〔106〕，有钱人只怕你穷不到底！"他咬着牙又说："哪像现在……"说到这里猛地停住了。东山看出了他爹的心事，他叹了口气，徐徐〔107〕地说："爹，张拴现在因为他胡捣腾也要卖地了，可是现在是新社会，咱那困难要是放在现在，就卖不了地了。现在共产党领导就是这样，只要你正干，下力，遇着事政府和大家都能帮助，是叫大家慢慢都提高，不能看着叫哪一家破产。"

老定没吭声，他只觉得额头上的青筋蹦蹦乱跳，脑子里像黄河水一样翻腾着波浪。

东山看着他爹那样子，就慢慢地说："爹！过去地主是只恨穷人穷不到底，现在大家是互相帮助。你吃过那苦头，你知道那滋味〔108〕，咱不能走地主走的那一条路。"

老定仍然没吭声，他只觉得脑子里嗡嗡直响。

六

秋天。柿树林成行地排在地边上，密密的绿叶子交织在一起，像一团帐幕〔109〕；细细的枝条上，挂着将熟的柿子。

宋老定脱了一只鞋子，坐在柿树林下的土圪垃〔110〕上。他看看天，天蓝蓝的没有一丝云彩。他看看地，田野里的秋庄稼蓬蓬勃勃地像比赛一样往高处长着。特别是他跟前的一块高粱，穗子扑楞开像一蓬小伞，缀满了圆饱饱的像珍珠一样的果实。

"地种好真是一亩顶二亩。"他自言自语地说了一句，就又想起来这几天他老想的事情了。

他想着千说万说还是多几亩土算事。以后东林们分家时，一个人能分一二十亩地多好。孙子们早晚提起来说时："经我爷手买了多少地！"他们也知道他爷爷是"置业手"〔111〕。他又想起来王老三说的："过年一季麦就把一多半本捞回来了！"谁嫌地多！况且这是买"一杆旗"这块地，全村头一份好地，不能错过这机会。他想着想着，站了起来，一直走到"一杆旗"地里。

这块地张拴准备种小麦。眼看快该下种了，还没犁二遍。地里长满了狗尾草。老定对着这些荒草叹了口气。

他从地里抓起把土，土黑油油地在吸引着他，"还是得买下这块地！"他说着看了看四下没人，就沿着地边走起来，想步步〔112〕看这块地究竟还有二亩四分没有。

他由地角仔细地步着。刚转过身子，猛地看见了地中间一堆生满荆梢〔113〕的黄土堆，那是张拴他爹的坟。

他心里扑通扑通地跳起来。他本来想不看，可是眼睛却老是往那里瞅。他想起来张拴他爹那样子。张拴他爹是解放前一年死的，耍了一辈子扁担，临死时还没有一份地能埋葬他自己。张拴把他爹的棺材在破窑洞里放了二年，一直到土地改革后，才算把他爹埋到这块地里。他对这事情是一清二楚。他想起来张拴他爹临死时对张拴说："早晚咱有地，再埋我这老骨头，没有地就不埋，反正我不愿意占地主们的地坷垃头！"他想起了这话，又想起解放前那几年受的苦，鼻子一酸，眼泪直想往外涌。没步完地就赶快回村子去了。

到村头碰见长山老头正推着两半布袋麦。他就问："到集上卖的？"长山老头笑着说："不，借给张拴的，听说他准备打席〔114〕，借给他去供销社卖苇子了买苇子。"

"你今年打的麦子老多呀！"老定由不得说了这一句。

"多不多吧，反正〔115〕够吃了。这放在家里干啥，我又不预备买地！"长山老头这么一说，老定脸刷地一下可红了。长山老头推着麦上村东头了。老定看着他的背影，直想追上前去也碰他几句，可是他总觉得自己有点理屈〔116〕，他最后说："你才有几个钱啦，

94

烧〔117〕哩！"

七

吃罢晚饭，院子里是一片白朦朦的月光，几只蟋蟀在椿树下吵闹着。老定呆呆地坐在院子里，他老是觉得好多声音在烦搅〔118〕着他，一会是蟋蟀叫，一会是洗碗叮叮哐哐声，一会又从厨房传出来秀兰和婆婆说笑的声音。

"真是乱！"他说了一句，脑子又赶快转到白天所碰到的那些事情上去，杂乱的声音他听不见了。

这时由大门进来个人，叫着"东山！"老定一听是张拴的声音，就说："他去乡政府了。"他又立起来说："张拴！你来这里坐坐。"谁知道张拴一问东山不在家，就慌里慌张〔119〕地说："不啦，不啦！"三脚两步地跑出去了。

"这小伙子见我就像见狼一样！"他思摸着踱到屋子里，东山娘问他："张拴还卖地不卖？那钱借给他不借？""我也拿不定主意！"他漫不经心〔120〕地回答着。

院子里又响起了脚步声，他侧耳〔121〕听着是东山和张拴的声音。又听见东山悄悄地说："到我屋坐吧！"两个人都去屋里了。老定这时候听着下边屋里唧唧哝哝〔122〕，就再沉不住气了。他看东山娘一眼，轻轻走出屋门，又觉得鞋底子老是响，就把鞋子脱在门槛外，赤着脚，立在院里窗子下。屋里这时正谈得有劲，他听见张拴说：

"人就怕一急没了主意，那几天我真没法子了。我想着'想治疮不能怕挖肉'，卖！就想起来卖地，心里想着：'终究是不够一担挑了'，再去周口赶一趟，捞他一家伙，万一走点运气〔123〕'就挣回来了。"

"你看你这打算多怕人！"这是东山的声音，"光想吃飞利〔124〕！不好好劳动生产哪会行？现在可不是旧社会那时候。你还是打几个月席，以后好好种地，可不敢再胡捣腾牲口了！"

"你那一天批评我以后，我就决定照着你说的办，决定不卖地。你嫂子这几天也理我了，一想出办法什么都有门路〔125〕了。人就怕遇事没有人商量。你动员长山伯先借给我五斗麦子，他说：'张拴！谁能没点事，我借给你！'后响就给我推来了。"

"信贷社〔126〕那二十万能借不能借？"

"信贷社主任说没问题！后来他们说三个月期。现在就是看你这里能借点不能！差也是三二十万。"

老定在窗子下听到这里，他吸了一口气，听见东山说："我爹总是打不通〔127〕思想。他今年六十多了，我也不想叫他生气。他受了一辈子苦，弄几个钱自然金贵。不过你放心！有共产党领导，决不能看着叫你弃业变产〔128〕，大人孩子流落街头。我预备把俺这互助组的人召集起来说说，大家集合一下帮助你一把。"

老定想着平常看着孩子冷冷的，却想不到他心里会想到怕自己生气。他又听见东山说："你别着急！长山伯借给你点，信贷社贷给你点，我再找几个人，大家再给你凑〔129〕点，你就可以搞点副业生产了。另外找人和你妻妹夫说说，等你在生产中有了收入，再陆续还他的账，这就过得去了。"

"东山！"他听着张拴激动地说，"你是怕别人说闲话〔130〕，你放心，我知道咱村老少爷们都知道你这人，你是共产党员，不论谁提起你都说好。谁的心公道，谁见天为群众打算，村里人都知道。"接着他又轻轻地说："谁也知道你有个糊涂爹，不会怪你。"他这句话说得特别轻，可是老定却听得特别清楚。

"我爹这二年也有转变。你知道前年我参加互助组时，和他生那气。现在在组里，一些小事也不怕吃亏了。他干的也很下劲〔131〕，我就想着过去我和他硬别也不行。像这次他要买你地，经过我劝说，昨天口气就变了。他说：'张拴家那地咱不能买，过去我和他爹在一块推了几年煤，都是穷人，咱不能买他的地。'就是借钱这事他怕张风〔132〕。"东山说着笑起来，张拴却接着说："我也知道老定叔，他这人是直心〔133〕人。他过去也给地主划过十字，他知道那卖地啥滋味。我爹常说：'我和你老定叔将来死后都免不了给人家看地头！'谁想来了共产党，要是我爹活到现在……"

老定听到这里再也听不下去了，他用手使劲地捂住要流泪的眼，走到屋里，像一捆柴倒在地下一样倒在床上。

八

八月的清早，像秋天河里的水一样明朗、新鲜。

熟透了的秋庄稼，随风飘荡〔134〕香味，风徐徐地把这香味吹到种这些庄稼的人的笑脸上，吹到他们心里。

宋老定自从昨天晚上听了东山和张拴说话以后，大清早就起来去地里找东山，他准备和东山商量一下，决定先在下凹地头打一眼井，秋后再安装一部水车〔135〕。他顺着一块高粱地走着，恰巧〔136〕碰见张拴由对面走来。他正想上去打招呼，张拴好像故意回避的样子，急忙拐到高粱地里。

"张拴！张拴！我有话要和你说！"他大声喊着，张拴只得从地里走出来。老定说："后晌到我家给你三十万块钱！"

"借给我的？"张拴瞪着眼吃惊地问。

"不借给你难道我还想买地！你记住：以后要好好地下劲种地，要不，连谁你都对不住！"

他说罢后，就一直朝东一步一步地迎着太阳走去。

1953年10月2日洛阳

译　　注

[1] 俗话　　súhuà　　locution populaire
　　　　　　　　　　common saying

[2] 要得穷， 翻毛虫。	yàodeqióng,fān máochóng	Ceux qui essaient de faire un profit rapide finiront par faire faillite.
		Those who try to make a quick profit will turn out to be born losers.
[3] 胡捣腾	hú dǎoteng	agir à tort et à travers
		make money by unreliable ways
[4] 掂根鞭杆转牛 牙绳	diān gēn biāngǎn zhuǎn niúyáshéng	vouloir faire fortune par le canal des achats et des ventes de bêtes de somme
		resell draught animals at a profit
[5] 牡牛	mǔniú	vache
		bull
[6] 叫驴	jiàolǘ	âne
		jackass
[7] 赔	péi	perdre dans les affaires
		sustain losses in business
[8] 牛犊	niúdú	veau
		calf
[9] 胡翻	húfān	faire des bêtises
		turn upside down
[10] 翻拙弄巧	fānzhuó nòngqiǎo	chercher à faire l'intelligent mais finir par se rendre ridicule
		try to be clever only to end up with a blunder

[11]	袍子	páozi	tunique ouatée
			cotton-padded robe
[12]	夹袄	jiá'ǎo	veste doublée
			lined jacket
[13]	霜灾	shuāngzāi	gel
			frostbite
[14]	蹋	tà	causer
			suffer
[15]	窟窿	kūlong	déficit
			deficit
[16]	膏药	gāoyào	emplâtre
			plaste
[17]	波折	bōzhé	péripétie
			twists and turns
]18]	见天	jiàntiān	chaque jour
			every day
[19]	连襟	liánjīn	beaux-frères (maris des sœurs)
			brother-in-law of one's wife
[20]	拣	jiǎn	choisir
			choose
[21]	流水壕	liúshuǐháo	canal d'irrigation
			irrigation ditch
[22]	茬	chár	récolte
			crop
[23]	眼红	yǎnhóng	jalousie
			envy
[24]	捞一家伙	lāo yìjiāhuo	en tirer profit
			reap some profit

[25] 解渴	jiěkě	étancher la soif (satisfaire à son ambition)
		quench one's thirsty (for profit)
[26] 估摸	gūmo	estimer
		estimate
[27] 活泼点	huópō diǎnr	mener une vie aisée
		be vigorous in making a fortune
[28] 打量	dǎliang	estimer
		appraise
[29] 大本头	dàběntóur	une somme importante
		a round sum
[30] 木匠	mùjiàng	menuisier
		carpenter
[31] 人眼是秤	rényǎn shì chèng	les yeux de l'homme s'égalent à une balance.
		what people have observed is the best judgment
[32] 攒	zǎn	accumuler; garder
		save up
[33] 豆饼	dòubǐng	tourteau de soja
		soyabean cake
[34] 合主	hézhǔ	associer; coopérer
		form a partnership
[35] 花轿	huājiào	palanquin de mariage
		bridal sedan chair
[36] 一本正经	yìběnzhèngjīng	se composer un visage sérieux

			in all seriousness
[37]	吭声	kēngshēng	prononcer un mot
			utter a word
[38]	噙	qín	tenir en bouche qqch
			hold something between one's lips
[39]	打盹	dǎdǔnr	sommeiller
			doze off
[40]	别	biè	têtu
			stubborn
[41]	顺说	shùnshuō	persuader
			persuade
[42]	磨磨蹭蹭	mómócèngcèng	lentement
			slowly
[43]	赌咒	dǔzhòu	jurer
			swear
[44]	瞎扯	xiāchě	débiter des paroles extravagantes
			talk irresponsibly
[45]	后响	hòushǎng	après-midi
			afternoon
[46]	风言风语	fēngyán-fēngyǔ	bruits; rumeurs
			slanderous gossip
[47]	放账	fàng zhàng	prêter à l'intérêt
			make loans
[48]	周瑜打黄盖	Zhōu Yú dǎ Huáng Gài	Huang Gai était frappé volontairement par Zhou Yu (anecdote tirée du Roman des Trois Royaumes)

Zhou Yu hit Huang Gai. a story from "The Three Kingdoms." Here it means one receives sufferings from his partner willingly.

[49] 讹	é	extorquer par chantage blackmail
[50] 承当	chéngdāng	promettre make a good promise
[51] 埋怨	mányuàn	se plaindre blame
[52] 不要紧	bú yàojǐn	ce n'est pas grave. It doesn't matter.
[53] 扯旗放炮	chěqí fàngpào	répandre une nouvelle make the matter known to the public
[54] 算盘	suànpan	abaque boulier; ici projet abacus; plan
[55] 烧香	shāoxiāng	encens incense
[56] 赶集	gǎnjí	aller à la foire go to a rural market
[57] 每逢	měiféng	chaque fois every time
[58] 亏	kuī	regretter shame for . . .
[59] 耍枪	shuǎ qiāng	se vanter show off

[60] 绷着脸	běngzhe liǎn	prendre l'air sévère
		look displeased
[61] 爷们	yémenr	appellation entre des hommes de générations différentes; ici père et fils
		father and son
[62] 扑踢	pūta	*onomatopée*
		onomatopoeia
[63] 上房	shàngfáng	chambres principales d'une cour carrée
		parents' room (usually facing south within a countyard)
[64] 拉长嗓子	lā cháng sǎngzi	traîner la voix
		drawl
[65] 万贯江山	wànguàn jiāngshān	trésor de famille sans prix
		priceless family treasure
[66] 吃吃	chīchī	*onomatopée*
		onomatopoeia
[67] 吆	yāo	crier à haute voix
		loudly urge on (an animal)
[68] 账房	zhàngfáng	caissier
		accountant
[69] 事中人	shìzhōngrén	quelqu'un
		somebody
[70] 巴结	bājie	flatter
		fawn on
[71] 扫	sǎo	jeter (un regard sur)
		glance at
[72] 格外	géwài	spécialement

			especially
[73]	慢吞吞	màntūntūn	lentement
			slowly
[74]	沤	òu	retarder
			wait
[75]	憨	hān	candide
			foolish
[76]	洋症	yángzhèng	souffrance
			sufferings
[77]	保险	bǎoxiǎn	assurer
			no doubt
[78]	挤眉弄眼	jǐméi-nòngyǎn	froncer les sourcils et cligner
			des yeux
			make eyes
[79]	错过	cuòguò	manquer
			miss
[80]	皮笑肉不笑	pí xiào ròu bú xiào	rire forcé
			put on a false smile
[81]	搭拉	dāla	baisser
			hang down
[82]	掌柜	zhǎngguì	propriétaire foncier
			landlord
[83]	浮上水	fú shàngshuǐ	flatter
			fawn on the rich
[84]	麦秸垛	màijiēduò	pailler
			stacks of wheat straw
[85]	篓子	lǒuzi	corbeille
			basket
[86]	踮	diǎn	marcher sur la pointe des pieds

104

tiptoe

[87] 老脑筋　　lǎo nǎojīn　　(avoir) l'esprit rétrograde
in old way of thinking

[88] 半截入土　bànjiérùtǔ　vers la fin de la vie d'une
personne
towards the end of one's
life

[89] 犟　　　　jiǎng　　　têtu
obstinate

[90] 八股套绳　bā gǔ tàoshéng　corde de huit brins (travailler
dur)
a rope of eight strands (means
doing hard work)

[91] 耩　　　　jiǎng　　　semer
sow

[92] 耧　　　　lóu　　　　outil agricole qui peut labou-
rer et semer en même temps
drill

[93] 答腔　　　dáqiāng　　parler
talk to each other

[94] 调茬　　　tiáochá　　assolement
change crops

[95] 宽绰　　　kuānchuo　en abondance
better off

[96] 思摸　　　sīmo　　　réfléchir
ponder over

[97] 斋公　　　zhāigōng　homme qui pratiqne l'absti-
nence (ici pour dire que la
terre aime l'engrais)

105

[98]	不中	bùzhōng	ce n'est pas bien
			be no good
[99]	插嘴	chāzuǐ	interrompre
			interrupt
[100]	浑身	húnshēn	tout le corps
			the whole body
[101]	月家疾	yuèjiājí	fièvre puerpérale
			puerperal fever
[102]	开消	kāixiāo	licencier
			dismiss
[103]	糟蹋	zāota	mourir
			die
[104]	打发	dǎfa	rembourser
			pay
[105]	铜匠	tóngjiàng	ouvrier qui travaille le cuivre
			coppersmith
[106]	磋成扣	cuōchéng kòur	mettre en pièces
			crush to pieces
[107]	徐徐	xúxú	doucement
			slowly
[108]	滋味	zīwèir	goût
			taste
[109]	帐幕	zhàngmù	rideaux
			curtains
[110]	土圪垃	tǔgēlā	motte de terre
			clod
[111]	置业手	zhìyèshǒu	qqn de très habile à faire
			fructifier les biens de famille

one of great ability in increasing family property

[112] 步步　　bùbù　　mesurer

measure

[113] 荆梢　　jīngshāo　　ronces

chaste tree

[114] 打席　　dǎ xí　　tresser des nattes

weave reed mat

[115] 反正　　fǎnzhèng　　malgré tout

anyway

[116] 理屈　　lǐqū　　avoir tort

be in the wrong

[117] 烧　　shāo　　ne pas pouvoir attendre pour dépenser l'argent une fois gagné

cannot wait to spend the money one's gotten

[118] 烦搅　　fánjiǎo　　déranger

disturb

[119] 慌里慌张　　huānglihuāngzhāng　　troublé

flustered

[120] 漫不经心　　mànbùjīngxīn　　négligemment

carefreely

[121] 侧耳　　cè'ěr　　prêter l'oreille

turn one's ear to

[122] 唧唧哝哝　　jījinōngnōng　　*parler à voix basse*

talk in a low voice

[123] 走运气　　zǒu yùnqì　　avoir la bonne chance

have good luck

[124] 飞利　　　fēilì　　　argent gagné au hasard
　　　　　　　　　　　　make money by chance

[125] 门路　　　ménlù　　　solution
　　　　　　　　　　　　way to solve problems

[126] 信贷社　　xìndàishè　coopérative des crédits
　　　　　　　　　　　　credit cooperative

[127] 打不通　　dǎ bù tōng　ne pas pouvoir se débarrasser
　　　　　　　　　　　　　des vieilles idées
　　　　　　　　　　　　can't get rid of old ideas

[128] 弃业变产　qìyè biànchǎn　vendre ses biens et abandon-
　　　　　　　　　　　　　ner sa carrière
　　　　　　　　　　　　sell property and abandon
　　　　　　　　　　　　　one's career (farming)

[129] 凑　　　　còu　　　　rassembler (une somme)
　　　　　　　　　　　　pool money

[130] 闲话　　　xiánhuà　　cancan
　　　　　　　　　　　　gossip

[131] 下劲　　　xiàjìnr　　(travailler) dur
　　　　　　　　　　　　(work) hard

[132] 张风　　　zhāngfēng　ébruiter (une nouvelle)
　　　　　　　　　　　　make the matter known to
　　　　　　　　　　　　　the public

[133] 直心　　　zhíxīn　　　honnête
　　　　　　　　　　　　frank

[134] 飘荡　　　piāodàng　souffler
　　　　　　　　　　　　waft

[135] 水车　　　shuǐchē　　noria
　　　　　　　　　　　　waterwheel

[136] 恰巧　　　qiàqiǎo　　justement; par une coïnci-

108

dence
coincidentally

马 烽

当代作家，原名马书铭，1922年生于山西省孝义县一个贫苦农民家庭。他16岁参加八路军，从1940年起，分别在延安鲁迅艺术学院附设部队艺术干部训练班和部队艺术学校学习两年，后在晋绥边区从事文艺工作。1954年在作家协会创作组工作。1956年后回山西省，先后担任省文联副主席、作家协会山西分会主席等职。

他的作品有与西戎合著的长篇小说《吕梁英雄传》和短篇小说集《我的第一个上级》、《一架弹花机》、《三年早知道》等。

韩 梅 梅

这篇小说写于1954年，当时社会上有些人认为：有文化的青年参加农业生产是没出息的。韩梅梅是一个高小毕业生。她却以自己的实际行动证明知识青年参加农业生产是大有作为的。本文选自《短篇小说》第三集，作家出版社1964年版。

* * *

去年十一月间，我离开甄家庄农业社〔1〕，回县上去汇报工作。半路上路过双河镇，我想顺便到完小〔2〕里去看看。因为春天我在这个镇子上工作的时候，常去完小里翻阅书报，认识了几位老师和一些同学。

我一进校门，就碰上了语文教员吕萍。吕萍是我们县里的模范教员，又是人民代表。前几年，她在城里上中学的时候，我们就认识。这是一个热情的青年，我记得她毕业的那年，正好县里新建立起两座完小，缺少教员。教育科动员毕业的同学们作教育工作，大家都不愿意干，嫌〔3〕这工作没前途，当时吕萍第一个报了名。后来别的同学有的上了大学，有的当了机关干部……一些当了教员的也后悔了，想着另找事。可是吕萍还是安安心心地做她的教育工作，除了教课，还负责学校里育年团〔4〕的工作。这几年来她工作得很有成绩，成为我们县里教育界受尊敬的人物了。

这天，她见了我，没说了三句话，就向我说：

"老马，最近写什么新东西没有？"没等我回答，她接着又说："我供给你点材料〔5〕好不好？"

我笑着说："这有什么不好？"

她也笑了。忙把我引到屋子里，就让坐，就倒水，随后就从抽屉〔6〕里拿出几封信来，对我说：

"这是我们学校今年暑期毕业的一个同学写给我的。你也认识她，叫韩梅梅。"

我边思索，边说："名字好象挺熟〔7〕，记不起是那一个来了。"

"怎么忘了？你不是还称赞过她的作文吗？"

这一说我想起来了。韩梅梅是一个十七岁的女孩子，瘦长个子，梳着两条长长的辫子，平素不爱多说多道，心里却很有点主见。她别的功课都平平常常，只有作文很出色。我看过几篇，文字很通顺，内容也很好。我记得有一篇是写她们村子这几年的变化。全篇充满了对今天农村的热爱。她是小贤庄的，以前我去过那里，她爹我也认识，是个僵〔8〕脾气老汉，没有儿子，就这么一个闺女〔9〕，看得像宝贝一样贵重。常和村里人说："我讨吃也要供我梅梅多念几天书。如今男女平等，有了本领，女的也一样办大事。"我想起这些事来，不由得问吕萍："梅梅现在作什么？"

吕萍笑了笑说："信上都写着哩！"她把信整理了一下递给我。这时正好打了上课铃。她说："我还有一堂课，你看完等我回来再走。"她说完，拿上教材，匆匆出去了。我便打开这些信，一封一封开始读。

一

亲爱的吕老师：

我没有考上中学，我们村张伟也没有考上。张伟是城里二完小的学生，也是今年才毕业。今天我俩相随着到城里中学门口去看榜〔10〕，从头到尾看了两遍也没有我们的名字，当时张伟"哇"的一声就哭了。十六七岁的小伙子在大街上哭哭啼啼，真没意思！引得街上好多人都站住看他，大约他也觉得有点难为情，一扭身独自跑回村里去了，一路我都没追上他。

说真心话，没考上中学，当时我心里也不怎么痛快，可是我没有哭，哭有什么用呢？我觉得能升学当然很好，升不了学，做别的工作还不是一样？我记得临毕业前，你在最后一次团的会上，给我们讲过这样的话："……考不上中学就参加生产。在今天新社会里，不管做什么工作都有前途；只要把工作做好，对建设祖国就有贡献。"吕老师，我相信你的话是对的，所以我也就下了这样的决心——参加农业生产。

可是……吕老师，当我回到村里的时候，唉……

我一进村，就看到关帝庙〔11〕门口有一伙人，他们见我过来，都盯着看我，叽叽喳喳，低声议论。不用问也是在说我呐。张伟在我前头回来的，显然他们已经知道我们落榜〔12〕的消息了。我走过去，只听李玉清说：

"嗬！咱们的女秀才〔13〕烤焦〔14〕了。嘻嘻……"

好多人都跟着笑了起来，我不由得脸上热辣辣〔15〕地。李玉清是我们村里说俏皮话〔16〕的能手，专爱揭别人的短〔17〕。我没有答理他，一直就走回了家里。

一进院子，只见全家人正在树荫下吃午饭，他们见我回来，脸色都变得不好看了，我娘叹了口气，我奶奶鼻子里哼了一声；我爹把胡子一翘，盯了我一眼说：

"丢人！给老子活败兴〔18〕！"

亲爱的吕老师，家里人这样对待我，我可受不住啦，鼻子一酸，不由得就哭了。我爹"砰"的一声把半碗饭往桌子上一搁〔19〕，震得调料钵子〔20〕、咸菜碟子都跳了几跳，粗声粗气地说道：

"作下有理的了！还有脸哭！"

我娘看着我很难过，忙劝我爹说：

"你少说两句好不好？梅梅心里好过吗？"

我爹没答话，端起饭碗，恼悻悻〔21〕地到街上吃去了。我爹一走，我娘安慰我说：

"快洗洗脸吃饭吧！还要哭得上了火哩！你还不知道你爹那脾气。"

这时，我心里也责怪自己："哭什么？连这点委屈也受不起？"后来我就不哭了，洗了脸就坐下来吃饭，心里不住地想，应当怎样向他们解释……

过了一阵，我爹回来了，看样子火气〔22〕下去了一些。他把空饭碗放在桌子上，在我对面坐下来，边掏出烟袋来抽烟，边问我：

"你打算怎么办？"

"参加农业生产。"我随口这样回答。

"种地？"我爹胡子又翘起来了，气呼呼地吼着说："老子省吃俭用，供你念书识字为了个甚？为了个甚？"

我奶奶也接上说："哼，我早说什么来？一个闺女家念什么书！果然是能成龙变虎〔23〕？这不是念了五六年了，还不是把钱白扔了！"

我知道，他们供我念书是这么个想法：盼望我多学点本事，将来作阔事，赚大钱，全家跟上享荣华，受富贵。如今听我说要种地，当然要生气了。我当时心平气和地说：

"奶奶，有了文化，种地也用得上，再说我爹年纪也大了，家里也没人劳动……"

"老子不少你那几个劳动日！"我爹抢着说。

"爹，你说我不参加劳动做什么？就在家闲着吗？"

我爹被我问住了，半天没说话，只顾低着头抽烟。这时，正好农业社打了上工钟，他拿起锄头边往外走，边说：

"唉！没出息〔24〕的东西！"

我爹一走，我奶奶也叨叨开了：抱怨我爹供我念书；抱怨我没考上中学，左一个没出息，右一个没出息。我没有理她，帮我娘刷了锅，一气就跑到了农业社里。

人们都上地去了，办公室里只有三个人：社长韩全有，会计张润年，另一个是喂猪的云山爷。只听云山爷说：

"你们早就应许添一个人，添了一个多月啦，还是我独自己，你们就是光会应许，光会应许！"

社长说，他已经动员过好几个妇女了，谁也不愿意喂猪，谁都嫌这工作脏。要说派男社员吧，又要浪费一个全劳动力，再说地里的活还忙不过来咧！他正说，一扭头看见了我，就忙着和我打招呼。我把我的来意说明以后，他们都高兴极了，社长说：

"咱们社里正缺少人手，特别缺少有文化的人。你来参加工作再好也没有了。"停了一下又说："你愿意做点什么？随你喜欢挑吧。"

我说："由你们分配吧，做什么都可以。"

社长想了半天，又和张润年低声商议了一阵，然后对我说：

"梅梅，我看你当保管〔25〕吧，你觉得怎样？"

"我没有意见，"我说。"不过我当了保管，韩二锁又做什么？"

社长说："我们动员他去喂猪。你做保管合适，这工作还比较轻省点！"

看得出来，他们是诚心要照顾我，可是我听了并不特别高兴。吕老师，在学校的时候，你常教导我们："一个青年团员，应当到最艰苦的岗位上去！"我为什么要挑轻松的工作呢！当时我想：别人都不愿意喂猪，难道韩二锁就愿意吗？为什么自己不去干，而要推给别人呢？再说韩二锁作保管工作已经熟悉了，自己反正做什么也是从头学

114

起。我想来想去，觉得自己应当做这工作。后来我说：

"我就喂猪吧！免得又把韩二锁调来调去。"

"你喂猪？"他们齐声说。都吃惊地望着我。云山爷还笑了笑说："梅梅，不说别的，光那股臭味就把你熏[26]跑了！"

我也笑着说："云山爷，熏不跑你，就熏不跑我。"

起初，他们以为我是随便说说，都劝我还是当保管好。后来见我很坚决，社长就答应了，并且对我说：

"梅梅，这群猪是咱们社里很大一笔财产。这担子可不轻啊！"他还说："工作上一定会碰到一些困难，碰到困难就想法子克服，什么工作也不是一帆风顺的！"

事情就这样决定了。晚上。团里还开了个欢迎会，大家都鼓励我好好工作。吕老师，从今天起，我是农业社的一个正式社员了。我想你看了这封信一定会高兴的。……

敬礼！

你的学生　韩梅梅
七月二十五日晚

二

亲爱的吕老师：

你的来信我不止看了一遍，你的每一句话，都能鼓励我去克服困难，对我有着很大的教育。这一个时期，我在工作上确实碰到了一些困难，也苦恼了几天，后来在团的帮助下，都顺利解决了。现在，我把我这一个时期工作的情形，简单向你报告一下：

我们社里大大小小总共有四十六口猪，都关在一个大猪圈里，怪不得谁也不愿意做这工作，看了都叫人恶心。圈里到处是粪、尿、污水、烂泥……足有一尺深，猪就在这里边过活，每只猪身上都沾满了这些脏东西。再说那股气味，啊呀，又酸又臭，到处是红头绿蝇。有些人路过这里，都是捂[27]着鼻子跑。开头几天，我实在也有点闻不惯，特别是刚吃完饭的时候，一闻到那股怪味，不由得就想呕吐。在猪圈跟前待上半天，身上的衣服都被熏臭了……这工作虽然又脏又累，我倒还可以咬着牙忍受下去。最使我苦恼的是另外一些事情。

自我在农业社喂了猪，我爹对我的态度更坏了，一见我就凶声凶气地骂："下贱骨头〔28〕！"我奶奶也常叨叨："一个闺女家和牲畜打交道，不嫌丢人〔29〕！"我娘虽然没骂我，可是见了我就叹气。村里有些人对我也是议论纷纷，第一天我去喂猪的时候，远远站了好些人看稀奇，有几个妇女还叽叽喳喳地说："看，高等学生喂猪啦！啧啧！""可惜了材料啦！""没出息！"……说什么话的都有。当时我只好装没听见，仍旧干我的活。可是心里却气极了。家里人骂我不要说了，村里人也这样小看我。那几天我的情绪很不好，心里觉得很委屈，简直有点灰心了。大概我们团支书张润年（社里的会计）也看出我的苦恼来了。有天他和我谈了很久，他说："做工作不能光要人说好，有时候免不了要受一点窝囊气〔30〕。只要自己是为了大家，想把工作搞好，就是挨儿句骂也要干下去，迟早大家总会了解你的。"他还说到我们社刚成立的时候，也有很多人说过风凉话〔31〕，嘲笑过，可是后来农业社办好了，那些人也都入进来了。那天，我半夜都没睡着，翻来复去地想，我下定决心坚持下去，不管人们说什么话。我觉得受不起委屈也是一种个人主义，吕老师，你说对吗？

从这以后，我还是每天照常工作，过了几天，人们也就不再说什么了。我心里老想着怎样能把猪喂好，怎样尽到自己的责任。我想应当把猪圈卫生工作搞好，改变这个环境。要不然，这样下去猪也会生病的。后来我就和云山爷商量，把猪圈清理清理。我满以为他一定会赞成，可是谁知他说："我早说过你做这事不成么！闻不惯这股味道吧？"我说："云山爷，我闻惯闻不惯倒是小事，要紧的是猪也应当讲点卫生。弄得干干净净，猪也少生灾害病。"云山爷说："脏猪脏猪，天生下就是种脏东西，你还能把它'卫'了'生'？我活了六十多岁啦！从来也没听说过猪还讲什么卫生！"他一口咬定猪天生爱脏，干净不干净没关系。

这次谈话是失败了，因为自己讲不来很多道理。可是我并没有泄气〔32〕，下定决心非把他说服了不可。那几天，我暗暗作准备工作，一有空闲就翻阅社里存的旧报纸。我想报上一定会有养猪经验这一类的材料，后来果然找到了两篇，而且有一篇专门是讲猪的卫生工作，我像得了宝贝一样，赶忙拿去给云山爷读。报上除了说道理以外，还举了两个具体例子：有一个农业社养着一百多口猪，由于卫生工作做得好，二年来没有一口猪生病；另一个社恰恰相反，七十多口猪，去年夏天瘟〔33〕死了十口。云山爷听我读完，自言自语地说：“哦，报上也这样说啦！”我说：“报上说的都是实情实理，咱们的报绝不能骗咱们。”他说：“是啊！是啊！”我见他心眼有点活动了，忙又说：“把猪圈弄干净，对全村卫生工作也有好处，听说周围几家邻居早就给社里提意见了。”他说：“是啊！人家很不满意。”这天我和他谈了很久，云山爷终于同意了。并且我们还商量好这次把猪圈彻底清理一下，以后就按报上的办法，训练猪在一定的地方大小便，经常注意卫生工作。我高兴得差点要跳起来，可是马上又想到了新的困难：猪圈这么大，脏东西这么多，光靠我们两个人，恐怕一个月也弄不完。而且云山爷还是个跛子〔34〕，根本不能干重活。找社长派人帮助吧，又觉得说了马上也办不到，因为那阵地里活还忙不过来咧！我愁得没办法，后来就去找团支书张润年商量。他听了我们的计划很高兴。并且提议发动团员们利用晚上的时间，义务劳动。当天晚上，团里就开会讨论这个问题，大家都赞成。特别有两个团员更加积极，因为他们就住在猪圈隔壁，这一夏天臭得真够受了。第二天我们就动了手。那几天正好有月亮，我每晚一边和他们劳动，一边教他们唱歌，大家又说又笑，干得很起劲。开头几天，只有男团员们参加，后来人越来越多，连一些年轻姑娘们也参加了。大家一连干了五个晚上，把圈里的脏东西都挑到村边的粪坑里，拉来几车黄土把圈垫平，把猪圈底下的卧草都换了新的，我又和云山爷把猪赶到小河里都给洗了澡……现在一切都弄好了。我们每天清理两三遍猪圈，这样就可经常保持清洁。并且已经开始训练猪在一定的地方大小便。这可是个困难工作，它们不听话，不过我相信慢慢它们就会习惯的。

村里人对猪圈的这个变化很满意，周围几家邻居都高兴地说：
"梅梅算办了件好事！"可是也有人说什么："新官上任三把火
〔35〕！""把猪圈修成金銮殿〔36〕，猪也变不成公主〔37〕！"李玉清
就说过这一类的俏皮话。

你问张伟吗？他自从那天看罢榜回来，一直就没上街，不愿意见
人，整天躲在家里哭哭啼啼。他爹娘怕他气病了，天天给他做好饭
吃。前些时候，我去看过他一次，脸色很不好看，眼肿得像红桃。我
劝他也参加农业生产，他摇着头说："我丢不起这份人！"并且还对
我说："真想不到你去喂猪，那有什么前途？"我说："做什么工作
都是为祖国服务……"我还没说完，他就很生气地说："别说了，我
没你进步，谁爱表现谁表现去！"我听着气极了，一扭身就跑出来。
后来我们团支书张润年去动员〔38〕过他两回，我们社长也去劝过他，
可是一点作用也没起。再后来听说他逼着他爹粜〔39〕了一石麦子作盘
缠，到太原找事去了。前天，他娘拿着他从太原寄回来的一封命，
满村夸耀，碰到识字的人就让人家念，碰到不识字的就说："我张伟
在省政府找下事了，是省政府啊！"那封信我也看过，到底找下什么
工作了，信上也没说。

我爹和我奶奶听到这个消息，又眼红〔41〕人家，又生我的气，每
天少不了冷言冷语敲打〔42〕我。由他们说去吧，现在我更不再乎了，
反正我有我的老主意。再谈。

敬礼！

你的学生　　韩梅梅

八月二十三日

三

亲爱的吕老师：

请你放心吧，我决不会因为那么一点点成绩骄傲自满。实际上那

118

也不是我一个人的功劳。你给我寄来的那些关于养猪的书，我都看了，有时还读给云山爷听。我以前只当喂猪这事很简单，看了这些书，我才了解这是一门很大的学问，越学越感到自己的知识不够。要把猪喂好，真不是件容易事。就比方猪的饲料问题吧，谁知有那么复杂：猪也需要有各种养料，也需要钙〔43〕、磷〔44〕、维生素〔45〕什么的。可是我们以前光是喂粉渣〔46〕，遇上一天粉坊〔47〕里做得少，粉渣不够喂，就得掺一些粮食。这样，浪费了粮食，猪还喂不好。现在我们的办法改变了，除了喂粉渣，还喂一些野菜、野草、玉茭棒〔48〕、西瓜皮……这样一来，能节省很多粮食。

这件事开头的时候，同样也碰到了一些困难。首先，云山爷就不怎么相信。他笑着说："梅梅，你隔不了几天就要变个新花样〔49〕啦！你见过谁家用秸草喂猪？"我说这是别的地方的经验。他说："又是报上说的吧？报上的话不可不信，也不可全信。猪不是吃草的畜生啊！你喂它也不吃。"我说：有几种草猪吃，我已经试过了，你要不信马上看看！"确实我试验过了。因为我估计到他不亲眼见了不相信。所以前一天我就到地里拔回好多灰条（一种野菜）和别的几种草来，喂给猪都抢着吃。当时我特意留了一些，让云山爷亲眼看看。云山爷看了之后，半天没言语，随后说："这么多猪，十个人割草也供不过来！"这确是个问题，后来我就把这意见反映给社长，社长高兴极了，他说："正愁缺少喂猪的粮食咧！这可是个好办法。"他发动社员们每天上地回来，大家捎带挑些猪草，我也每天抽空〔50〕到各家收集菜叶子等能喂猪的东西。后来好些人家自动就把这些东西送来了。种西瓜的吴德厚老汉，还把瓜园里的西瓜皮积存起来，每天回村吃午饭就担回来送给猪吃。社里还计划秋后利用空地，专门种几亩萝卜、白菜喂猪。现在我们的猪，生活大大改善了，人们都说这一个月来长得特别快。猪的数目也增加了，前些日子，有一口白母猪，一胎下了十二个猪娃，像一团团白绒球，好看极了，谁见了都喜欢，我和云山爷更是爱得不行。刚生下来的时候，我们用温水都给洗了澡，奶不够吃，就熬一些稀粥喂它们。我还和云山爷轮着看守了几夜，怕母猪压死它们。因为今年春天下的猪娃，一夜就给母猪压死了四口。这是多大的损失啊！这回云山爷和我决心要把它们都好好养大。

中秋节以前，我们社里杀了一口大肥猪，分给了社员们过节。那天，我看到自己亲手喂起来的猪被杀了，心里不由得有点难过，后来自己也觉得好笑，猪本来就是让人吃肉的动物，不杀还养老不成？另外，社里的运输组还把五口大猪赶到太原卖了，换回一架轧花机〔51〕来，因为今年我们棉花种的很多。

卖猪的人们回来说，他们在太原碰到张伟了。张伟原先是在省政府的一个机关里当勤务员，现在又到机器厂做工去了。他嫌当勤务员没出息，他说那是侍候人的差事。这几天，他娘又整天在街上和人们说："我张伟当工人了，你们知道如今工人是最吃香〔52〕的。听说工人是领导。"

吕老师，我觉得不管做什么工作，只要能钻〔53〕进去，就会越干越有趣。现在我对我的工作就很满意。村里人对我也不小看了。连李玉清见了我都不那么嘲笑了。并且背后还和别人说："如今做什么事也离不开文化，有了文化，猪都能喂好！"村里有些养猪的人家，还常来找我谈养猪的事，我也常给他们读那些小册子。今天上午，还有双河镇农业社的一个妇女来找我，要我给她介绍养猪经验。我有什么经验啊？我们的猪喂得好，主要就是采用了科学办法，这些办法都是书上报上的，又不是我创造的。可是她非让我谈不可。后来我和云山爷给她谈了一上午。她说他们因为没有注意卫生工作，今年夏天病死了三口大猪和五口小猪，她还说回去一定要按我们这样做。

敬礼！

你的学生　梅梅
十月三十日

四

亲爱的吕老师：

好久没给你写信了。这一个时期，我们社里忙着秋收，每天天不明人们就上地了，一直到天黑才回来，谁也顾不上挑猪草了。我和云山爷每天要把猪赶到掘过的山药〔54〕、红薯〔55〕地里去放，而且又添了两窝小猪，时时要人照护。另外经常还有人到我们这里来参观，座谈养猪经验……我和云山爷都忙得不可开交〔56〕，有时连饭也顾不上吃。

现在秋收已经结束了，前天晚上才开完社员大会。会上选出了五个生产模范。他们把我也选成模范了。我算什么模范！我觉得我的工作做得并不算好。对养猪的事情还很不精通，有好些知识我还不知道，有好多该做的事还没有做，可是他们非选我不可。我知道他们是为了鼓励我，希望我成为一个养猪的能手，这是多么光荣的任务啊！

农业社的账目结算了。我总共挣了有七十多个劳动日，分到一千多斤粮食。吕老师，这是多么快乐的事啊！这是用我的劳动换来的，我过去是依靠父母来生活，现在我靠自己劳动能够过活了。

我爹今年一年才挣了一百多个劳动日。我前两封信上，都没有提我爹的事，现在让我补着告诉你吧。我爹自从我喂了猪，不是给过我好多难看吗？后来经过社长和我们团支书的劝说，虽然再没骂我，可是他情绪很不高，整天愁眉苦脸，有时地也不上。他告诉我娘说劳动得没劲，没有什么指望。他本来一切希望都放在我身上，结果我当了个养猪的，他泄气了。有时整天坐在家里生闷气。他本来不喝酒，可是如今也断不了喝二两，一喝了酒就摔盆打碗，要不就蒙上被子睡大觉。平素看见我把头一扭，连话也不想和我说。吕老师，你想想，我爹这样对待我，我心里多么难过啊！我只好尽量忍着。这几个月来，我除了吃饭睡觉，很少在家里待。有时我也觉得我爹有点可怜，我是可怜他受旧社会的影响太深，他自己是个庄稼人，但他却看不起体力劳动。不过我相信他总有一天会明白过来的。

那天社里开社员大会，我爹没有去参加，晚上开完会我回来的时候，我娘早已回来了。我在门外就听我娘对他说："你知道咱梅梅分了多少粮？一千多斤，快顶上你多了。"我爹没有说话，只听我奶奶吃惊地说："啊！一千多斤？真没料到。"接着又听我娘说："这阵村里谁不说咱梅梅有出息。我在街上碰到人都对我说：'有文化做什么还不一样，看你梅梅多有本事！'今天会上，大家还把咱梅梅选举成模范啦！"我爹还是没开腔〔57〕。我进去的时候，只见我爹蹲在炕头上低着脑袋抽烟。我说："爹，我想卖点粮食，买两口小白猪娃，咱们家捎捎带带〔58〕就喂大了。"我爹说："你想买就买，粮食是你赚下的。"他没有看我，可是语气不象以前那么硬了。我说："都是全家的财产，我怎么能随便拿主意。"我奶奶说："这是好事嘛！两口猪喂大至少能换四、五石粮。"正在这时，我们社长来了，一进门就高兴地说："梅梅请客吧！这么大的事还不请客？"我不知道他指什么说，我们家的人也都发楞〔59〕了。随后社长才说，刚才接到了县上的通知，派我到省国营农场去受训，学习饲养猪的新方法，一两天内就要动身。我听了高兴得差点跳起来。我娘、我奶奶也嘻得合不住嘴。我爹没说话，呆呆地望着我，忽然眼里涌出了两颗泪珠，他哭了。我从来还没见我爹哭过哩！他哭着说："梅，爹对不起你，这几个月来对你……"他没有说下去，我已经完全懂得了他的心思，我不知为什么，不由得哭了。我娘见我们哭，也哭了，我娘是个顶爱哭的人，平素〔60〕见别人哭都要陪着流眼泪。我哭着，心里却很高兴，很痛快，说不出那种甜蜜滋味……

今天我准备了一天，我的工作暂时交给了周玉娥，周玉娥是我家对门的一个年轻姑娘。今儿下午团里开会给我做了鉴定〔61〕，大家都希望我好好学习，精通业务。我决不会辜负〔62〕国家对我的培养。

开完会，在街上碰到张伟从太原回来了，我们都高兴地跑过去和他打招呼，有个团员还热情地说："咱们的工人老大哥回来了，给咱们报告报告工厂的事吧！"可是张伟什么话也没说就回家去了。后来我们才知道他已经离开工厂不干了。嫌当工人脏，累，不随便。说："还不如种地哩！"这山望着那山高，看不起劳动。这种思想很不对。团里准备今后要好好帮助他解决这个思想问题。

吕老师，明天我就要走了，到了那里再给你写信吧！

敬礼！

你的学生　梅梅
十一月十二日深夜

我一口气把这些信都看完了。仿佛韩梅梅就站在我的面前，不由得引起我对她的敬仰〔63〕。她正像她的老师吕萍同志一样，那么勇敢，那么坚决，很少在困难面前低过头，屈服过……

不一时，吕萍回来了。一进门就对我说："看完了没有？怎么样？能不能供给你做点写作材料？"

我说："用不着我费工夫写。这些信本身就是很好的文章。应当送到报馆去发表，让所有的青年同学们都知道：任何成绩，任何荣誉，都不是顺手捡来的。"

1954年6月于京郊

译　注

[1] 农业社　　Nóngyèshè　　coopérative de production agricole

agriculture producers' co-operative

[2] 完小　　wánxiǎo　　école primaire

primary school

[3] 嫌　　xián　　répugner

dislike

[4] 青年团　　Qīngniántuán　　Ligue de la Jeunesse

Youth League

[5] 材料	cáiliào	matériaux material
[6] 抽屉	chōutì	tiroir drawer
[7] 熟	shú	familier familiar
[8] 僵	jiāng	têtu obstinate
[9] 闺女	guīnü	fille daughter
[10] 榜	bǎng	annonce qui classe les candidats reçus liste sélectionnée an announcement listing the successful cancidates
[11] 关帝庙	Guāndì miào	Temple de Guangong Temple for Guangong
[12] 落榜	luòbǎng	échoué à un examen fail in examination
[13] 秀才	xiùcai	lettré scholar
[14] 烤焦	kǎojiāo	être collé fail in examination
[15] 热辣辣	rèlàlà	chaud burning
[16] 俏皮话	qiàopíhuà	propos sarcastiques sarcastic remark
[17] 揭短	jiēduǎn	révéler les défauts de qqn rake up others' failure or

124

unhappiness

[18] 活败兴　　huóbàixing　　perdre la face

bring shame to

[19] 搁　　　　gē　　　　　déposer

put down

[20] 钵子　　　bōzi　　　　pot

clay bowl

[21] 恼悻悻　　nǎoxìngxìng　　fâché

angrily

[22] 火气　　　huǒqì　　　mauvaise humeur

temper

[23] 成龙变虎　chénglóng biànhǔ　devenir un personnage im-

portant

become a distinguished figure

[24] 没出息　　méi chūxi　　bon à rien

good for nothing

[25] 保管　　　bǎoguǎn　　magasinier

storekeeper

[26] 熏　　　　xūn　　　　irriter

sting

[27] 捂　　　　wǔ　　　　couvrir

cover

[28] 下贱骨头　xiàjiàn gǔtou　méprisable

inferior thing

[29] 丢人　　　diūrén　　　honteux

lose face

[30] 窝囊气　　wōnangqì　　reproche injuste

annoyance

[31] 风凉话　　fēngliánghuà　remarques sarcastiques

			sarcastic remark
[32]	泄气	xièqì	découragé
			give up
[33]	瘟死	wēn sǐ	mourir d'épidémie
			swipe fever
[34]	跛子	bǒzi	boiteux
			cripple
[35]	新官上任三把火	xīnguān shàngrèn sān bǎ huǒ	tout nouveau tout beau
			A new official would straighten out discipline and apply new measures in office.
[36]	金銮殿	jīnluándiàn	Salle du Trône
			emperor's audience hall
[37]	公主	gōngzhǔ	princesse
			princess
[38]	动员	dòngyuán	persuader
			persuade
[39]	粜	tiào	vendre
			sell (grain)
[40]	盘缠	pánchan	frais de déplacement
			travel expenses
[41]	眼红	yǎnhóng	jalouser
			envy
[42]	敲打	qiāoda	railler
			say something to irritate somebody
[43]	钙	gài	calcium
			calcium
[44]	磷	lín	phosphore

126

phosphorous

[45] 维生素　wéishēngsù　vitamine
vitamin

[46] 粉渣　fěnzhā　résidu de pois vert ou de patate douce après la fabrication de vermicelle
residue of green gram or sweet potato (after making starch or vermicelli)

[47] 粉坊　fěnfáng　atelier de vermicelle
mill of vermicelli

[48] 玉茭棒　yùjiāobàng　épis de maïs
core of corn ear

[49] 花样　huāyàng　variété
variety

[50] 抽空　chōukòng　trouver le temps
manage to find time

[51] 轧花机　yàhuājī　égreneuse de coton
cotton gin

[52] 吃香　chīxiāng　favori
the favorate

[53] 钻　zuān　se livrer à une étude approfondie
work hard to make oneself an expert

[54] 山药　shānyao　igname de Chine; ici pomme de terre
Chinese yam

[55] 红薯　hóngshǔ　patate douce

127

sweet potato

[56] 不可开交　bùkěkāijiāo　ne pas pouvoir se tirer de

be up to one's eyes in work

[57] 开腔　kāiqiāng　ouvrir la bouche

open one's mouth

[58] 捎捎带带　shāoshāo dàidài　faire qch. en passant

not with much care

[59] 发楞　fālèng　être pétrifiant

stare blankly

[60] 平素　píngsù　ordinairement

usually

[61] 鉴定　jiàndìng　expertise

appraisal

[62] 辜负　gūfù　décevoir

disappoint

[63] 敬仰　jìngyǎng　respect

respect

艾 芜

现代作家，原名汤道耕，笔名艾芜，1904年生于四川省新繁县。青年时代曾在云南中缅边界少数民族地区、缅甸仰光、新加坡一带生活过。先后做过报馆校对、小学教师和报纸副刊编辑。1932年参加中国左翼作家联盟。新中国成立后曾任重庆文化局局长和文联副主席。现任中国作家协会四川分会主席，中国作协理事。

主要作品有《艾芜中篇小说选》、《艾芜短篇小说选》、《南行记》、《南行记续篇》、《丰饶的原野》、《山野》和《百炼成钢》等。

雨

这篇故事表现出了年轻人渴求知识、追求进步的精神；字里行间流露出作者对年轻一代的热爱和赞美。选自《1949—1979短篇小说选》，人民文学出版社1979年版。

* * *

"好女儿，快脱了淋湿的衣裳，你还呆呆地站着做什么呀！"母亲忍不住了，连忙帮女儿脱下了湿衣，一面责备，一面又心疼地问：

"怎么样，你病了吗？"

"娘，我好好的，没有病。"

徐桂青灵敏地一下子把湿衣抢到手里，拿去挂上，随又一言不发地站在窗前，仿佛在专心倾听外面的雨声似的。黑暗的天空，一下给闪电照亮了，对面的楼房，鲜明地现了出来，立即又沉没〔1〕在黑暗里去。跟着一下雷声，把窗子都震的发抖。雨点从房檐上落下来，溅在地上，越发响得厉害。

母亲望望窗外，叹气地说："真是下疯〔2〕了，越下越大。"继而〔3〕又对女儿欣喜地说："幸好你还跑得快，走慢一点，可就全身湿透了。……快去吃饭吧，你不饿么？"

徐桂青没有回答，只是呆呆地站着，一直望着窗外，仿佛外面有什么东西，非常吸引她一样。

娘把饭放在炕桌上，望了她一下，然后略带诧异的神情问：

"桂青，你今天出了什么事了？"

"娘，没有什么事，"徐桂青赶快坐上炕来，一面拿起碗筷，一面惆怅〔4〕地说："我只觉得雨下得太多了。"

"你还管雨做什么？再下得大，你已经回家了。快吃吧！"

母亲说着，一面抬起头望望屋顶篷〔5〕，看看有没有漏雨〔6〕，浸出〔7〕润湿的痕迹。她听见雨越下越大，心里也在关心起雨来。

"娘，你可晓得还有好多人，正在淋着雨走啊！"

徐桂青显得不安地说，两条又细又弯的眉毛，又挨近些了，小小的眼睛凝结着忧愁。

一个很大的雷声，响得非常惊人，徐桂青一下连饭都不吃了，失声地说：

"该不会中电〔8〕嘛！"

"快吃饭，不要担心他们，他们会找着人家躲下子雨的。"

徐桂青现着很失望的脸色，摆下手里的筷子，说："有什么人家，那一路上都没有人家。"一下发觉自己不该说这样话的，便赶快埋头吃起饭来。

母亲怀疑地看她一眼，忽然警觉地说："你该叫小张先到我们家里躲躲，雨息〔9〕了再让她走。"

"娘，我不是担心小张，今天该她轮休，她没有上班。"徐桂青分辩地说，又跟着补充一句："我是担心他们那些住在乡下的。"

"哎呀，你还白担这些心做什么？一年三百六十天总要下雨的。"母亲教训地说，"你只要把火车上的工作，件件都做得好，就算你对啦！你这个人哪，有时候，又太过分了，对啥人都好，不该关心也在白关心。有时候，一不关心起人来，简直又不通情理，象小张有时候来这里多坐坐，你就老大不高兴。"

"娘，不要提小张了，我不喜欢她，她就是爱打扑克，不肯读点书。"徐桂青摇一下筷子。

徐桂青一向在环市〔10〕火车上查票。环市火车是由钢铁公司管辖〔11〕，专为工厂工人上班下班服务的。好些工人住在农村，全靠火车每天接送他们。一些年青的工人很注意徐桂青，常常为她那端庄〔12〕美丽的相貌掉过头来，有的还设法要开她一点玩笑。徐桂青拿着剪子，走到他们面前，严肃地说："查票。"他们就把食堂饭票子或者菜票子，递在她的手上，脸色还做得一本正经的。有的看见她要来了，故意装着睡熟的神情，打雷都惊不醒的样子。徐桂青挺讨厌这些人，有时心里会愤愤地想："我恨死这些鬼，"只差没有骂出口。

有一个年青工人，一上车就靠近车窗，专心地看书，有时又摸出一本小册子，拿铅笔算算术。夏天的夕阳，掠过种着高粱的田野，斜斜地射进车来，照在他的脸上，他也不从书上移动他的眼睛。冬天的时候，天黑得快，他一上车，就赶快找着挨近〔13〕电灯的座位，有时要是灯光暗淡一点，他就会站起来，靠着座椅，设法挨近灯光。这很久以来就引起了徐桂青的注意。别的青年工人也有在火车上看书的，但不象他这样经常不断地看。

徐桂青的父亲，是个驾驶火车的工人，因为害了风湿性〔14〕关节炎〔15〕，住了医院，随后又住疗养院〔16〕，已经两年多了，工资虽然照发，但依规定，长期病人的工资，却不能不打些折扣〔17〕。因此家庭生活就有了一些困难，做女儿的高小一毕业，便得找寻工作，赚些钱来，贴补家用。这样徐桂青就做了查票员。由于不能升中学，她是痛哭过的。早上上班的时候，看见先前小学的同学，挎着漂亮的书包，顺着青杨排立的马路，迎着初升的红日，仰着生气勃勃的脸子，兴冲冲地向中学校走去，她忍不住冒出了眼泪。她的查票工作，依着工人上班下班的需要，是三班倒的，一星期早上上班，再一星期下午上班，再一星期又在半夜了。因此她就不能经常去读业余的学校，这使她的心情沉重而又痛苦，感到学习方面十分暗淡〔18〕。她也要求过另换工作，但领导上要给她适合的工作，也一时不易找到，只劝她暂时忍耐。但她自从注意到那个年青人以后，每次查票走到他的面前，望见他手里的书，或是手里的铅笔，都禁不住增加了勇气，把自己鼓舞起来，觉得自己不是有不少闲的时间么？为什么要同小张她们去打扑克？为什么不找本书来看看？这么几次感触之后，她的衣袋也给书本弄得膨胀〔19〕起来。晚上在灯下看书的时候，眼皮倦得睁不开了，打一会盹儿〔20〕，忽然一下惊醒了，就立刻振作自己。同时那个为阳光或灯光照着的，专心、热忱、年青而又有着光辉的颜面，也蓦地现了出来，这对她的鼓励是很大的。她想：人家在工厂里一天做八小时的工，坐上车来，还不断地看，现在他在家里，也一定是在看的。我只是查查票哪，不算得怎样累。这样一来，她就能坚持她自己规定学习的时间。

徐桂青注意那个青年工人，已有一年了，但还不知道他的姓名。只是有一点，她是挺熟悉的，火车一到柳村站，那个年青工人，就一定要下车去。但也有好几次，使她很惊奇。那个年青工人，并没有在柳村站下车，而是在几分钟后，到一个叫清水河的车站，才下去。那时，她看见他是在专心算算术、舍不得丢下铅笔的样子。她推测，那个年青工人的村子，一定是在两个车站的中间。有一次，偶然的机会，火车停在清水河的车站，她碰见两个年青工人和那个年青工人，正在一面谈话，一面走下车去。"小陈，你这下可要多走三四里路了！""没关系，我恰好算好一道题。"这样一来，徐桂青更加明白了，那个年青工人的村子，一定是挨柳村车站比较近一些，到底是那一个村子，她弄不明白。但是一过柳村车站，约莫走了四五里的地方，一片青色高粱田野的那边，有着柳树围绕的村庄，露出一点白色的粉壁，远远地现了出来。冬天还要看得明白一点，田野上铺着白雪，村庄的树叶业已落光，黑灰色的瓦屋，仿佛近了好些似的。她不知不觉地感到那是一个美丽的村庄。火车到了清水河车站，那里下的人多，比较停的久点。有两条宽大的路，伸进乡村的田野，路两旁夹植〔21〕着不高的杨树。有一条是伸向柳村那个方向，她站在车厢门口，望了出去，心里发出一些幻想，觉得能有机会，在那条路上走走，一定是很幸福的。但这都是一刹那就过去了，没有留在心上有好久。只是她看见那个年青的工人，一到清水河车站下车，就不免对他起着一点惋惜的心情：何必为一道算术题，多走三四里路呢？同时，也就感到他那样用功，实在很可佩服。有时候走到那个年青工人面前查票，很想告诉他："不要再走那么多的路，你应该就在柳村站下去。"就是苦于说不出口来，因为她同他从来没有讲过话。她只是向他说："请拿出票来。"他没有回答一个字，没有看她一眼，只是从衣袋里摸出票来，让她拿去，他的眼光一直射在书上。她把剪一下的票递给他，一面说："拿票。"他也只是再伸出手来，接着，或者是摸出车票的手，一直没有缩回去，让她再递给他车票，他还是没有看她一眼。象这么简单极了的关系，又怎么能够进忠告〔22〕呢？讲话都不可能。有时她也觉得好笑，心里暗暗嘲笑自己："白操这些心干什么？人家半眼都不瞧你哩。"这样想想也就心里开朗了，什么也用不着挂念，正如火车窗外，掠过一片长着苹果的园子，一座茅房侧边的几株花树，一下现了出来，一下又送到后边，引不起什么牵挂。可是奇怪的就在这一点，一有随便玩一下的想头冒出芽〔23〕来，那个年青的有着光辉的颜面，和那凝神注在书上的眼睛，立即出现在面前，无论如何也不能避开。其实她自己并不想避开，倒是挺欢迎他的。小张点着手上的扑克牌说："小徐，来打几盘。"她高兴地走去了，随即忽然被什么人责备了一下似的，立刻带着非常警觉的神情，推开面前的牌，走开一边去，把衣袋里的书摸出来看。任随小张怎样揶揄，她也不管。自从她这么用功之后，早上上班的时候，看见那些挎着书包上中学的同学，也就并不难过了，而且还骄傲地感到："好吧，看谁学的最多？"由于有了这种感情，她更加敬重火车上那个年青的工人。

由于基本建设急速发展，环市铁路附近的农村姑娘也有不少进了工厂。徐桂青在上日班查票的时候，就看见有两三个姑娘，同那个年青的工人，坐在一道，也在看书，也在柳村车站一道下车。这不知怎的，便隐隐微微〔24〕，在她的心上，生长了一丝烦恼。有时又觉得可笑，自己认都不认识，管那些闲事做什么。可是有时看见那个年青的工人，单独一个人坐到清水河车站下车，没有那两三个年青的女工在一起，心里又暗暗感到高兴。为什么高兴，连她自己也说不出来。

这一天火车从钢铁公司门前开走的时候，天上就起了乌云。太阳还没有落到地平线上，就被涌起来的乌云吞食〔25〕了。原野中水沟两旁的树木，不断地摇摆。车窗外，两旁的高粱，象绿海似的闪着波浪。徐桂青在车厢里查票，看见下班的工人，都在向窗外的天空看，露出不安的神色，显然是在担心大雨会来，下车后怎么回家。但是查到那个年青的工人面前，看见他仍是专心致志的样子，在用铅笔画一些图形，火车外面风雨要来的光景，全没引起他的注意。图形有圆的、方的、扁圆的、长方的、样式很多。徐桂青看不出他在干什么，只是很有兴趣地望了一眼，查完票就走开了。那个年青的工人，在这个时候，还那样用功，她觉得是很自然的，没有引起一点诧异。

火车到了柳村车站没有下雨，到了清水河车站，才开始大点大点地落了起来。下车的工人赶忙到车站去躲。徐桂青一眼看见那个年青的工人，最后走下车去，直朝车站奔路，便禁不住大吃一惊，还暗自骂了一句："该死的，怎么不在柳村站下车哪。"但见雨越下越大，原野蒙上一层雨雾，竟至天乌地黑，车站外大路上的一排杨树，也完全看不见了，就又想起："在车站躲一下也好，要是在柳村下车，那不是正走在路上吗？"她认为夏天的暴雨，不久就会过去的。

清水河是最大的一个车站，站内候车室大，还有糖果香烟店，因为到了这里，便算环市的铁路走了一半，两边对开的火车，在这里会见，把所有下班的工人都送回乡了，又在开始把上班的工人，从沿路各站送进厂去。雨一直没有停，车窗玻璃上不住地淌〔26〕着雨水。上车的工人，好些身上都淋湿了，还把湿鞋子的足印，弄湿了车座中间的过道。徐桂青一看见上来一个淋湿的人，便难过地想起："那个年青的工人，不晓得淋成啥样子？"她希望雨停止，但是没有停息。火

134

车回到总站，她便算下班了，搭上车站前面的电车，就回到了家里。雨越下越大，还扯电闪〔27〕，响着震天震地的雷声。她想，"那个年青的工人，如果还在清水河车站躲雨，那雨这样下个不停，今晚他怎么过夜？要是不顾一切，走了回去，这样大的雨，可不淋坏了！"就因为这样的担心，她回到家，现出一点失神落魄〔28〕的样子。

吃了晚饭，徐桂青还不断走到窗前去看天空，什么也看不出来，只是一片乌云，只在电闪一扯的时候才亮一下，接着便是一个惊人的雷声。雷声一息，雨就下得更加大了。她忽然想起，雨下得这么大，又在打这样厉害的雷，那个年青的工人，一定没有回去，一定会等雨停了才走，一定没有那么蠢，冒着大雷大雨走路。这么来了三个"一定"之后，她才心里安静了。接着清水河车站那间大大的候车室，便出现在眼前。火车在那里停的久点，一定要等对面开来的火车进了站，才能再开走。有些时候，徐桂青会跑到候车室，去看那里又新贴了什么宣传画〔29〕，因此，那个车站对她是最熟悉的。她一回忆车站候车室的情景，便立刻觉得那个年青的工人，一定会坐在玻璃柜台的侧边，趁着零售店的电灯，也许还买一个面包，一面啃、一面在看书，在拿铅笔画着什么，她想到这里，便微微笑了起来，她感到那种专心看书还在一面啃面包的样子，是很可笑的。随即敛住〔30〕了笑容，马上拉开抽斗，拿出初中文学课本第一册来，摊在桌上，便专心一志看了起来。

母亲看不过意地说："你今晚该早点休息哪！"

徐桂青头也不抬地回答："人家在候车室都要学习，我不能放弃一分钟。"

母亲略微诧异地问："你说谁在候车室？"

徐桂青一下脸红了，把头勾得更低。

母亲见她好一阵都没回答，只是专心地看书，怕吵扰〔31〕了她，便摸出针线，开始做她的手工。

窗子外面的暴雨，一直哗哗啦啦地下着，没有停息。

译 注

[1] 沉没　　chénmò　　disparaître
disappear

[2] 疯　　fēng　　fou; ici à torrents
mad

[3] 继而　　jì'ér　　ensuite
then

[4] 惆怅　　chóuchàng　　mélancolique
disconsolately

[5] 顶篷　　dǐngpéng　　plafond
ceiling

[6] 漏雨　　lòuyǔ　　La pluie pénètre (dans la maison)
The rain is leaking in.

[7] 浸出　　jìnchū　　imbiber; tremper
soak

[8] 中电　　zhòngdiàn　　électrocuter
get an electric shock

[9] 息　　xī　　s'arrêter
stop

[10] 环市　　huán shì　　circuit
circuit

[11] 管辖　　guǎnxiá　　gérer
administer

[12] 端庄　　duānzhuāng　　sérieux
handsome

136

[13] 挨进	āijìn	proche; près de near
[14] 风湿性	fēngshīxìng	rhumatismal rheumatism
[15] 关节炎	guānjiéyán	arthrite arthritis
[16] 疗养院	liáoyǎngyuàn	sanatorium sanatorium
[17] 打折扣	dǎ zhékòu	faire une réduction discount
[18] 暗淡	àndàn	sombre gloomy
[19] 膨胀	péngzhàng	gonflé bulging
[20] 打盹儿	dǎdǔnr	sommeiller doze
[21] 夹植	jiāzhí	planter sur les deux côtés de la route plant on both sides of the road
[22] 进忠告	jìn zhōnggào	donner des conseils give advice
[23] 冒出芽	màochū yá	germer bud
[24] 隐隐微微	yǐnyǐn wēiwēi	vaguement indistinctly
[25] 吞食	tūnshí	avaler swallow
[26] 淌	tǎng	couler

drip

[27] 扯电闪　　chě diànshǎn　éclairer

lightning

[28] 失神落魄　shīshén-luòpò　avoir l'air égaré

distracted

[29] 宣传画　　xuānchuánhuà　affiche de propagande

picture poster

[30] 敛住　　　liǎnzhù　se retenir

hold back

[31] 吵扰　　　chǎorǎo　déranger

disturb

峻 青

当代作家,原名孙俊卿,1922年生于山东省海阳县。幼时家贫,读了几年小学后外出当童工。抗日战争爆发后,他参加了革命,从事教育和群众工作。峻青从40年代开始文学创作,1952年调中南文联从事专业创作。建国后发表的短篇小说结集为《黎明的河边》、《海燕》、《最后的报告》和散文集《秋色赋》等。1978年出版了短篇集《怒涛》和长篇小说《海啸》。

看　喜

重男轻女,是封建社会遗留下来的落后思想。这种思想在老年农民身上表现得尤为突出。小说里的老五爷就是这样一个人物,他盼着有一个胖孙子,可是儿媳却给他生了两个孙女,而他感到烦闷。老五奶是穷怕了的人,尽管已经翻了身,却依然害怕有孩子。但是,在周围乡亲们的影响下,尤其是政府的关怀和照顾,使这两位老人都改变了他们的看法。小说选自《黎明的河边》,人民文学出版社1978年版。

*　　　　*　　　　*

老五奶奶的家里,今天特别热闹。

天刚闪亮,院子里石榴树〔1〕上的喜鹊〔2〕刚刚亮起了喉咙,村庄里看喜〔3〕的邻舍们就陆续地来了。第一批到来的客人,有年纪和老五奶奶相仿佛的村长的妈妈,有村妇女会的主任,有妇女代表,还有一些年青的姑娘。她们一进门就兴冲冲地嚷道:

"老妯娌〔4〕,您可欢喜呀!"

"老五婶,欢喜呀!双喜临门〔5〕。"

"老五奶奶，你可真有福呀！一添〔6〕就是一双！"

老五奶奶简直忙坏了。她应口不迭地向所有的客人应酬：

"欢喜，欢喜，大家伙都欢喜呀。嗨，大嫂子，侄媳妇〔7〕，二嫂子〔8〕，你看你送这么些鸡蛋来。这哪好的？嗨！快到里间坐吧！里间坐坐。"

客人们一进里间屋，就扑上炕里边掀起棉被来。这个逗逗孩子的小嘴，那个摸摸孩子的小手。满屋子里都轰响〔9〕着祝贺大人称赞孩子的欢笑声。……

客人们一批接着一批，越来越多了。到吃过早饭以后，简直就挤破了屋门。老五奶奶忙得满头大汗送走了这批，又来了那批，一直到天傍响〔10〕的时候，客人才渐渐地稀少了。老五奶奶才长长地喘了一口气，擦了擦额上的汗水，扭着两只又瘦又痛的腿，回到了里间屋。

客人送来的鸡蛋，都摆在炕根下的粮食囤子〔11〕里，盖住了粮食，堆得象一座小山，红得耀眼。老五奶奶抓过来两个鸡蛋，剥去红壳，露出白玉似的蛋青〔12〕，送到儿媳的嘴边：

"吃吧。"

"你也吃吧，娘。"

"好，我也吃，有的是〔13〕。"老五奶奶高兴地说。她看着那鸡蛋堆，心里有一种说不出的高兴。这种高兴，已经超过了她对于新添的这两个小孙女的喜悦。

老五奶奶是一个阴郁〔14〕而又多话的老妇人，年轻的时候，曾经随着丈夫逃荒，多年流落〔15〕在外地，以后又挂着棍子讨饭。在那吃不饱穿不暖的苦难的岁月里，她曾经生过七个孩子，可是现在只活下了大成〔16〕一个人。那一些，不是在逃荒的路途上饿死了，就是在乞讨的饥饿中卖给了别人，在她看来，孩子对于大人，除去增加累赘〔17〕和穷苦以外，没有一点好处。现在虽然日子过好了，家里不愁吃穿，却依然消除不了她的这种多年积习〔18〕的感情，她那创伤破碎的心仍然还没有复原。在平时，街坊〔19〕上不论是谁家的大胖孩子，她从来不抱一抱。甚至连看都不看。现在，孩子投到她自己门上来了。

她也是那么冷淡、厌烦。也许她还担心着孩子会象以前那样的给她增加穷困和饥饿吧？在这一点上，老五爷却恰恰和老五奶奶相反。他是一个性情爽朗的老人，过去在受苦的时候，他也从来不唉声叹气的；这几年，他参加了互助组，日子过得顺心了，他也就更加愉快了，整天价〔20〕唱嗷嗷〔21〕地。可是，在愉快当中，他却隐隐地感到一点不足，好象是生活中缺少了一点什么似的。他常常站在院子当中，对着老五奶奶说：

"栏〔22〕里也有牛，囤子里也有粮食，可是，屋子里却总是发空〔23〕。空得不象家人家，倒好象是座古庙一样。"

他这话，老五奶奶明白，大成小两口子也明白：老人是希望着能有一个胖胖的大孙子，来活跃他的寂寞的老年。

自从知道儿媳怀孕〔24〕以后，老五爷简直欢喜透了。做着梦他都觉着有一只胖胖的小手在轻溜溜地〔25〕搔〔26〕着他的胸膛。好容易，日子盼到了。昨天夜里，他一夜都没合眼，老是竖着耳朵倾听着东间儿媳妇屋里的声音。老五奶奶却嘟嘟噜噜地〔27〕骂他：

"老骨头〔28〕，盼什么？咱又不是大官贵人，有什么好盼的？孩子就是祸害。添一物，添一累。"

"没看见人家都抱上大胖孙子啦，你也不馋〔29〕？"

"不馋，俺〔30〕管多时〔31〕也不馋。你还没穷够吗？"

天快明的时候，东间里响起了尖细的哇哇的哭声，老头子慌起来了，他用手推着老伴："快，快去看看去，八成〔32〕是个大孙子。"

还没等到老五奶奶下炕，东间屋里那个接生〔33〕的女同志就高兴地喊起来了：

"大爷大娘，欢喜啊！一胎〔34〕两个。"

老五奶奶厌烦地皱了皱眉。老头子却高兴地扯着粗嗓子〔35〕问道："男孩吗？"

"不，女孩。"

"啊！"老爷爷吃了一惊。"都是女孩吗？"

"嗳，两个都是女孩。"这回是大成的兴冲冲的声音。

老头子沉默了。希望的笑纹，从他的眼角上渐渐地消失了。突然他把烟袋锅〔36〕叭叭地在炕沿上敲了两下，气呼呼地喊道：

"大成，你在那瞎转转〔37〕什么？走，上东泊〔38〕锄小苗去。"

老五奶奶狠狠地白了老头子一眼，心里暗暗地骂道："猴儿脾气〔39〕。"

"欢喜啊，老大娘。"接生员又一次兴冲冲地祝贺她。

老五奶奶皮笑肉不笑〔40〕地说："欢喜。"心里却冷淡淡地，感觉不到一点乐意。

一清早消息便传开去了，看喜的客人纷纷来到。老五奶奶很感到奇怪。在她这六十多年的穷苦经历中，红白喜事〔41〕也过了几次，孩子也生了几个，可是从来没有一家邻舍来送礼给她的。今天怎么突然来这么多的客人呢？她来不及细想，就卷进那旋风〔42〕一样忙碌着的应酬中去了。她累得满身淌汗，腰痛腿瘦，直到现在，她才松闲下来，坐在炕沿上，怔怔地望着那小山一样的蛋堆出神〔43〕。

"娘，你想什么？"儿媳瞅着她问道。

"老辈和咱没有来往的人家，也都来了。你看：南街上你石匠大伯家，西胡同你玉智婶子家，北湾沿上二木匠家，还有村长家，妇女主任家……咳！怎么都来看喜？"

媳妇抿着嘴笑了一笑，说：

"娘，你想一想到底是为什么？"

"嗳，依我看哪！'人亲有的〔44〕，狗咬丑的。'过去，管什么红白喜事，连个客影子也不见。我生大成的时候，我娘家〔45〕你姥娘〔46〕偷着送了十个鸡蛋给我，以后叫我娘家兄弟知道了，和我娘整整吵了两天，那还是亲姐妹哩。现时，咱的日子过好了，街坊上都望着咱象家人家啦。礼物是小事呀！情面可大。嗳！人家的眼里都有咱呀！眼里有咱呀！你说不是？"

"是呀！娘。咱们穷人翻身了，这是一层；还有一层，现在，人也不比从前了。"

老五奶奶没有答理〔47〕儿媳的话。她早晨的厌烦情绪，已经消散了许多。她揭开被子，用满是皱纹的老手，抚摩着孩子的粉红色的小脸，嘟嘟噜噜的说："小兔羔仔〔48〕，你说是不是？啊！你们这两个小兔羔仔，可真有福气啊，投生〔49〕在这个好时光，要是生在十几年前你奶奶要饭吃的那个时候，早就把你扔到山沟去啦。唔！天快晌了，你爷爷那个老骨头怎么还不回来吃喜蛋？"

这时候，老五爷正在东泊锄小苗。说是锄小苗，实际上他是想借着干活来排除他心里的烦恼。可是不行，他的心里老是觉着空落落地〔50〕，他的耳朵里老是响着那个讨厌的声音："嗳，两个都是女孩。"他烦躁得真想着把大成骂一顿，可是却找不出骂他的理由来。大成呢？这个二十五岁的小伙子，似乎并没有理会到父亲的烦恼。他沉浸在轻飘飘的〔51〕愉快中，早就没有心思干活了。早晨，他还没有来得及抱一抱那两个小宝贝，老头子就叫着他下泊。他在勉强地干着活，心里却老是在想着那两个小东西。他第一次经历到当爸爸的喜悦。他在划算〔52〕着：将来怎样叫她俩上学；上完了学，就叫她们去……去做什么呢？当教员吧？不，一个当教员，那一个开火车，啊！开火车，开拖拉机……想着想着，他就笑起来了，竟没有觉出几次锄断了谷苗〔53〕。

"心上哪儿去啦？"老头子厉声地骂起来。

大成没有回声，抬起头来看了看天，天还没有正晌。又回过头去往门口望了一眼。门口那边，有两个村干部领着两个穿灰制服的同志向他的门口走去。"啊！那是谁？"

老头子也抬头望了一眼，但是，他看不清。

"区长〔54〕和区妇联主任〔55〕。"大成叫了一声，也没等到老头子允许，扛起锄来就往家里跑。老头子一听，心里跳了两下，也跟在大成后面跑回家去。

屋子里挤满了人。区长一见老头子，就紧紧地握着他的手，乐哈哈地说：

"老大爷，欢喜啦，欢喜啦。"

"大人孩子都好吧？"区妇联主任李同志也关切地问老五奶奶。

143

村长抱着一包东西，说：

"上级听说你家添了个双喜，特地叫区长和李主任带着这些东西来慰问。这两丈〔56〕红布，是县政府送的；这些红糖、鸡蛋、奶粉、猪头是区上送的，可要好好地抚养着小孩子呀！这是国家的小主人。国家对她们可关心啦。还有孩子的娘，要好好保养身体。"

老五爷大张着嘴，不知说什么好。老五奶奶呆呆地站在一边，不明白是怎么一回事。倒是大成，乐道道地〔57〕和区长又说又笑。

"来，让我看看这两个小公民〔58〕。"区长从炕上抱起了孩子，笑眯眯地看着，用脸偎偎，亲热得不得了："小家伙，快长吧。长大了开拖拉机，当工程师。国家又增加了一份力量。好。"

"咦！"李主任抱着另一个，惊讶地叫了起来。

"她怎么睁开眼睛啦，不是没过三日吗？"

"是呀！"大成高兴地说。"这两个小家伙有急躁情绪，不到三日就睁开眼了。也许是因为这个社会太好了，她们要急着早一点看看。"

大家哈哈地大笑起来了。

老头子也忍不住哼哧哼哧地〔59〕笑起来。

老五奶奶没有笑。她还在那里纳闷：为什么区长也来看喜？为什么他对别人的孩子那样的亲热？这也和她的日子过好了有关系吗？区长走了，她还在低着头想，想。突然，她的眼光一亮，象醒了过来似的，拍打着两只手说："我明白了，我明白了。人，人，嗳……大成他哥，你们为什么不在这时候投生呢？"眼泪，从她眼圈里滚落下来了。

老头子把区长送到门口，转回身来，瞅着老婆子说："站着干什么？象打愣的鸡一样。"

老五奶奶擦了擦眼睛，笑着骂道：

"你象个什么？老混蛋。重男轻女，不正确。"

老头子嘿嘿一笑："强似你，男女都轻视，连你自己也看不起——去，把孩子抱过来我看看。"

144

老五奶奶把小孩抱起来，亲了亲孩子的小嘴，笑着说："你们这两个小东西，人儿小，面子却不小。"

老头子象怕受了惊似地，轻手轻脚地接过孩子来，解开了夹袄钮扣[60]，把孩子紧紧地贴在自己的怀里。他觉得孩子的小手在他的肚皮上轻轻地一动，痒刷刷地，象喝足了烧酒似地，他的全身都暖洋洋，醉醺醺地[61]。

老五奶奶抱着另一个小孩，目不转睛地看。那一层细细的黄毛，那粉红色的小脸，那一睁一闭的小黑眼睛，那一动一动的象花瓣似的小鼻子，那一张一合的象樱桃粒[62]似的小嘴，俊极了，美极了。从早晨到现在，这一对孩子，老奶奶已经看过三次了，可是，只有现在，她才真正看到了孩子的面目，她才真正从心眼里感到孩子的亲切可爱。

"娘，你和俺爹给她们起个名[63]吧。"媳妇在东间屋里说。

"好。"老奶奶高兴得毫不思索地说。"现时是春天，大的叫春花，小的叫春英吧。"

"老脑筋[64]。"老头子白了她一眼说。"就知道什么花呀英呀的。现时还兴那一套？"

"俺不会起，你脑筋不老，我看你起个时兴[65]的。"

"没听区长说吗？孩子长大叫她去学开拖拉机，当工程师，建设咱们的国家。那么，大的就叫建华，小的就叫建国吧，——你看怎么样？"

老奶奶没有回声，抱起孩子就上了街。

"哎哟！五奶奶抱上孙女了，真是大福人哪！"街上传来了一个青年妇女的清亮而兴奋的笑声。

"嘻嘻！不管丑的俊的，总算是有了。"是老奶奶有点骄傲的声音。

"来，我看看。——哟，真是好孩子呀！叫什么名？"

"这个叫建国，大的叫建华。她爷爷起的名呀！"

"好名，好名。"

在屋子里听着的老头子，大嘴一咧，笑了。他猛然站起了，冲着街大声地喊道：

"别在街上瞎浪〔66〕啦，不害臊〔67〕！"骂着老婆子，自己却也抱着建华跑到街上去了。

大成看了看孩子的娘，噗哧一声，两口子都笑了。

1954年3月10日写于上海

译　注

[1] 石榴树　　shíliushù　　grenadier
　　　　　　　　　　　　　pomegranate

[2] 喜鹊　　　xǐquè　　　　pie
　　　　　　　　　　　　　magpie

[3] 看喜　　　kàn xǐ　　　féliciter la naissance d'un
　　　　　　　　　　　　　　bébé
　　　　　　　　　　　　see a newborn baby

[4] 妯娌　　　zhóuli　　　belle-sœur (femmes des
　　　　　　　　　　　　　　frères)
　　　　　　　　　　　　wives of brothers

[5] 双喜临门　shuāngxǐ-línmén　un double bonheur arrive à
　　　　　　　　　　　　　　la maison
　　　　　　　　　　　　A double blessing has des-
　　　　　　　　　　　　cended upon the house.

[6] 添　　　　tiān　　　　ici mettre au monde (un
　　　　　　　　　　　　　　enfant)
　　　　　　　　　　　　give birth to a child

[7] 侄媳妇　　zhíxífù　　femme de neveu
　　　　　　　　　　　　nephew's wife

[8] 二嫚子　　Èrmànzi　　*nom de personne*, souvent pour

146

désigner la seconde fille de
la famille
name of a person, usually
the second daughter of the
family

[9] 轰响   hōngxiǎng   retentir
a big noise

[10] 傍晌   bàngshǎng   au zénith
close to midday

[11] 囤子   dùnzi   grange
grain bin

[12] 蛋青   dànqīng   blanc d'œuf
egg white

[13] 有的是   yǒudeshì   il y en a beaucoup
have a lot

[14] 阴郁   yīnyù   morne
gloomy

[15] 流落   liúluò   mener une vie errante
be forced to leave one's home-
town

[16] 大成   Dàchéng   *nom de personne*
name of a person

[17] 累赘   léizhui   charge
burden

[18] 积习   jīxí   habituel
habitual

[19] 街坊   jiēfang   voisins
neighbours

[20] 整天价   zhěngtiānjia   tous les jours

all day long

[21] 唱嗷嗷　chàngáo'áo　fredonner

as happy as a king

[22] 栏　lán　étable

cattle pen

[23] 发空　fākòng　vide; solitaire

empty

[24] 怀孕　huáiyùn　être enceinte

be pregnant

[25] 轻溜溜地　qīngliūliū de　doucement

tenderly

[26] 搔　sāo　gratter

scratch

[27] 嘟嘟噜噜地　dūdu lūlū de　bougonner

murmur

[28] 老骨头　lǎo gǔtou　mon vieux

old man

envy

[29] 馋　chán　envieux

greedy

[30] 俺　ǎn　je, moi

I

[31] 管多时　guǎnduōshí　n'importe quand; jamais

never

[32] 八成　bāchéng　quatre-vingt pour-cent; pro-
bablement

eighty percent

[33] 接生　jiēshēng　accoucher une femme

deliver a child

[34] 胎　tāi　naissance

birth

[35] 扯着粗嗓子　chězhe cū sǎngzi　à voix rauque
yell with a hoarse voice

[36] 烟袋锅　yāndàiguōr　fourneau d'une pipe chinoise
the bowl of a long-stemmed
pipe

[37] 瞎转转　xiāzhuànzhuan　s'affairer pour rien
hang about

[38] 东泊　Dōngbó　*nom de lieu*
name of a place

[39] 猴儿脾气　hóur píqi　humeur inégale
impatient

[40] 皮笑肉不笑　pí xiào ròu bú xiào　sourir affecté
put on a false smile

[41] 红白喜事　hóng bái xǐshì　noces et funérailles
weddings and funerals

[42] 旋风　xuànfēng　tourbillon
whirlwind

[43] 出神　chūshén　tomber en extase
be lost in thought

[44] 有的　yǒude　ici riche
the rich

[45] 娘家　niángjia　la famille des parents d'une
femme mariée
the family of a married
woman's parents

[46] 姥娘　lǎoniang　grand-mère maternelle
grandmother on mother's
side

149

[47] 答理	dāli	répondre (à qn.)
		respond
[48] 小兔羔仔	xiǎo tùgāozi	bébé lapin; ici mignon
		baby rabbit
[49] 投生	tóushēng	être né
		be born
[50] 空落落地	kōngluòluò de	solitaire
		solitary
[51] 轻飘飘的	qīngpiāopiāo de	avoir l'air triomphant
		tread on air
[52] 划算	huásuàn	projeter
		plan
[53] 谷苗	gǔmiáo	plante de millet
		millet seedling
[54] 区长	qūzhǎng	chef d'arrondissement
		magistrate of a district
[55] 妇联主任	fùlián zhǔrèn	présidente de la Fédération des femmes
		president of the local Women's Federation
[56] 丈	zhàng	*spécificatif* 1丈 = 3.33 mètres
		a measure word, 1丈 = 331 metres
[57] 乐道道地	lèdàodào de	joyeusement
		gladly
[58] 公民	gōngmín	citoyen
		citizen
[59] 哼哧哼哧地	hēngchīhēngchī de	*onomatopée*
		onomatopoeia

150

[60]	纽扣	niǔkòu	bouton
			button
[61]	醉醺醺地	zuìxūnxūn de	ivre
			drunk
[62]	樱桃粒	yīngtáolìr	cerise
			cherry
[63]	起个名	qǐ ge míng	donner un nom
			give name to
[64]	老脑筋	lǎonǎojīn	vieilles idées
			old way of thinking
[65]	时兴	shíxīng	à la mode
			modern
[66]	瞎浪	xiā làng	flâner
			idle about
[67]	害臊	hàisào	honteux
			feel ashamed

浩 然

当代作家，原名梁金广，河北省蓟县人，1932年生。1949年开始业余创作，1954年以后做记者工作。《喜鹊登枝》是作者第一篇有影响的小说。以后又陆续发表了大量的、主要是反映农村生活的短篇作品。现分别编入《喜鹊登枝》、《蜜月》、《杏花雨》、《彩霞集》等集子。

浩然从1964年起从事专业创作，同年出版了长篇小说《艳阳天》。浩然是中国作协北京分会专业作家。

喜 鹊 登 枝

这篇小说写于1956年，它象一幅农村风俗画一样，表现了在政治、经济上得到翻身解放的中国农民，在婚姻恋爱问题上所体现出来的健康、纯洁的情调，反映了他们精神世界的美好。选自《浩然短篇小说选》，河北人民出版社1981年版。

* *

一

清早，飞来了两只花喜鹊〔1〕，登在院子当中的桃树枝上，冲着北屋窗户喳喳地叫。

韩兴老头从农业社〔2〕回到家里，被这叫声惊动了。他把粪箕子〔3〕往猪圈墙下边一丢，仰着脸，捋〔4〕着黄胡子，笑眯眯地望着花喜鹊，寻思着它们预兆的喜事儿。

坐在北屋炕上的老伴，挺不高兴地对着窗上的玻璃朝他喊："粥都凉了，你到底还吃不吃？一家子人光等着你。"

闺女韩玉凤眉开眼笑地迎着走进屋来的爸爸，一句话也没有说，就端粥盆拿碗筷，给老人盛上，自己也往炕沿上一跨，端着粥碗，稀里呼噜地吃起来；还没等把饭咽利落〔5〕，碗筷一放，拿起小包裹就要走。

当妈妈的最能观察闺女的心事，见闺女那个慌慌张张的样子，故意绷着脸说："啥事儿勾你的魂儿〔6〕啦？慌得你整天价饭都不想吃？"

玉凤脸一红，脑袋一晃："今儿个〔7〕各社的会计开碰头会〔8〕，能不忙吗？"她说着，看爸爸一眼，一阵风似地跑了。

老伴回头看看老头子，见他还是闷着头吃饭，就没好气地说："你呀，整天价象个木头人，啥事儿也不管。看咱们丫头这两天成了没砣〔9〕的秤，到哪儿都站不住，象个啥样子！"

这对老夫妻平时断不了开个玩笑，老伴性子急，老头子那股遇事满不在乎的脾气常常使她恼火。

这会儿，韩兴又不慌不忙地说："人家还不是忙工作嘛！"

老伴更生气了："屁，什么忙工作，忙着搞'自由'哩！"

"搞'自由'就搞'自由'呗，又何必大惊小怪的！"

"我的天，不是你身上掉下的肉，敢情是不疼。年轻人自己办终身大事，哪有什么主心骨〔10〕哇？你没见老焦家二姑娘遭的那事儿：马马虎虎地订了亲，过门三天半就闹离婚，多糟心〔11〕哪。咱丫头要是那个样子，我可不答应。"

"你不答应不顶用，有《婚姻法》管着呐。"

"《婚姻法》是《婚姻法》，她眼里也不能没我一点儿呀！"

老头子故意问："怎么才合你的心呢？你想包办〔12〕？"

老伴很认真地压低声音说："新社会不兴包办，更不能拿儿女搞买卖，咱们得顺着潮流走。依我看，就按照玉凤她二姨的主意做，把城里供销社那个股长叫到咱家来，让他俩对面相看；相中了，问的她心服口服，两头乐意，一分钱彩礼〔13〕也不要，这还能算我包办？"

老头子忍不住笑了："要我说呀，你这是变相包办！"

老伴把嘴一噘："你不用给我乱扣大帽子，不包办，也不能大撒巴掌〔14〕不管。你就是不疼闺女。"

老头子又笑笑说："我怎么不疼闺女？疼得讲究疼法，我比你会疼。你明知道人家自己找好了对象，不分青红皂白地偏要拆散人家，再给另找一个，这是为啥？非这样你不痛快？这还不是老思想穿上新外罩出来了？要我说呀，咱们应当认真负责地帮助玉凤把那个人调查调查，要是根子〔15〕正、思想好，成亲后能够一块儿过社会主义日子，咱们就成全他们；要是真不好，咱们再劝玉凤也有话说了。这不是两全其美〔16〕吗？"

老伴听了这番话，心里还有些不舒服，可是自己一时又想不出别的理由来驳老头子；再说，她也不敢相信自己那条道道真能够走得通，就噘着嘴巴不吭气了。

老头子撂下饭碗，想了想说："哦，有了。咱们东方红社跟他们青春社订了换种合同，我今天就去商量这码事；借这个由头，到那边把那个人的根底儿仔细地打听打听，看情形回头再说。你看行不行啊？"

老伴叹口气说："去就去吧，说不定是喜是忧哩！"

二

韩兴老头在黑袄外边罩上了一件蓝布衫，又换了一双纳帮薄底鞋，兜里还装上几块钱，背着粪箕子就动身了。

东方红社和青春社相离只有十来里地，因为当中隔着一道金鸡塘河，古来结亲的少，来往的也少。今年开春都转了高级社，又并成一个乡，两边社员觉得隔河涉水，走动起来很别扭。社干部们凑〔17〕到一块开了个会，接着又发动了两班人马，在河上修起一座石桥。就在修石桥的时候，女儿韩玉凤才认识了青春社的林雨泉。他俩一块儿参加运石头，一块儿搞宣传鼓动工作，最后又一块儿计算工料成本〔18〕，一来二去〔19〕就悄悄地搞起恋爱来了。韩兴老头在县农业技术训练班学习一个多月，回来就听到一些风言风语〔20〕。做父母的谁不关心儿女的终身大事？何况他的儿子不在家，身边独有这么一个眼珠子似的闺女呢！

有一天，玉凤没在家，老两口子正唠叨〔21〕这件事儿，西头玉凤她二姨一掀门帘进来，坐在炕上就数叨〔22〕起来了："我的姐夫呀，玉凤的婚事你们可该拿拿主意了。你没见东街老焦家二姑娘唱的那出戏。自由呀，恋爱呀，末了让那个二流子一身制服一双皮鞋，就把她给哄弄〔23〕走了；爹妈把闺女养那么大，不要说闹几个养老钱，连一包点心都没有吃上；结果呢，三天半又闹着打离婚，跟着生气、丢人。"她见姐姐被自己的话说得哑口无言，就又出谋献策，"要我说呀，先下手为强，把我们亲家〔24〕表侄，给玉凤介绍介绍。人家在顺义县供销社当股长，要人有人，要事儿有事儿；成了亲，玉凤往城里一住，再不用在庄稼地受苦了；你们两口子吃缺了，花短了，伸手就有钱用。话说回来，嫁给青春社林家，你们有什么便宜占？前几天我听说，老林家是个穷光蛋，那小子上了半截中学就回家拿上锄把啦，也不知道他犯了什么错误……"

韩兴老头子很干脆地回答说："抚养子女是咱们的义务；把她拉扯〔25〕大了，为的是扎革命的根，不是图一棵摇钱树〔26〕。至于说林家穷不穷，这更没啥。闺女要想嫁给富农，我还不干哩。只要小伙子劳动强，思想进步，家庭是革命的，结了婚，靠着农业社，凭着两双手，还愁没有幸福日子过？"

从这以后，林雨泉的品质好坏，家庭如何，就成了他心上的一件大事情。可是闺女总不愿意把事情公开，当老人的也不好多问，事情就这样悄悄地拖了下来。

韩兴老头是个热心人，村里两姓旁人出了事，他总得揽〔27〕起来，尽心尽意地帮助，如今事儿摊到自己亲生闺女身上，他怎么能不管呢？不过，他有一定之规〔28〕：做父母的既不能象东街老焦家那样对闺女的终身大事漠不关心，撒开手不管，也不能象老伴那样再来个变相包办；更不能象玉凤二姨说的那样，趁儿女办婚事捞一把〔29〕。他认为新社会的父母应当按照国家的章程，集体的利益，青年人的意愿，帮助孩子安排好前途，让她一生永远向上，幸福美满。同时，他也很相信自己的闺女玉凤，不会象焦家二姑娘那样没主见，更不会拿恋爱、结婚开玩笑，随随便便料理终身大事。

韩兴老头走着路，光顾想心事了，身后的喊叫声和车铃声他都没听见。当他被响声惊动，猛一转身，见一个人骑着自行车朝他这边来了；左躲右躲拿不定主意，脚下边的石头子儿一滑，闹了个屁股墩儿〔30〕。前边的自行车眼看要冲到他身上，骑车的小伙子来了个急刹车〔31〕，"叭嚓"摔倒了，挂在车把上的小包和本子滚出老远。

韩兴老头自知理亏，正想说几句抱歉话儿，谁知那个小伙子爬起来，也不顾自己的东西就先跑来扶他，亲热地问他："老大爷，您摔着没有？"

韩兴老头爬起来，拍着土，说："上年纪的人耳朵背，真耽误事儿，让你挨了摔。车子没有摔坏呀？"

小伙子扶起车子，拾起东西，笑着说："没有。也怪我骑的急了点儿。"

韩兴老头对这个又热情又肚量宽的年轻人很感激，就问："小伙子，是哪庄的？"

"青春社的。您呢？"

"我是东方红社的，到你们社办点事儿。"

"太好了。您跟我一块儿走吧。"

韩兴老头留神看看这个年轻人，只见他中流个子，圆脸盘，两道粗眉毛下边闪动两只很俊气的眼睛，文文雅雅，结结实实，说话时不慌不忙。他觉得这个年轻人很不错。

一边走，小伙子问："老大爷，您到我们社是换谷子种吧？"

"是呀，听说那个品种产量挺高。"

"高是高，就是挺娇贵〔32〕，要摸准它的性子才行。我们团支部种了两年才摸到一点儿经验。您换回去最好先少种一点试试，再扩大面积。"

"你说的对，办啥事儿都应当稳重扎实。"

"您住我们那儿吧，晚上我们团支部给您介绍介绍情况。"

"那太好啦。"

"明天我帮您把种子驮回来。我这车子能驮二百多斤。"

一边走，一边说，韩兴老头很喜欢这个小伙子，就问："你在村里负什么责任哪？"

"会计，团支部委员。"

"噢，你叫什么名字？"

"老大伯，您就叫我泉子吧。"

老头又问："你们社有个叫林雨泉的，那个人怎么样呀？"

小伙子听了这句话，停住脚步，望望老人，突然一下子红了脸，说了声"你到村里跟大伙打听去吧，"蹬上车子，一溜烟〔33〕似地跑了。

三

韩兴老头来到青春社，社主任热情地把他引到办公室，把换种的事商量妥当，又谈两个社的生产。随后韩兴老头转弯抹角地问起林雨泉的情况。社主任对这个问题兴头也挺高，大声朗朗地说："林雨泉可是个能文能武的好小伙子，如今担任社里的会计股长，又是联乡会计网的辅导员，不光是把铁算盘〔34〕，生产上也是个拿旗的手。您路过金鸡塘河，不是见到荒沙上许多白杨树吗？那都是他带动青年们栽的；您换的谷种，也是他第一个挑头试验成功的。"

韩兴老头很高兴，又试探着问："听说这个人品性不大好，上中学犯了错误才回村的。"

社主任笑了："没影的事儿。那个人又老实又厚道，别看年纪轻，可是个有志气的人。那年我们才建社，找不到会计，人家宁愿不升高中，主动要求回到村里帮我们办社。现在党支部正培养他哩……。"

他们正说着话，走进一位五十多岁的老头。这人圆脸高个儿，满腮黑森森的短胡子。他把怀里抱着的一大摞书籍放在桌子上，掸〔35〕

着身上的土，看看韩兴问："这是哪儿来的客？"

社主任忙站起来介绍："这位是东方红社的农业股长韩兴同志，到咱这商量换谷种的事；这位就是泉子的爸爸林振，我们社的副主任。"

林振也是个快活人，亲热地拉住韩兴的手说："东方红社的，好极啦。我们社赶不上你们先进，我老早就想去讨教点好经验。您还没吃饭吧，走，咱们家去吃吧。"

韩兴老头推辞不去。林振说："同志，咱们两社是一块儿奔社会主义的好朋友，难道吃一顿饭都不成？我这个人可不喜欢客气。走吧，我还有件重要事情跟您打听哪。"

社主任又帮忙劝说了一阵，韩兴才跟林振出来。他心里想：这个老头挺开通，吃着饭的当儿也好探探林雨泉的底儿。

他们穿过饲养场，忽见一个大个子中年人气呼呼地走过来，嘴里还不干不净地骂什么。他见到林振就停住脚步，从衣兜里掏出一迭发货票，用两个手指头捏着，晃了晃说："林主任，会计太厉害了，社主任都当不了他的家。您看，这条子泉子不给报账。要是这样，我这个队长可没法当啦。会计是您儿子，您去说说吧。"

林振看了看条子说："不要着急，我去看看。"

韩兴随着他俩走进一座大院，只听见从屋里传出劈啪啪的算盘声。韩兴没有跟林振进屋，一个人留在窗外边等候。林振进去之后，屋里立刻传出争吵的声音：

"把这笔账下了吧，是咱们主任答应的。"这是林振老头的声音。

"谁答应的也不能报销！"一个年轻人的声音。

"哟，会计股长，你亲爹都当不了你的家了？"这是那个队长粗重的声音。

"我不管是谁，都得按原则制度办事儿。你看看，你们队给牲口买这么多红缨子〔36〕干什么？戴上它出门漂亮是吧？谁图漂亮谁花钱。你再看看这几张发货票，你们在外边开会吃饭摆阔气，这不符合勤俭办社的精神，绝对不能报销！"

韩兴老头觉得这个年轻人的声音越听越耳熟，好不容易才想起来，这个会计正是他半路上碰见的那个小伙子。

许多路过的社员也凑到窗前听热闹。一个社员说："社里幸亏有泉子这么个大公无私〔37〕的会计，不的话，有人就会拿社里钱当水泼。"另一个说："别看人家泉子才二十多岁，过大日子可满有算计。就拿春天盖牲口棚那件事儿说，大伙都说买瓦，人家泉子提出用草苫。怎么样，那回省下老大一笔钱。"

一会儿，那个队长气呼呼地冲出屋走了。林振也红着脸跟出来，向韩兴神秘地笑笑，摇摇头说："我们这个小子真不好对付，常常让我这当爹的下不来台〔38〕。"

韩兴很认真地说："象这种人才能办大事哩！"

四

韩兴老头走进林家的院子。

林振把客人让到屋子里，吩咐老婆和女儿做饭，又找个瓶子跑出去打酒。

屋子里只剩下韩兴老头子一个人。他坐在椅子上抽烟，端详〔39〕这间小屋子。屋子不大，可是拾掇〔40〕得挺干净利落。靠北墙放着一条红油漆柜。墙上挂着一块长方镜框，镜框里边装着一张姑娘的像片：她扛着一把大镐，笑眯眯地站在树下边……咦！那不是女儿玉凤吗？她的像片怎么到这儿了？韩兴老头吃了一惊，眼睛又落在柜上边一个红色皱皮的笔记本上。他对这个本子更眼熟：明明是他前些天到县城里开会给玉凤买来的，昨天夜里还见闺女趴在灯下往本子上边写什么；难道它长了腿，一夜光景〔41〕就跑这儿来了？老头子心里嘀嘀咕咕，不由得拿过本子打开一看，只见第一页上写着：

雨泉：这本子是爸爸为我买的，送给你使吧。希望你把学习政治理论和参加斗争生活的收获都记在本子上。玉凤二月二十日摊鸡子、炒白菜，还有两大碗粉条豆腐，整整摆满一桌子。林振兴致勃勃地替韩兴斟满了一杯酒。两个人同时举起来，一饮而尽。三杯水酒下了肚，林老头的话可就多起来了。他从幼小怎么给地主扛活，怎么下关东逃荒，谈到土地改革斗地主，分房子分地，孩子上中学，建立农业社，走上社会主义大道。接着，他又谈到未来的远景：怎么用金鸡塘的水力发电呀，什么时候使拖拉机呀……两位老人越谈越投脾气〔42〕。酒喝浓了，话说亲了，林振谈起自己的一宗心事："韩大哥，我看出你是个实在人，肚子里有话乐意跟你往外掏，有件事情想跟您了解了解。刚才您不是听见会计室里有个人跟我吵架吗？那就是我的大儿子。今年春起，他跟您社一个叫玉凤的女队长搞上了恋爱。我说，这件事咱们是一百个赞成，婚姻自主好处多嘛。两个年轻人是一心无二了。前几天，孩子征求我们老两口子的意见，问我们同意呀不同意。韩大哥，让您说，咱一点情况都不了解，有什么资格发言表态呀？我想跟您把那个女孩子家庭根底打听打听，咱好帮孩子选择选择对象。"

韩兴老头是个喝酒就上脸〔43〕的人。现在他的脸不知是兴奋的，还是喝酒喝的，早就红成灯笼似的了。他捋着黄胡子，眯缝着眼，盯着林老头的脸说："先告诉我，你儿子到底叫什么名字？"

林振说："大伙都习惯叫他小名泉子，学名叫林雨泉。那个姑娘一提您也认识，就是像片上那个。"他说着下地要去取像片。

韩兴一把拉住他说："林大哥，不瞒您说，韩玉凤就是我闺女，有什么话，尽管问吧！"

林振听了先是一愣，紧接着，两位老人就双双拉住手哈哈哈地大笑起来。林振使劲拍着韩兴的肩膀说："原来亲家跑到我这里私访来了！我这家让你相漏了吧？孩子他妈，快进来……"

屋外边也正在叽喳喳地笑哩。

刚才屋里正在热闹的时候，林雨泉回家吃饭。听妹妹一学说，他害臊地要往外跑，娘两个连拉带推地把他弄到屋里。林雨泉象个没过门的闺女见了婆婆，低着头，红着脸。小妹妹在一旁不住地朝他挤眼吐舌头。

韩兴老头一把将林雨泉拉到跟前，端详又端详，然后说："你是个好孩子，人也好，思想也好，家庭也好。我闺女的眼光不错，我跟你爸爸一样：一百个赞成你们。没别的，老丈人〔44〕也不白相女婿。"他说着，一只手从衣兜里掏出一张崭新的五元票子，"拿去买一支钢笔使，当纪念。"

一屋子人哈哈大笑。

一九五六年八月写于保定

译　　注

[1] 喜鹊　　　xǐque　　　　pie

magpie

[2] 农业社　　Nóngyèshè　　Coopérative de la production agricole

agricultural producers' co-operative

[3] 粪箕子　　fènjīzi　　　panier à fumiers

manure basket

[4] 捋　　　　lǔ　　　　　caresser

stroke

[5] 利落　　　lìluo　　　　ici fini, terminé

finish (eating)

[6] 勾魂儿　　gōuhúnr　　　distraire

disturbing

[7] 今儿个　　jīnrge　　　　aujourd'hui

today

[8] 碰头会　　pèngtóuhuì　　une petite réunion

			a brief meeting
[9]	砣	tuó	ici poids d'une balance
			the sliding weight of a steel-yard
[10]	主心骨	zhǔxīngǔ	idée; jugement
			judgment
[11]	糟心	zāoxīn	triste
			miserable
[12]	包办	bāobàn	arranger un mariage
			arrange a marriage
[13]	彩礼	cǎilǐ	cadeaux de fiançailles offerts par la famille du fiancé à celle de la fiancée
			betrothal gifts
[14]	撒巴掌	sā bāzhang	laisser tomber une affaire, ne plus s'en occuper
			get (something) off one's hands
[15]	根子	gēnzi	ici issu(e) d'une famille correcte
			from a decent family
[16]	两全其美	liǎngquánqíměi	donner satisfaction à l'un et à l'autre côté
			satisfy both sides
[17]	凑	còu	rassembler
			get together
[18]	成本	chéngběn	prix de revient
			cost
[19]	一来二去	yīlái-èrqù	graduellement
			gradually

[20]	风言风语	fēngyán-fēngyǔ	bruit; rumeur
			rumors
[21]	唠叨	láodao	radoter
			have a chat
[22]	数叨	shǔdao	réprimander; morigéner
			talk endlessly
[23]	哄弄	hǒngnòng	duper; tromper
			cheat
[24]	亲家	qìngjia	parents par alliance
			children's parents in law
[25]	拉扯	lāche	élever (un enfant)
			bring up
[26]	摇钱树	yáoqiánshù	une personne ou une chose
			qui rapporte de l'argent
			a child of whom the parents
			can make a fortune out
[27]	揽	lǎn	prendre en main
			take care
[28]	一定之规	yídìng zhī guī	idée fixe
			one's own way
[29]	捞一把	lāo yìbǎ	tirer profit de
			reap some profit
[30]	屁股墩儿	pìgudūnr	tomber par le derrière
			fall on one's bottom
[31]	急刹车	jíshāchē	freiner subitement
			brake suddenly
[32]	娇贵	jiāoguì	délicat
			delicate
[33]	一溜烟	yíliùyānr	en un éclair; en un rien de

temps

in a flash

[34] 铁算盘　　tiěsuànpan　　abaque de fer: un comptable
　　　　　　　　　　　　　　　compétent

a good accountant

[35] 掸　　　　dǎn　　　　épousseter

brush lightly

[36] 红缨子　　hóngyīngzi　　franges rouges

red tassel

[37] 大公无私　dàgōng-wúsī　dévoué corps et âme à l'intérêt
　　　　　　　　　　　　　　　publique et détaché de tout
　　　　　　　　　　　　　　　égoïsme

devoted and selfless

[38] 下不来台　xiàbùlái tái　être embarrassé

be embarrassed

[39] 端详　　　duānxiáng　　examiner

observe

[40] 拾掇　　　shíduo　　　arranger

tidy up

[41] 光景　　　guāngjǐng　　temps

time

[42] 投脾气　　tóu píqi　　　s'entendre bien

find each other congenial

[43] 上脸　　　shàngliǎn　　devenir rouge après avoir bu

get one's face flushing while
　　drinking

[44] 老丈人　　lǎozhàngren　beau-père (le père de sa
　　　　　　　　　　　　　　　femme)

father-in-law

茹志鹃

当代女作家，曾用笔名阿如、初旭，1925年生于上海。1943年参加了新四军，在苏中军区前线话剧团和文工团工作，此间创作有歌词、话剧、短篇小说等。1955年，茹志鹃转业到上海作家协会，任《文艺月报》编辑，1960年开始从事专业创作，现任《上海文艺》编委、中国作家协会会员，作协上海分会理事。1958年发表了短篇小说《百合花》，受到文艺界重视。现有短篇集《高高的白杨树》和《静静的产院》等。

百 合 花

在这篇小说里，作者以第一人称的笔法，生动而真实地讲述了一个小战士的故事，歌颂了军民之间的骨肉之情。作品的语言清新，描写细腻，独具一格。选自《延河》1958年第3期。

* * *

1946年的中秋〔1〕。

这天打海岸的部队决定晚上总攻〔2〕。我们文工团创作室的几个同志，就由主攻团〔3〕的团长分派到各个战斗连去帮助工作。大概因为我是个女同志吧！团长对我抓了半天后脑勺，最后才叫一个通讯员送我到前沿〔4〕包扎所〔5〕去。

包扎所就包扎所吧！反正不叫我进保险箱〔6〕就行。我背上背包，跟通讯员走了。

早上下过一阵小雨，现在虽放了晴〔7〕，路上还是滑得很，两边地里的秋庄稼，却给雨水冲洗得青翠水绿〔8〕，珠烁晶莹〔9〕。空气里也带有一股清鲜湿润的香味。要不是敌人的冷炮，在间歇地盲目地轰响着，我真以为我们是去赶集[10]的呢！

通讯员撒开大步[11]，一直走在我前面。一开始他就把我落下几丈远。我的脚烂了，路又滑，怎么努力也赶不上他。我想喊他等等我，却又怕他笑我胆小害怕，不叫他，我又真怕一个人摸不到那个包扎所。我开始对这个通讯员生起气来。

嗳！说也怪，他背后好象长了眼睛似的，倒自动在路边站下了。但脸还是朝着前面，没看我一眼。等我紧走慢赶地快要走近他时，他又蹬蹬蹬地自个向前走了，一下又把我甩下几丈远。我实在没力气赶了，索性[12]一个人慢慢在后面晃。不过这一次还好，他没让我落得太远，但也不让我走近，总和我保持着丈把远[13]的距离。我走快，他在前面大踏步向前；我走慢，他在前面就摇摇摆摆。奇怪的是，我从没见他回头看我一次，我不禁对这通讯员发生了兴趣。

刚才在团部我没注意看他，现在从背后看去，只看到他是高挑挑的[14]个子，块头[15]不大，但从他那副厚实实的[16]肩膀看来，是个挺棒的小伙。他穿了一身洗淡了的黄军装，绑腿[17]直打到膝盖上。肩上的步枪筒里，稀疏地插了几根树枝，这要说是伪装，倒不如算作装饰点缀。

没有赶上他，但双脚胀痛得象火烧似的。我向他提出了休息一会后，自己便在做田界[18]的石头上坐了下来。他也在远远的一块石头上坐下，把枪横搁在腿上，背向着我，好象没我这个人似的。凭经验，我晓得这一定又因为我是个女同志的缘故。女同志下连队，就有这些困难。我着恼[19]地带着一种反抗情绪走过去，面对着他坐下来。这时，我看见他那张十分年轻稚气的圆脸，顶多有十八岁。他见我挨他坐下，立即张惶[20]起来，好象他身边埋下了一颗定时炸弹[21]，局促不安，掉过脸去不好，不掉过去又不行，想站起来又不好意思。我拼命忍住笑，随便地问他是哪里人。他没回答，脸涨[22]得象个关公[23]，呐呐[24]半晌，才说清自己是天目山[25]人。原来他还是我的同乡[26]呢！

166

"在家时你干什么？"

"帮人拖毛竹〔27〕。"

我朝他宽宽的两肩望了一下，立即在我眼前出现了一片绿雾似的竹海，海中间，一条窄窄的石级山道，盘旋而上〔28〕。一个肩膀宽宽的小伙，肩上垫了一块老蓝布〔29〕，扛了几枝青竹，竹稍长长的拖在他后面，刮打得石级哗哗作响。……这是我多么熟悉的故乡生活啊！我立刻对这位同乡，越加亲热起来。我又问：

"你多大了？"

"十九。"

"参加革命几年了？"

"一年。"

"你怎么参加革命的？"我问到这里自己觉得这不象是谈话，倒有些象审讯〔30〕。不过我还是禁不住地要问。

"大军北撤〔31〕时①我自己跟来的。"

"家里还有什么人呢？"

"娘，爹，弟弟妹妹，还有一个姑姑也住在我家里。"

"你还没娶媳妇吧？"

"……"他飞红了脸，更加忸怩起来，两只手不停地数摸着腰皮带上的扣眼〔32〕。半晌他才低下了头，惴惴〔33〕地笑了一下，摇了摇头。我还想问他有没有对象，但看到他这样子，只得把嘴里的话，又咽〔34〕了下去。

两人闷坐了一会，他开始抬头看看天，又掉过来扫了我一眼，意思是在催我动身。

当我站起来要走的时候，我看见他摘了帽子，偷偷地用毛巾拭汗。这是我的不是，人家走路都没出一滴汗，为了我跟他说话，却害他出了这一头大汗，这都怪我了。

----

①1945年鬼子投降后，共产党为了全国人民实现和平的愿望，和国民党进行和平谈判，并忍痛撤出江南。但时隔不久，国民党竟背信撕毁协定，又向我中原、苏中等解放区大举进攻。

我们到包扎所，已是下午两点钟了。这里离前沿有三里路，包扎所设在一个小学里，大小六个房子组成品字形，中间一块空地长了许多野草，显然，小学已有多时不开课了。我们到时屋里已有几个卫生员在弄着纱布棉花，满地上都是用砖头垫起来的门板〔35〕，算作病床。

我们刚到不久，来了一个乡干部，他眼睛熬得通红，用一片硬拍纸〔36〕插在额前的破毡帽下，低低地遮在眼睛前面挡光。他一肩背枪，一肩挂了一杆〔37〕秤；左手挎〔38〕了一篮鸡蛋，右手提了一口大锅，呼哧呼哧地走来。他一边放东西，一边对我们又抱歉又诉苦〔39〕，一边还喘息〔40〕地喝着水，同时还从怀里掏出一包饭团〔41〕来嚼着。我只见他迅速地做着这一切，他说的什么我就没大听清。好象是说什么被子的事，要我们自己去借。我问清了卫生员，原来因为部队上的被子还没发下来，但伤员流了血，非常怕冷，所以就得向老百姓去借。哪怕有一二十条棉絮〔42〕也好。我这时正愁工作插不上手，便自告奋勇〔43〕讨了这件差事〔44〕，怕来不及就顺便也请了我那位同乡，请他帮我动员几家再走。他踌躇了一下，便和我一起去了。

我们先到附近一个村子，进村后他向东，我往西，分头〔45〕去动员。不一会，我已写了三张借条〔46〕出去，借到两条棉絮、一条被子，手里抱得满满的，心里十分高兴，正准备送回去再来借时，看见通讯员从对面走来，两手还是空空的。

"怎么，没借到？"我觉得这里老百姓觉悟高，又很开通〔47〕，怎么会没有借到呢，我有点惊奇地问。

"女同志，你去借吧！……老百姓死封建〔48〕。……"。

"哪一家？你带我去。"我估计一定是他说话不对，说崩了。借不到被子事小，得罪了老百姓影响可不好。我叫他带我去看看。但他执拗地低着头，象钉在地上似的，不肯挪步。我走近他，低声地把群众影响的话对他说了。他听了，果然就松松爽爽地〔49〕带我走了。

我们走进老乡的院子，只见堂屋〔50〕里静静的，里面一间房门上，垂着一块蓝布红额〔51〕的门帘，门框两边还贴着鲜红的对联〔52〕。

我们只得站在外面向里"大姐大嫂"地喊，喊了几声，不见有人应，但响动是有了。一会，门帘一挑，露出一个年轻媳妇来。这媳妇长得很好看，高高的鼻梁，弯弯的眉，额前一绺[53]蓬松松的[54]刘海[55]。穿的虽是粗布，倒都是新的。我看她头上巳硬翘翘地[56]挽了髻[57]，便大嫂长大嫂短[58]地对她道歉，说刚才这个同志来，说话不好别见怪等等。她听着，脸扭向里面，尽咬着嘴唇笑。我说完了，她也不作声，还是低头咬着嘴唇，好象忍了一肚子的笑料[59]没笑完。这一来，我倒有些尴尬了，下面的话怎么说呢！我看通讯员站在一边，眼睛一眨不眨地看着我，好象在看连长做示范[60]动作似的。我只好硬了头皮，汕汕地[61]向她开口借被子了，接着还对她说了一遍共产党的部队，打仗是为了老百姓的道理。这一次，她不笑了，一边听着，一边不断向房里瞅着。我说完了，她看看我，看看通讯员，好象在掂量[62]我刚才那些话的斤两。半响，她转身进去抱被子了。

通讯员乘这机会，颇不服气[63]地对我说道：

"我刚才也是说的这几句话，她就是不借，你看怪吧！……"

我赶忙白了他一眼[64]，不叫他再说。可是来不及了，那个媳妇抱了被子，巳经在房门口了。被子一拿出来，我方才明白她刚才为什么不肯借的道理了。这原来是一条里外全新的新花被子，被面是假洋缎[65]的，枣红底，上面撒满白色百合花[66]。她好象是在故意气通讯员，把被子朝我面前一送，说："抱去吧。"

我手里巳捧满了被子，就一呶嘴[67]，叫通讯员来拿。没想到他竟扬起脸，装作没看见。我只好开口叫他，他这才绷了脸[68]，垂着眼皮，上去接过被子，慌慌张张地转身就走。不想他一步还没走出去，就听见"嘶"的一声，衣服挂住了门钩[69]，在肩膀处，挂下一片布来，口子[70]撕得不小。那媳妇一面笑着，一面赶忙找针拿线，要给他缝上。通讯员却高低[71]不肯，挟着被子就走。

刚走出门不远。就有人告诉我们。刚才那位年轻媳妇，是刚过门[72]三天的新娘子，这条被子就是她唯一的嫁妆[73]。我听了，心里便有些过意不去，通讯员也皱起了眉，默默地看着手里的被子。我想他听了这样的话一定会有同感吧！果然，他一边走，一边跟我嘟哝起来。

"我们不了解情况，把人家结婚被子也借来了，多不合适呀！……"我忍不住想给他开个玩笑，便故作严肃地说：

"是呀！也许她为了这条被子，在做姑娘时，不知起早熬夜，多干了多少零活，才积起了做被子的钱，或许她曾为了这条花被，睡不着觉呢。可是还有人骂她死封建。……"

他听到这里，突然站住脚，呆了一会，说：

"那！……那我们送回去吧！"

"已经借来了，再送回去，倒叫她多心〔74〕。"我看他那副认真、为难的样子，又好笑，又觉得可爱。不知怎么的，我已从心底爱上了这个傻乎乎的小同乡。

他听我这么说，也似乎有理，考虑了一下，便下决心似的说：

"好，算了。用了给她好好洗洗。"他决定以后，就把我抱着的被子，通统〔75〕抓过去，左一条、右一条地披挂在自己肩上，大踏步地走了。

回到包扎所以后，我就让他回团部去。他精神顿时〔76〕活泼起来了，向我敬了礼就跑了。走不几步，他又想起了什么，在自己挎包里掏了一阵，摸出两个馒头，朝我扬了扬，顺手放在路边石头上，说：

"给你开饭啦！"说完就脚不点地〔77〕地走了。我走过去拿起那两个干硬的馒头，看见他背的枪筒里不知在什么时候又多了一枝野菊花〔78〕，跟那些树枝一起，在他耳边抖抖地〔79〕颤动着。

他已走远了，但还见他肩上挂下来的布片，在风里一飘一飘。我真后悔没给他缝上再走。现在，至少他要裸露一晚上的肩膀了。

包扎所的工作人员很少。乡干部动员了几个妇女，帮我们打水，烧锅，作些零碎活。那位新媳妇也来了，她还是那样，笑眯眯地抿着嘴，偶然从眼角上看我一眼，但她时不时地〔80〕东张西望，好象在找什么。后来她到底问我说：

"那位同志弟到哪里去了？"我告诉她同志弟不是这里的，他现在到前沿去了。她不好意思地笑了一下说："刚才借被子，他可受我的气了！"说完又抿了嘴笑着，动手把借来的几十条被子、棉絮，整整齐齐地分铺在门板上、桌子上（两张课桌拼起来，就是一张床）。我看见她把自己那条百合花的新被，铺在外面屋檐〔81〕下的一块门板上。

天黑了，天边涌〔82〕起一轮满月。我们的总攻还没发起。敌人照例是忌怕〔83〕夜晚的，在地上烧起一堆堆的野火，又盲目地轰炸，照明弹也一个接一个地升起，好象在月亮下面点了无数盏的汽油灯，把地面的一切都赤裸裸地暴露出来了。在这样一个"白夜"里来进攻，有多困难，要付出多大的代价啊！我连那一轮皎洁的月亮，也憎恶起来了。

乡干部又来了，慰劳了我们几个家做的干菜月饼〔84〕。原来今天是中秋节了。

啊！中秋节，在我的故乡，现在一定又是家家门前放一张竹茶几〔85〕，上面供一副香烛〔86〕、几碟〔87〕瓜果月饼。孩子们急切地盼那炷〔88〕香快些焚〔89〕尽，好早些分摊给月亮娘娘享用〔90〕过的东西。他们在茶几旁边跳着唱着："月亮堂堂，敲锣买糖，……"或是唱着："月亮嬷嬷〔91〕，照你照我，……"我想到这里，又想起我那个小同乡，那个拖毛竹的小伙，也许，几年以前，他还唱过这些歌吧！……我咬了一口美味的家做月饼，想起那个小同乡大概现在正趴在工事〔92〕里，也许在团指挥所，或者是在那些弯弯曲曲的交通沟里走着哩！……

一会儿，我们的炮响了，天空划过几颗红色的信号弹〔93〕，攻击开始了。不久，断断续续的有几个伤员下来，包扎所的空气立即紧张起来。

我拿着小本子，去登记他们的姓名、单位，轻伤的问问，重伤的就得拉开他们的符号〔94〕，或是翻看他们的衣襟。我拉开一个重彩号〔95〕的符号时，"通讯员"三个字使我突然打了个寒战〔96〕，心跳起来。我定下了神才看到符号上写着×营的字样。啊！不是，我的同乡他是团部的通讯员。但我又莫名其妙地想问问谁，战地上会不会漏掉伤员。通讯员在战斗时，除了送信，还干什么，——我不知道自己为什么要问这些没意思的问题。

战斗开始后的几十分钟里，一切顺利，伤员一次次带下来的消息，都是我们突出第一道鹿砦[97]，第二道铁丝网，占领敌人前沿工事打进街了。但到这里，消息突然停顿，下来的伤员，只是简单地回答说"在打"，或是"在街上巷战[98]"。但从他们满身泥泞，极度疲乏的神色上，甚至从那些似乎刚从泥里掘[99]出来的担架上，大家明白，前面在进行着一场什么样的战斗。

包扎所的担架不够了，好几个重彩号不能及时送后方医院，耽搁下来。我不能解除他们任何痛苦，只得带着那些妇女，给他们拭脸洗手，能吃得的喂他们吃一点，带着背包的，就给他们换一件干净衣裳，有些还得解开他们的衣服，给他们拭洗身上的污泥血迹。

做这种工作，我当然没什么，可那些妇女又羞又怕，就是放不开手来，大家都要抢着去烧锅，特别是那新媳妇。我跟她说了半天，她才红了脸，同意了。不过只答应做我的下手[100]。

前面的枪声，已响得稀落[101]了。感觉上似乎天快亮了，其实还只是半夜。外边月亮很明，也比平日悬得高。前面又下来一个重伤员。屋里铺位都满了，我就把这位重伤员安排在屋檐下的那块门板上。担架员把伤员抬上门板，但还围在床边不肯走。一个上了年纪的担架员，大概把我当做医生了，一把抓住我的膀子说："大夫，你可无论如何要想办法治好这位同志呀！你治好他，我……我们全体担架队员给你挂扁！……"他说话的时候，我发现其他几个担架员也都睁大了眼盯着我，似乎我点一点头，这伤员就立即会好了似的。我心想给他们解释一下，只见新媳妇端着水站在床前，短促地"啊"了一声。我急拨开他们上前一看，我看见了一张十分年轻稚气的圆脸，原来棕红[102]的脸色，现已变得灰黄。他安详地合着眼，军装的肩头上，露着那个大洞，一片布还挂在那里。

"这都是为了我们，……"那个担架员负罪[103]地说道，"我们十多副担架挤在一个小巷子里，准备往前运动，这位同志走在我们后面，可谁知道狗日的〔104〕反动派不知从哪个屋顶上扔下颗手榴弹来，手榴弹就在我们人缝里冒着烟乱转，这时这位同志叫我们快趴下，他自己就一下扑在那个东西上了。……”

新媳妇又短促地"啊"了一声。我强忍着眼泪，给那些担架员说了些话，打发他们走了。我回转身看见新媳妇已轻轻地移过一盏油灯，解开他的衣服；她刚才那种忸怩羞涩〔105〕已经完全消失，只是庄严而虔诚地给他拭着身子。这位高大而又年轻的小通讯员无声地躺在那里。……我猛然醒悟地跳起身，磕磕绊绊地〔106〕跑去找医生。等我和医生拿了针药赶来，新媳妇正侧着身子坐在他旁边。

她低着头，正一针一针地在缝他衣肩上那个破洞。医生听了听通讯员的心脏，默默地站起身说："不用打针了。"我过去一摸，果然手都冰冷了。新媳妇却象什么也没看见，什么也没听到，依然拿着针，细细地、密密地缝着那个破洞。我实在看不下去了，低声地说：

"不要缝了。"她却对我异样地瞟了一眼，低下头，还是一针一针地缝。我想拉开她，我想推开这沉重的氛围，我想看见他坐起来，看见他羞涩的笑。但我无意中碰到了身边一个什么东西，伸手一摸，是他给我开的饭，两个干硬的馒头。……

卫生员让人抬了一口棺材来，动手揭掉他身上的被子，要把他放进棺材去。新媳妇这时脸发白，劈手〔107〕夺过被子，狠狠地瞪了他们一眼，自己动手把半条被子平展展地〔108〕铺在棺材底，半条盖在他身上。卫生员为难地说："被子……是借老百姓的。"

"是我的——"她气汹汹地嚷了半句，就扭过脸去。在月光下，我看见她眼里晶莹发亮，我也看见那条枣红底色上洒满白色百合花的被子，这象征纯洁与感情的花，盖上了这位平常的、拖毛竹的青年人的脸。

译　注

[1] 中秋　　　Zhōngqiū　　Fête de la lune (à la mi-août
　　　　　　　　　　　　　du calendrier lunaire)
　　　　　　　　　　　　the Mid-autumn Festival
　　　　　　　　　　　　　(15th day of the 8th lunar
　　　　　　　　　　　　　month)

[2] 总攻　　　zǒnggōng　　attaque générale
　　　　　　　　　　　　general offensive

[3] 主攻团　　zhǔgōngtuán　régiment chargé de l'attaque
　　　　　　　　　　　　　principale
　　　　　　　　　　　　main attack regiment

[4] 前沿　　　qiányán　　　front de bataille
　　　　　　　　　　　　forward position

[5] 包扎所　　bāozāsuǒ　　clinique du front
　　　　　　　　　　　　front clinic

[6] 保险箱　　bǎoxiǎnxiāng　coffre-fort
　　　　　　　　　　　　strongbox

[7] 放晴　　　fàng qíng　　(ciel) s'éclaircir
　　　　　　　　　　　　clear up

[8] 青翠水绿　qīngcuì shuǐlù　vert émeraude
　　　　　　　　　　　　fresh and green

[9] 珠烁晶莹　zhūshuò jīngyíng　brillant et cristallin
　　　　　　　　　　　　Rain drops sparkle like
　　　　　　　　　　　　　crystal in the sunshine.

[10] 赶集　　gǎnjí　　　aller à la foire
　　　　　　　　　　　　go to a rural fair

[11]	撒开大步	sākāi dàbù	marcher à grand pas
			walk with vigorous strides
[12]	索性	suǒxìng	carrément
			simply
[13]	丈把远	zhàngba yuǎn	à une distance de 3 mètres
			environ. 丈, spécificatif,
			1丈 = 3.333 mètres
			almost one "zhang" (a unit
			of length, 1丈 =3 ⅓
			metres)
[14]	高挑挑的	gāotiǎotiǎo de	grand
			tall
[15]	块头	kuàitóu	taille
			built
[16]	厚实实	hòushíshí	robuste
			robust
[17]	绑腿	bǎngtuǐ	molletière
			leg wrappings
[18]	田界	tiánjiè	limites d'un lopin de terre
			boundary of a piece of land
[19]	着恼	zhuónǎo	être irrité
			be offended
[20]	张惶	zhānghuáng	nerveux
			nervous
[21]	定时炸弹	dìngshí zhàdàn	bombe à retardement
			time bomb
[22]	涨	zhàng	ici rougir
			flush
[23]	关公	Guāngōng	*nom d'un général du royaume*

Shu (*époque des Trois Royaumes*). *Sur la scène de théâtre, l'acteur jouant ce rôle portait toujours un masque rouge.*

name of a Shu general during "the Three Kingdoms" period. His face was said always red.

[24]	呐呐	nènè	ba(b)butier
			slow of speech
[25]	天目山	Tiānmù Shān	*nom d'une montagne (dans la province du Zhejiang)*
			name of a mountain in Zhejiang province
[26]	同乡	tóngxiāng	compatriote
			a native of one's home town
[27]	毛竹	máozhú	bambou
			bamboo
[28]	盘旋而上	pánxuán'érshàng	monter en spiral
			spiral up
[29]	老蓝布	lǎolánbù	grosse toile bleue
			blue handloomed cloth
[30]	审讯	shěnxùn	interroger
			interogate
[31]	撤	chè	se retirer de
			withdraw
[32]	扣眼	kòuyǎnr	boutonnière
			hole

[33] 憨	hān	candide
		simple and honest
[34] 咽	yàn	avaler
		hold back
[35] 门板	ménbǎn	battant de la porte
		door plank
[36] 硬拍纸	yìngpāizhǐ	carton
		strawboard
[37] 杆	gǎn	*spécificatif*
		measure word (for a steelyard)
[38] 挎	kuà	porter (au bras)
		carry on the arm
[39] 诉苦	sùkǔ	exposer ses griefs
		complain
[40] 喘息	chuǎnxī	s'essouffler
		puff and blow
[41] 饭团	fàntuán	boulette de riz
		rice ball
[42] 棉絮	miánxù	ouate
		a cotton wadding (for a quilt)
[43] 自告奋勇	zìgào-fènyǒng	s'offrir à faire qqch.
		offer to undertake (a difficult or dangerous task)
[44] 差事	chāishi	mission
		task
[45] 分头	fēntóu	respectivement
		separately
[46] 借条	jiètiáo	fiche d'emprunt

receipt for the loan of something

[47] 开通　　kāitong
esprit ouvert
open-minded

[48] 死封建　sǐ fēngjiàn
avoir des idées très féodales
very feudal-minded

[49] 松松爽爽地　sōngsōng-shuǎng
shuǎng de
avec plaisir
cheerfully

[50] 堂屋　　tángwū
vestibule
central room

[51] 红额　　hóng'é
bande rouge en haut du store
the red upper part of a door curtain

[52] 对联　　duìlián
les sentences parallèles
antithetical couplet

[53] 绺　　liǔ
spécificatif
a measure word

[54] 蓬松松的　péngsōngsōng de
échevelé
fluffy

[55] 刘海　　liúhǎir
frange de cheveux
bang

[56] 硬翘翘地　yìngqiàoqiào de
rigidement
stiffly

[57] 髻　　jì
chignon
hair worn in a bun

[58] 大嫂长大嫂短　dàsǎo cháng dàsǎo duǎn
appeler par politesse une femme "belle-sœur"

			call her "sister-in-law" politely
[59]	笑料	xiàoliào	matière à plaisanter
			funny story
[60]	示范	shìfàn	démonstration
			show how to do something
[61]	讪讪地	shànshàn de	embarrassé
			embarrassed
[62]	掂量	diānliáng	peser
			think over
[63]	服气	fúqì	être convaincu
			be convinced
[64]	白了一眼	báile yì yǎn	jeter un signe du regard
			dart a look of hint at some-body
[65]	洋缎	yángduàn	satin
			satin
[66]	百合花	bǎihéhuā	lis
			lily
[67]	呶嘴	nǔzuǐ	faire signe à qqn. de faire qqch.
			pout one's lips as a signal
[68]	绷脸	běngliǎn	prendre un air sévère
			look displeased
[69]	门钩	méngōu	crochet de la porte
			door hook
[70]	口子	kǒuzi	déchirure
			tear
[71]	高低	gāodī	n'importe comment

no matter how

[72] 过门　　guòménr　　ici se marier (pour une femme)
get married

[73] 嫁妆　　jiàzhuang　　trousseau, dot
dowry

[74] 多心　　duōxīn　　soupçon
suspicious

[75] 通统　　tōngtǒng　　tout
all

[76] 顿时　　dùnshí　　ici: tout de suite
all of a sudden

[77] 脚不点地　　jiǎobùdiǎndì　　marcher très vite
walk fast

[78] 野菊花　　yě júhuā　　chrysanthème sauvage
mother chrysanthemum

[79] 抖抖地　　dǒudǒu de　　d'une manière tremblante
tremble

[80] 时不时地　　shíbùshí de　　de temps en temps
from time to time

[81] 屋檐　　wūyán　　corniche
eaves

[82] 涌　　yǒng　　surgir
rise

[83] 忌怕　　jìpà　　craindre
be afraid of

[84] 月饼　　yuèbing　　gâteau pour la Fête de la lune

moon cake (for the Mid-autumn Festival)

180

[85]	茶几	chájī	petite table à thé
			tea table
[86]	香烛	xiāngzhú	encens et chandelle
			joss sticks and candles
[87]	碟	dié	assiette; plateau
			small plate
[88]	炷	zhù	*spécificatif*
			a measure word
[89]	焚	fén	brûler
			burn
[90]	享用	xiǎngyòng	jouir de
			taste
[91]	嬷嬷	māma	grand-mère
			grandmother
[92]	工事	gōngshì	fortification
			defence works
[93]	信号弹	xìnhàodàn	fusée de signalisation
			signal flare
[94]	符号	fúhào	identité d'un militaire
			a military person's identification sewn to one's coat
[95]	彩号	cǎihào	un blessé
			the wounded
[96]	寒战	hánzhàn	frisson
			shiver (with cold or fear)
[97]	鹿砦	lùzhài	palissade pour arrêter l'ennemi
			abatis

[98]	巷战	xiàngzhàn	combattre dans la rue
			street fighting
[99]	掘	jué	creuser
			dig
[100]	下手	xiàshǒur	aide; assistant
			assistant
[101]	稀落	xīluò	rare
			rare
[102]	棕红	zōnghóng	brun
			brown
[103]	负罪地	fùzuì de	avec remords
			guiltily
[104]	狗日的	gǒurìde	*batard*
			abusive language
[105]	羞涩	xiūsè	timide
			shyness
[106]	磕磕绊绊地	kēkē-bànbàn de	chancelant
			hobble
[107]	劈手	pīshǒu	d'un coup de main
			grasp resolutely
[108]	平展展地	píngzhǎnzhǎn de	bien étalé
			unfold and spread something flat
[109]	气汹汹地	qìxiōngxiōng de	furieusement
			fiercely

王愿坚

当代作家，1929年生于山东诸城县。幼年在家乡读书，1944年到解放区滨海干部学校学习，次年参加八路军。曾先后做过文工团分队长、报社编辑、记者、编辑室副主任等。解放后王愿坚担任过《解放军文艺》编辑，参加过革命回忆录《星火燎原》的编辑工作，从1954年起，陆续发表短篇小说。主要短篇集有《党费》、《后代》、《普通劳动者》和《珍贵的纪念品》等。

七根火柴

这篇小说以举世闻名的二万五千里长征为背景，讲述了一个感人的故事：一个红军战士掉队后，在风雨中发现了另外一个掉队的战士。这个战士虽然已经奄奄一息，但还是挣扎着，在临终前把他精心保存下来的七根火柴连同党证一起交给了自己的战友。作品虽短，但一个大公无私、品德高尚的革命战士的形象跃然纸上。本文选自《1949—1979短篇小说选》，人民文学出版社1979年版。

*　　　*　　　*

天亮的时候，雨停了。

草地的气候就是怪，明明是月朗星稀〔1〕的好天气，忽然一阵冷风吹来，浓云象从平地上冒出来的，霎时把天遮得严严的，接着，就有一场暴雨，夹杂着栗子〔2〕般大的冰雹，不分点地倾泻下来。

卢进勇从树丛里探出头〔3〕，四下里望了望。整个草原都沉浸〔4〕在一片迷蒙的雨雾里，看不见人影，听不到人声，被暴雨冲洗过的荒草，象用梳子梳理过似的，光滑地躺倒在烂泥里，连路也看不清了。

183

天，还是阴沉沉的，偶尔有几粒冰雹洒落下来，打在那浑浊的〔5〕绿色水面上，溅起一撮撮〔6〕浪花。他苦恼地叹了口气。因为小腿伤口发炎，他掉队〔7〕了。两天来，他日夜赶路，原想在今天赶上大队的，却又碰上了这倒霉的暴雨，耽误了半个晚上。

他咒骂这鬼天气，从树丛里钻出来，长长地伸了个懒腰，一阵凉风吹得他冷不丁地〔8〕连打了几个寒颤〔9〕。他这才发现衣服已经完全湿透了。

"要是有堆火烤烤该多好啊！"他使劲地绞着〔10〕衣服，望着那顺着裤脚流下的水滴想道。他也知道这是妄想〔11〕——不但是现在，就在他掉队的前一天，他们连里已经没有引火〔12〕的东西而只好生吃干粮了。可是他仍然下意识地〔13〕把手插进裤兜里。突然，他的手触到了一点粘粘的东西。他心里一喜，连忙蹲下身，把口袋翻过来。果然，在口袋底部粘着一小撮青稞面粉，面粉被雨水一泡，成了稀糊〔14〕了。他小心地把这些稀糊刮下来，居然有鸡蛋那么大的一团。他吝惜〔15〕地捏着这块面团，一会捏成长形，一会又捏成圆的，心里不由得暗自庆幸〔16〕："幸亏昨天早晨我没有发现它！"

已经是一昼夜没有吃东西了，这会看见了可吃的东西，更觉得饿得难以忍受。为了不至一口吞下去，他又把面团捏成了长条，正要把它送到嘴边，蓦地听见了一声低低的叫声：

"同志！——"

这声音那么微弱，低沉，就象从地底下发出来的。他略略愣了一下，便一瘸一拐〔17〕地向着那声音走去。

卢进勇蹒跚地跨过两道水沟，来到一棵小树底下，才看清楚那个打招呼的人。他倚着树根半躺在那里，身子底下贮满〔18〕了一汪〔19〕浑浊的污水，看来他已经有很长时间没有挪动〔20〕了。他的脸色更是怕人，被雨打湿了的头发象一块黑毡〔21〕糊贴〔22〕在前额上，水，沿着头发、脸颊滴滴答答地流着。眼眶深深地塌陷〔23〕下去，眼睛无力地闭着，只有腭〔24〕下的喉结〔25〕在一上一下的抖动，干裂的嘴唇一张一翕〔26〕地发出低低的声音："同志！——同志！——"

听见卢进勇的脚步声，那个同志吃力地张开眼睛，习惯地挣扎了一下，似乎想坐起来，但却没有动得了。

卢进勇看着这情景，眼睛象揉进了什么，一阵酸涩〔27〕。在掉队的两天里，他这已经是第三次看见战友倒下来了。"这一定是饿坏了！"他想，连忙抢上一步，搂住那个同志的肩膀，把那点青稞面递到那个同志的嘴边说："同志，快点吃吧！"

那同志抬起一双失神〔28〕的眼睛，呆滞〔29〕地望了卢进勇一眼，吃力地抬起手推开他的胳膊，嘴唇翕动了好几下，齿缝里挤出了几个字："不，没……没用了。"

卢进勇手停在半空，一时不知怎么好。他望着那张被寒风冷雨冻得乌青〔30〕的脸，和那脸上挂着的雨滴，痛苦地想："要是有一堆火，有一杯热水，也许他能活下去！"他抬起头，望望那雾蒙蒙的远处，随即拉住那同志的手腕说："走，我扶你走吧！"

那同志闭着眼睛摇了摇头，没有回答，看来是在积攒着浑身的力量。好大一会，他忽然睁开了眼，右手指着自己的左腋窝〔31〕，急急地说："这……这里！"

卢进勇惶惑〔32〕地把手插进那湿漉漉〔33〕的衣服。这一刹那〔34〕间，他觉得那同志的胸口和衣服一样冰冷了。在那人腋窝里，他摸出了一个硬硬的纸包，递到那个同志的手里。

那同志一只手抖抖嗦嗦〔35〕地打开了纸包，那是一个党证，揭开党证，里面排着一小堆火柴。焦干〔36〕的火柴。红红的火柴头簇集〔37〕在一起，正压在那朱红的印章的中心，象一簇〔38〕火焰在跳。

"同志，你看着……"那同志向卢进勇招招手，等他凑近了，便伸开一个僵直〔39〕的手指，小心翼翼地一根根拨弄着火柴，口里小声数着："一，二，三，四，……"

一共有七根火柴，他却数了很长时间。数完了，又询问地向卢进勇望了一眼，意思好象说："看明白了？"

"是，看明白了！"卢进勇高兴地点点头，心想："这下子可好办了！"他仿佛看见了一个通红的火堆，他正抱着这个同志偎依〔40〕

在火旁……

就在这一瞬间〔41〕，他发现那个同志的脸色好象舒展开来，眼睛里那死灰般的颜色忽然不见了，爆发着一种喜悦的光。只见他合起党证，双手捧起了它，象擎〔42〕着一只贮满水的碗一样，小心地放到卢进勇的手里，紧紧地把它连手握在一起，两眼直直地盯着他的脸。

"记住，这，这是，大家的！"他蓦地抽回手去，深深地吸了一口气，用尽所有的力气举起手来，直指着正北方向："好，好同志……你……你把它带给……"

话就在这里停住了。卢进勇觉得自己的臂弯猛然沉了下去！他的眼睛模糊了。远处的树、近处的草，那湿漉漉的衣服、那双紧闭的眼睛……一切都象整个草地一样，雾蒙蒙的；只有那只手是清晰的，它高高地擎着，象一只路标，笔直地指向长征部队前进的方向。

这以后的路，卢进勇走得特别快。天黑的时候，他追上了后卫部队。

在无边的暗夜里，一簇簇的篝火〔43〕烧起来了。在风雨、烂泥里跌滚了几天的战士们，围着这熊熊〔44〕的野火谈笑着，湿透的衣服上冒着一层雾气，洋瓷碗〔45〕里的野菜"咝——咝"地响着……

卢进勇悄悄走到后卫连指导员的身边。映着那闪闪跳动的火光，他用颤抖的手指打开了那个党证，把其余的六根火柴一根根递到指导员的手里，同时，又以一种异样〔46〕的声调在数着：

"一，二，三，四……"

1958年1月20日

译　　注

[1] 月朗星稀　　yuèlǎng xīngxī　　lune éclairante et étoiles dispersées

		The moon is bright and the stars are scattered.
[2] 栗子	lìzi	marron
		chestnut
[3] 探头	tàntóu	sortir la tête
		stretch one's head out
[4] 沉浸	chénjìn	tremper
		be immersed in
[5] 浑浊的	húnzhuó de	impur
		muddy
[6] 撮	cuō	*spécificatif*
		a measure word
[7] 掉队	diào duì	rester en arrière
		fall behind
[8] 冷不丁地	lěngbudīng de	tout à coup
		suddenly
[9] 寒颤	hánzhàn	frisson
		shiver
[10] 绞（着）	jiǎo(zhe)	tordre
		twist
[11] 妄想	wàngxiǎng	vaine tentative
		vain hope
[12] 引火	yǐnhuǒ	allumer
		make a fire
[13] 下意识地	xiàyìshi de	d'une manière subconsciente
		subconsciously
[14] 稀糊	xīhú	pâte
		paste
[15] 吝惜	lìnxī	parcimonieux

cherishingly

[16] 庆幸　　qìngxìng　　se réjouir

rejoice

[17] 一瘸一拐　yì qué yì guǎi　boiter

walk with a limp

[18] 贮满　　zhùmǎn　　remplir

deposit

[19] 汪　　　wāng　　　*spécificatif* (pour eau, larme, huile . . .)

a measure word

[20] 挪动　　nuódòng　　déplacer

move

[21] 黑毡　　hēizhān　　feutre noir

black felt

[22] 糊贴　　hútiē　　coller

paste

[23] 塌陷　　tāxiàn　　s'enfoncer

sink

[24] 腭　　　è　　　menton

palate

[25] 喉结　　hóujié　　pomme d'Adam

Adam's apple

[26] 翕　　　xī　　　ici fermer

close

[27] 酸涩　　suānsè　　âpre

grieve

[28] 失神　　shīshén　　inerte

obscure

[29] 呆滞　　dāizhì　　hébété

188

with a dull look in one's
eyes

[30] 乌青　　wūqīng　　bleui
　　　　　　　　　　blue

[31] 腋窝　　yèwō　　aisselle
　　　　　　　　　　armpit

[32] 惶惑　　huánghuò　　perplexe
　　　　　　　　　　perplexed

[33] 湿漉漉　shīlūlū　　mouillé
　　　　　　　　　　wet

[34] 一刹那　yíchà'nà　　en un rien de temps
　　　　　　　　　　in an instant

[35] 抖抖嗦嗦　dǒudǒu suōsuō　tremblant
　　　　　　　　　　tremble

[36] 焦干　　jiāogān　　sec
　　　　　　　　　　dry

[37] 簇集　　cùjí　　être groupé à
　　　　　　　　　　gather

[38] 簇　　cù　　*spécificatif* (pour arbre, feu,
　　　　　　　　　　fleur ...)
　　　　　　　　　　a measure word

[39] 僵直　　jiāngzhí　　rigide
　　　　　　　　　　stiff

[40] 偎依　　wēiyī　　se serrer contre (qn. par
　　　　　　　　　　affection)
　　　　　　　　　　lean close to

[41] 瞬间　　shùnjiān　　en un clin d'œil
　　　　　　　　　　in a twinkling

[42] 擎　　qíng　　porter à deux mains

			hold up
[43]	篝火	gōuhuǒ	feux de bivouac
			campfire
[44]	熊熊	xióngxióng	(feu) ardent
			raging (flames)
[45]	洋瓷碗	yángcí wǎn	bol d'émail
			enamel mug
[46]	异样	yìyàng	étrange
			unusual

玛拉沁夫

蒙古族作家，1930年生于辽宁省吐默特旗黑城子村。自幼家贫，只读了七年书。1945年参加八路军，次年在内蒙古文工团开始写作，1951年发表了处女作《科尔沁草原的人们》。1957年出版了长篇小说《茫茫的草原》，此外，他还写有电影文学剧本《草原晨曲》和短篇小说集《春的喜歌》、《花的草原》。

玛拉沁夫是中国作家协会理事，内蒙古文联副主席。

篝火旁的野餐

鄂伦春族是中国的一个少数民族，解放前过着原始的游猎生活，人口逐渐减少，近于灭绝。解放后得到了政府的关注和帮助，逐步实现了定居，在社会主义大家庭中过着幸福愉快的生活。作者以喜悦、激动的心情，朴素、生动的语言，记述了鄂伦春人的今昔生活。这篇小说选自《花的草原》，作家出版社1962年版。

· · ·

初来时，我被大雪所迷惑〔1〕，以为这里今年再也没有阳光灿烂的秋天了，其实不然，这几天连续是晴朗的天气，虽说早晚颇〔2〕有冬寒之意，但是中午却还是暖洋洋的。平原和向阳山坡上的新雪融化〔3〕了，小溪〔4〕潺潺〔5〕，给人一种感觉是仿佛春姑娘就要到来。然而，据猎民们说，这次好天气一变，今年的秋天再也不会复返〔6〕，那就是严寒冬季了。

这是多好的机会呀！鄂伦春族〔7〕老猎人库波琴〔8〕约我到他家去作客。他说："我要叫你尝一尝连你们蒙古人〔9〕都 没 有 吃 过的肉食。"好呵，今天正是个好日子，走它一遭〔10〕。

在大兴安岭〔11〕，在鄂伦春地区，任何一块地方都可以成为一处幽雅的休养所。那河流、花草、森林，好象有那个巨人统一筹划〔12〕过，那般井井然〔13〕。我有时觉得只有这些森林的居民，才真正是大自然的"骄子"〔14〕，他们一降生〔15〕就看到了大自然如此无与伦比〔16〕的美姿〔17〕！

库波琴老人的家，座落〔18〕在倚〔19〕山临水的白桦〔20〕林里。我们走过一条长长的林间小径〔21〕，老远就看见了三间平房；房子抹得光堂堂的，玻璃擦得亮闪闪的，看来主人已经完全习惯于居住这样的房舍了。

鄂伦春，是山上的人的意思。他们世世代代居住在高山密林之中。解放前，鄂伦春人没有房屋，是住在极端简陋〔22〕而原始〔23〕的"仙人柱"里。"仙人柱"是用三十多根细木搭成圆锥形〔24〕的架子，上面盖上桦树皮或狍〔25〕皮，一年四季，顶端露天，下雨灌〔26〕雨，下雪灌雪，再加上常年就地而卧〔27〕，人们的健康受到了很大的损害。现在没有人住"仙人柱"了。解放后，国家给鄂伦春人盖了土木新房，这是鄂伦春人生活的一个转折点。

我们来到库波琴老人的房前时，几只狗同时咬了起来。那几只狗，长得跟蒙古狗差不多，只有一只是细身狗，那是善跑的猎犬。〔28〕

听见狗咬，从屋里跑出来一个少女，她穿着红毛衣，青呢裙，脚上是一双长统高跟皮靴；是蒙族女大学生的打扮。我认识她。她叫莫娜杰〔29〕，是库波琴老人心爱的女儿，今年刚从呼和浩特〔30〕医校毕业回来，会说一口流利的达斡尔〔31〕话、汉话和蒙古话。她是鄂伦春族第一个医生。

莫娜杰把我们引进屋里，库波琴老猎人热情地跟我们寒暄，并且把他儿子介绍给我们。他儿子叫耶列顿〔32〕，是出色的猎手，七岁开始学练枪法马术，九岁就跟他父亲进山狩猎〔33〕。小伙子枪法如神，百发百中，十六岁那年，在第一届全国运动大会上曾获得步枪射击全国冠军。今年他才十八岁，可是个头倒象个大人了。

当库波琴老人向我们介绍他的儿女们的时候，他女人，一个朴实的鄂伦春母亲站在一旁为自己生养了这样一对好儿女而无限骄傲地微笑着。她除了鄂伦春语以外，别的什么语言都不懂，因此只能用微笑代替好客的言辞[34]。一看就明白：这是一个非常和谐幸福的家庭。

"不瞒客人们说，你们来了，可我什么都没有准备呢。"

我马上觉得有些不好意思了。来之前，应当先跟人家打个招呼的。

"不过，客人们别见怪[35]，这是我老汉诚心款待[36]你们。"库波琴老汉坦率地说着。

我一时没有懂老人的话意，这时跟我一起来的巴图[37]同志，从旁解释说：

"好客的猎民，是不让尊贵的客人吃隔夜肉的。"

这时，老猎人又向我说道：

"同志，我的女儿先领你们去看一看我们公社的养鹿场，菜地，我们大家晌午到西山坡上见！"

说到这儿，他转过身去，向他的家人分配起任务来：

"耶列顿，你进北山里打一只狍子来，挑肥一些的！"

他说这句话时，就象城里人说"去胡同口称二斤肉来"或者象农村人说"到菜园子拔几棵葱来"那样轻易而随便。可是一只狍子有五、六十斤重呵！这不能不使我这个初访者感到十分惊疑！

耶列顿答应了一声，从墙上拿下猎枪和猎刀，走出屋去，骑上马就走了。

库波琴老汉对他妻子说：

"我去叉[38]鱼，你去采野果。你早回来一会儿，点着篝火[39]。"

分过工后，老汉让女儿领我们去参观，他自己拿上三股鱼叉和一个桦树皮桶子，向房前的河岸走去。当我们在莫娜杰的向导下，来到养鹿场时，老远看见老汉坐上桦树皮船，在波漪荡漾[40]的河面上，轻轻地划着桨。鄂伦春人是猎手，同时也是好渔夫。他们除了兽肉，主要是吃鱼肉。他们也下网，但通常是拿鱼叉叉鱼。据说有经验的猎人，看水纹〔41〕就能识别哪里有鱼，有什么鱼。在附近的阿里河、甘河、吉文河，有着许多种鱼，秋天多是叉大马哈鱼〔42〕。

说起来野果，兴安岭是鄂伦春人的广阔天然采集场。这里有山葡萄、山梨、海棠〔43〕、稠李子〔44〕，还有一种叫都柿〔45〕的酸甜的野果，内蒙著名的"越桔酒"就是拿它酿造〔46〕的。鄂伦春妇女，在秋天，采集野果是主要一项劳动。

库波琴的妻子背上一只桦树皮筐，从房后一条小道进山采果去了。

我们参观了公社的养鹿场和菜地。

天近晌午时分，我们来到老猎人指定的地点——西山坡上的时候，女主人已经采野果回来了，她说如果早几天来，野果更多一些。其实现在也不少，这么一会儿，她就采了满满一大筐呢。莫娜杰提着筐到河边洗野果去了。我们帮助女主人开始点篝火。

她告诉我们这个地方就是他们过去的住址。莫娜杰和耶列顿都是在这个山坡上生的。这里地势较高，附近的山野一览无遗〔47〕。绿色的山岭象少女一般婀娜〔48〕俊丽，而那银色的河流恰象扎在少女腰间的一条绸带。山野在这明媚的秋光下，显得那么壮阔而肃穆〔49〕！

正在这时，从远远的河岸上传来："喂——喂！"的喊声，女主人把右手遮在眉上望了望，说：

"老头子，出了什么事啦？"

我们看见莫娜杰向她爸爸那里跑去了。因为不知道出了什么事，我们都不安地望着，等待着。不一会儿，他们父女俩，向这里走来了。但是他们走得那么慢，那么费力。我跟巴图迫不及待〔50〕地跑去迎他们。跑到他们跟前才看见他们父女二人用一根木头抬着两条足有六、七十斤重的大鱼，每个人手里还提着一桶小鱼，真没想到这么一会儿，老猎人就捕获了这么多。我们一边向他祝贺，一边从他肩上接过担子。

"耶列顿还没有回来吗？"他问。

"刚才听见响了两枪，可他还没有回来。"莫娜杰回答。

"他不会在客人面前丢猎人的脸吧？"老头幽默〔51〕地眨〔52〕了眨眼。

听得出来，老猎人的话是说："我的儿子，不会比他老子差的"。

当我们来到山坡上，收拾好大鱼的时候，从东山密林中走出一个骑马的人来。他唱着一支鄂伦春语的歌子，声音洪亮，震〔53〕起群山的回音，听来仿佛整个大兴安岭都在歌唱。

耶列顿回来了！

耶列顿的猎获物〔54〕也很可观〔55〕——一只狍子，三只野鸡〔56〕！够我们几个人吃十天半个月的了。

我看了一下表，他进山还不到两个半小时呢！这确实是象书本上所写的"棒打獐〔57〕，瓢〔58〕舀〔59〕鱼，野鸡飞到饭锅里"那种生活了。

可是老猎人脸上表露出对儿子的成绩不甚满意的神情，儿子看出了这一点，向他父亲解释说：

"我怕耽误客人的时间，就没有往大山里走。"我从一旁表示支持耶列顿，说：

"我们的射击冠军，两个多小时就打来这么多野物，看来我们是有口福〔60〕的！"

"别提他的冠军了，说起来更糟！"老猎人把话接了过去，"那一年他到北京得了冠军回来，第一回进山就险些叫黑熊给吃了。"

"爸爸……"青年猎人忽然红起脸来。

"说一说怕什么？猎人，对失败要跟胜利一样牢牢记住。"他向我们转过脸来，继续说："在北京得了冠军回来，好光荣呵！第二天，我领着他进山打猎，我们相离不远，往一个小山头搜索走着，我在看别的方向的时候，突然他噔〔61〕地开了一枪，我回过头去一看，他遇到了一只黑熊。猎人都知道，黑熊性情暴躁，打它要一枪必中，不然，烈性发作反扑伤人，那可了不得！可是你们的冠军打了一枪，连根毛都没刮着，那黑熊呲着牙〔62〕径直朝着他扑了过去。我一看势头〔63〕不好，枪口一点〔64〕，把黑熊打倒了。这时候，再一看你们的冠军，喝〔65〕！脸跟桦树皮似的发白了！猎人，那不是什么人都能够凑个数〔66〕的！你可以成全国射击冠军，可不一定就是个好猎人。猎人每次开枪以前想的是：'我要打死它！'这里没有可能、大概、也许等等那些玩艺儿〔67〕。同志，那不是一件容易做得到的事呀！可是，耶列顿开那一枪的时候想的是什么？他想的是：'我是全国冠军，打一只那么大的黑熊还不容易！'这么一想，就差一点吃了大亏！"

老猎人讲的不是什么深奥〔68〕的理论，但是他阐明了一个多么深刻的道理呵！我久久地回味〔69〕着，回味着……

这时，女主人开了口：

"有话过一会儿吃着肉慢慢说吧，时候不早了。"

于是，我们大家一起动手，劈〔70〕柴的劈柴，切肉的切肉，只有莫娜杰说要给我们做一个地道〔71〕的"城里的鱼汤"，独自跑到一旁施展〔72〕着她的烹调〔73〕技术。

这次野餐〔74〕纯粹是"山野风味〔75〕"的。大家围坐在篝火旁，每人用一把肉刀，把一片一片的狍肉割〔76〕下来烤着吃。鄂伦春人烤肉与我们蒙古人不同，我们是用铁条把肉串〔77〕起来或者把肉切成片放在铁丝网子上去烤，鄂伦春人是切成竹板形的肉片，而后套〔78〕在篝火旁的一根根木钉上，烤完一面再烤一面。狍子肉，不宜〔79〕过熟，六、七分熟为最妙。其实这并不足为奇，城里人吃涮羊肉〔80〕，也不是全熟的。

山野上飘满了烤肉和炖〔81〕鸡煮鱼的香味。女主人神不知鬼不晓〔82〕地拿出来两瓶都柿酒，她说：

"同志们品〔83〕一品我亲手酿的酒吧！"

正在这时，莫娜杰喊着"烫着烫着"，端来了一小锅鱼汤，她把锅盖一掀，挺着胸骄傲地说：

"麦香村〔84〕做不出来的好汤！"

按照鄂伦春人尊敬长老〔85〕的习惯，我们请库波琴老人尝了第一片肉，第一勺汤，第一块鱼，第一颗果和第一杯美酒；随后，他往我们每人的碗里放进喷香的一块肥肉 —— 这 是 长老在祝福我们永远富足！野餐开始了。

多么舒畅呵！大地在给我们传送着清风；太阳在给我们倾撒着光暖，而那浩瀚〔86〕的大兴安岭的每一棵花草，每一棵树木，都在为我们播唱〔87〕着动听的歌曲……

注　译

[1] 迷惑　　　míhuò　　　　se tromper
　　　　　　　　　　　　　　confused

[2] 颇　　　　pō　　　　　　très
　　　　　　　　　　　　　　considerably

[3] 融化　　　rónghuà　　　fondre
　　　　　　　　　　　　　　melt

[4] 小溪　　　xiǎoxī　　　　ruisseau
　　　　　　　　　　　　　　brook

[5] 潺潺　　　chánchán　　　*onomatopée* (pour l'eau)
　　　　　　　　　　　　　　onomatopœia

[6] 复返　　　fùfǎn　　　　revenir; retourner
　　　　　　　　　　　　　　return

[7] 鄂伦春（族）Èlúnchūn(zú)　une minorité nationale vivant
　　　　　　　　　　　　　　dans le Nord-Est de la
　　　　　　　　　　　　　　Chine
　　　　　　　　　　　　　　a minority nationality living
　　　　　　　　　　　　　　in Heilongjiang, north-
　　　　　　　　　　　　　　east China

[8] 库波琴　　Kùbōqín　　　*nom de personne*

197

			name of a person
[9]	蒙古人	Měnggǔrén	Mongol
			Mongolian
[10]	遭	zāo	*spécificatif*
			a measure word
[11]	大兴安岭	Dàxīng'ānlíng	Grand Xing'an (nom d'une montagne)
			name of a mountain
[12]	筹划	chóuhuà	établir un plan
			plan
[13]	井井然	jǐngjǐngrán	être en ordre
			orderly
[14]	骄子	jiāozǐ	favori
			favorate son
[15]	降生	jiàngshēng	naître
			be born
[16]	无与伦比	wúyǔlúnbǐ	incomparable
			incomparable
[17]	美姿	měizī	beauté
			beauty
[18]	座落	zuòluò	être situé
			be located in
[19]	倚	yǐ	s'adosser à
			against
[20]	白桦	báihuà	bouleau blanc
			silver birch
[21]	小径	xiǎojìng	sentier
			path
[22]	简陋	jiǎnlòu	rudimentaire

			simple and crude
[23]	原始	yuánshǐ	primitif
			primitive
[24]	圆锥形	yuánzhuīxíng	cône
			cone
[25]	狍	páo	une sorte de cerf
			roe deer
[26]	灌	guàn	verser
			pour in
[27]	就地而卧	jiùdì ér wò	se coucher par terre
			sleep on the floor
[28]	猎犬	lièquǎn	chien de chasse
			hunting dog
[29]	莫娜杰	Mònàjié	*nom de personne*
			name of a person
[30]	呼和浩特	Hūhéhàotè	*chef-lieu de Mongolie intérieure*
			name of a city
[31]	达斡尔	Dáwò'ěr	une minorité nationale chinoise vivant en Mongolie intérieure, au Heilongjiang et au Xinjiang
			a minority nationality distributed over Inner Mongolia, Heilongjiang and Xinjiang
[32]	耶列顿	Yēlièdùn	*nom de personne*
			name of a person
[33]	狩猎	shǒuliè	faire la chasse
			hunt

[34]	言辞	yáncí	paroles; mots
			words
[35]	见怪	jiànguài	être contrarié
			mind
[36]	款待	kuǎndài	recevoir
			entertain
[37]	巴图	Bātú	*nom de personne*
			name of a person
[38]	叉	chā	enfoncer
			fork
[39]	篝火	gōuhuǒ	feux de bivouac
			campfire
[40]	波漪荡漾	bōyī dàngyàng	ondulation des vagues
			rippled water
[41]	水纹	shuǐwén	eau ondulée
			ripples
[42]	大马哈鱼	dà mǎhāyú	saumon
			dog salmon
[43]	海棠	hǎitáng	fruit de pommier à bouquets
			crabapple
[44]	稠李子	chóulǐzi	*une sorte de prune sauvage*
			a kind of plum
[45]	都柿	dūshì	*une sorte de plaquemine*
			a kind of persimmon
[46]	酿造	niàngzào	fabriquer (du vin)
			brew
[47]	一览无遗	yìlǎnwúyí	embrasser une vaste étendue de pays
			take in everything at a glance

200

[48]	婀娜	ē'nuó	gracieux graceful
[49]	肃穆	sùmù	solennel et respectueux solemn and respectful
[50]	迫不及待	pòbùjídài	s'empresser de faire qch. too impatient to wait
[51]	幽默	yōumò	humoristique humurously
[52]	眨(眼)	shǎn(yǎn)	cligner wink
[53]	震	zhèn	retentir vibrate
[54]	猎获物	lièhuòwù	proie bag
[55]	可观	kěguān	formidable considerable
[56]	野鸡	yějī	faisan pheasant
[57]	獐	zhāng	chevrotain river deer
[58]	瓢	piáo	puisette faite d'une moitié de gourde gourd ladle
[59]	舀	yǎo	puiser (de l'eau) ladle out
[60]	口福	kǒufú	avoir la chance de manger qqch de très délicieux the luck to eat something

201

very nice

[61]	嘡	tāng	*onomatopée*
			onomatopoeia
[62]	呲牙	zīyá	découvrir ses crocs
			a ferocious feature with the teeth shown
[63]	势头	shìtóu	situation
			situation
[64]	枪口一点	qiāngkǒu yì diǎn	un coup de fusil rapide et précis
			a quick and accurate shot
[65]	喝	hē	*interjection*
			an interjection
[66]	凑数	còushù	faire nombre
			to become one for making up the number
[67]	玩艺儿	wányìr	truc
			stuff
[68]	深奥	shēn'ào	compliqué
			complicated
[69]	回味	huíwèi	réfléchir
			ponder over
[70]	劈	pī	fendre
			chop
[71]	地道	dìdao	véritable
			typical
[72]	施展	shīzhǎn	manifester
			display
[73]	烹调	pēngtiáo	cuisine

			cook
[74]	野餐	yěcān	pique-nique
			picnic
[75]	风味	fēngwèir	spécialité
			flavour
[76]	割	gē	couper
			cut
[77]	串	chuān	enfiler
			string together
[78]	套	tào	accrocher
			stick to
[79]	不宜	bùyí	Il ne convient pas de
			had better not
[80]	涮羊肉	shuàn yángròu	la fondue mongole
			instant-boiled mutton
[81]	炖	dùn	braiser
			stew
[82]	神不知鬼不晓	shén bù zhī guǐ bù xiǎo	avant que personne ne sache
			before anyone has noticed
[83]	品	pǐn	goûter
			taste
[84]	麦香村	Màixiāngcūn	*nom d'un restaurant*
			name of a restaurant
[85]	长老	zhǎnglǎo	personne âgée et vertueuse
			the aged
[86]	浩瀚	hàohàn	immense
			vast
[87]	播唱	bōchàng	émettre des chansons
			broadcast

欧阳山

现代著名作家，原名杨凤岐，湖北荆州人。1908年出生于一个城市贫民家庭。早在1924年就开始文学创作，1928年初到上海，成了职业小说家。1932年在广州组织"普罗作家同盟"，主编《广州文艺》周刊。1941年到延安，后发表了小说《高乾大》。全国解放后，任中国文学艺术界联合会全国委员会委员、中国作家协会理事、广东省文联主席等职。1960年和1962年相继出版长篇著作《一代风流》的第一卷《三家巷》和第二卷《苦斗》。

金牛和笑女

金牛和笑女是抗日战争时期的两个普通农村青年。由于觉悟不同，金牛决心跟共产党走。笑女却嫁给了一个国民党军官，她最后终于堕落和绝望了。作者抓住了两人性格上爱笑不爱笑的特征，以及最后向反面转化，表现了"谁笑到最后，谁笑得最好"这一真理。选自《金牛和笑女》。广东人民出版社1979年版。

* * *

邝牛〔1〕和凌笑〔2〕同是麻洲村〔3〕人，同是民国〔4〕八年出世的，同是他们家庭里面的独子〔5〕和独女。这麻洲也跟珠江三角洲〔6〕其他的村子一样：年年都不下雪，也没有什么认真的冬天，一有一点轻微的霜冻，就大吵大嚷，说冷得要死。自然，这里也跟其他的村子一样：村子周围都用土堤围住。说起来好象是住在陆地上面，其实是住在水中间。每逢洪水上涨的时候，土堤外面的水升高了，说起来好象是生活在水的上面，其实是生活在水的下面。至于这个村子里的人，那不消说，也跟其他村子的人一样，全是那么强壮，那么漂亮，那么勇敢。

　　到了一千九百二十九年，他们两个人都十岁了，人们才逐渐从他们身上看出有些不相同的地方来。开头，大家也只是发现邝牛似乎比凌笑大那么两三个月，似乎懂事一点；而凌笑家里似乎比邝牛家里多三几亩田，凌笑的穿戴〔7〕似乎整齐一点。后来才看出来了，他们的性情〔8〕实在很不一样。虽说都是孩子，都能在田里干活，都爱蹦蹦跳跳，打打闹闹，但是邝牛是一个又正经〔9〕、又古板〔10〕的男孩子，轻易〔11〕不肯开口说话，也轻易不肯咧开嘴笑。人们一致公认邝牛这孩子就是拿一文钱〔12〕去买回来一只金牛，他也肯定不会笑一笑的，就给他起了个花名〔13〕叫"金牛"。至于凌笑，那就恰恰相反。她第一是爱说话，第二是爱笑，第三是爱一面说话一面笑。该笑的事儿，她固然笑；有时正经的事儿，她也要笑；甚至碰上奇异惊骇的事儿，别人都目定口呆，做不得声，她也会嗤的一声笑了出来，因此大家也异口同声地管她叫"笑女"。

　　金牛和笑女一定是老辈子人里面有点什么沾亲带故〔14〕的关系，否则不会来往那么多，那么密。那种沾亲带故看来也是比较疏远的，不会亲到引起利害冲突的地步，否则也不会来往那么多，那么密的。到底是什么亲、什么故，别人没过细追问，金牛和笑女自己也都不晓得〔15〕。——不过人们对于这些问题，并没有多大的兴趣。人们认为有意思的，是这两个孩子性情相差那么远，却能够很要好地玩儿在一起。笑女虽然整天笑，但是有时也会发很大的脾气，大哭大嚷。金牛总是将就〔16〕着她，一声不响。甚至有时笑女拿尖尖的指甲抓他，象小鸡用尖利的硬嘴啄小虫吃一样，金牛既不笑，也不恼，只是默默地忍受着，从不开口。大家看见这种情形，都不由得不赞叹道："天下事有这么巧的！那敢情是天生一对儿！"双方的爹娘觉着孩子的年纪还小，说说也不碍事，就听之任之〔17〕，既不证实，也不否认。

　　这样子，十年过去了。到了一千九百三十九年，金牛和笑女都二十了，双方都没有结婚。自然，他们不象小的时候一样，整天在一块儿玩耍了。但是他们每天都会碰面的。在田头、在冲边〔18〕、在庙宇里、在墟镇〔19〕上，不定是出于无心，不定是出于有意，他们总会碰面。一见就有说有笑地谈谈这、谈谈那，十分融洽〔20〕。

笑女说："苏女〔21〕快出嫁〔22〕了，你知道么？真好笑，姐妹们都来送嫁，她'开叹情'〔23〕——已经哭呀唱呀地闹了三天三夜！"

金牛说，"唔，听见的。"

笑女说，"听说她爸爸、妈妈不十分赞成，她非要嫁！真好笑，不知为什么非要嫁！"

金牛摇头道："这倒没听说。自然是自己挑中的好。"

笑女等了他半天，见他没说别的，就把话岔开道："真好笑，她家那母猪一胎〔24〕养了十四个！"

金牛点头道："是呀，那畜牲能养这么些。"

看见他们的人都说："金牛大了。笑女也大了。只有两家的神气还跟当年一模一样！"

自然，笑女现在不会拿尖尖的指甲抓他了。不过在没有人看见的时候，两个人动手动脚——你逗逗〔25〕我、我逗逗你的情况还是有的。有是有，也就到此为止了，再没有做过什么更多的事儿了。金牛家里的邝大爷和邝大妈知道了他们的独子的心事——不知道是听儿子说的，还是凭他们自己的眼睛观察出来的，反正是准确无误地知道了。他们曾经央人到凌二爷和凌二婶那边，瞅机会提提这回众人皆知〔26〕的事儿，听听他们的口气。人去了，人也回来了。说不准是凌家把他们的独女看得过于宝贝了，还是嫌邝家穷，还是嫌孩子脾气丑，还是怎么的，总之，人家一点口风〔27〕也不露。——事儿也就那么搁着了。

当年那个世界，是兵荒马乱〔28〕的世界。在那个年头，人们的命运，人们自己是掌握不牢的。日本帝国主义者的兽兵占领了广州之后，虽然没有马上到麻洲村来，可是那谣言〔29〕却一天来三回。不是说清早要来，就是说晌午要来；晌午不来，晚上一定会来了。人们整天顾得逃难〔30〕，不要说没法儿干活，就是做饭也做不成，眼看着日子没法儿往下过。乡下人都知道日本鬼子一来，会出什么事儿：女的抓去当慰劳队〔31〕，男的抓去当挑夫，那时候，什么都迟了。邝家的人，凌家的人都在商量：横竖〔32〕这样走，也只走十几二十里，别说走不赢，也走不远，还是不保险的。要是不想一天到晚心惊肉跳〔33〕过日子，不如索性走远一些，走到韶关〔34〕去。于是所有能走的、想走的人家都决定走。他们扔掉了锅、盆、碗、罐、床、凳、台、椅，也扔掉了破屋和烂地，用箩筐挑起衣服、铺盖，柴、米、油、盐，拖男带女，扶老携幼，撒开腿就走。到了韶关，真是经历了千辛万苦〔35〕，可也没什么人理会他们。有些人住在骑楼〔36〕底下，有些人住在破庙里面；有些人做了临时小工〔37〕，有些人做了街头小贩〔38〕；各奔前程。邝牛有气力，就拿起竹杠绳索，当了搬运苦力〔39〕；凌笑没那个本事。只得向金牛借了一块、八毛的，数了几粒咸脆〔40〕花生〔41〕，在热闹地方摆个摊子。他们虽是朝见口、晚见面的，可除了嗟叹〔42〕一番、咒骂〔43〕几句之外，又有什么好谈呢？每天早上，笑女总是那样说：

"金牛，你瞧，又捱〔44〕过一天了！"说完，还是鼻子里哼哼地笑两声。

金牛拿竹杠捅着地面，一板正经地回答道："还说它干什么呢？我不信皇天〔45〕能亏负有心人！"

笑女当真笑了。她说，"你不信，我可要信了。中国是亡定了！准备当亡国奴〔46〕吧！"

金牛摇头道："开什么玩笑？想当亡国奴，用得着上这儿来？"

笑女拿脚顿地道："可不！早知如此，我留在家里不走！"

金牛估量她说的是气话，就不再说什么，把绳索套在肩膀上，上街揽活儿去了。他很想提一提他俩之间的事儿，可是回心一想，这时候对她提这种问题，别人岂不要说他是疯子，便又咽回去了。但是万万没有想到，过不了几天工夫，邝大爷、邝大妈就一面叹气，一面告诉他：凌二爷和凌二婶为了贪图一百块大洋的礼事，竟把笑女许给了一个国民党军官。那军官还答应接他们两老住在一起：生养死葬呢。

金牛听了，将信将疑〔47〕，也没说什么，就去找笑女，问个明白。笑女听他这么说，也不置可否〔48〕，只是嘻嘻地笑。金牛生气了，说：

"这是你一辈子的事儿。你最好不要笑，拿你的脑筋去想一想！"

笑女愣了一愣，就说："金牛，你要我想什么呢？"

金牛认真地说："大家都在传，这回打仗是持久战，中国最后要打赢！"

笑女侧起脑袋问："没飞机，没大炮，怎么打得赢？"

金牛带着开导的口气说："你知道什么？共产党里面出了一位能人，名字叫毛泽东。他传授了一套游击战〔49〕法，有十六个字的真言〔50〕，能打退日本！"

"哪十六个字？"笑女急急地追问。

"你听！"金牛一个字、一个字地背诵出来，"敌、进、我、退，敌、驻、我、扰，敌、疲、我、打，敌、退、我、追。"

笑女叹口气道："唉，就是共产党里面有能人！"

金牛乘势警告她道："可不！大家都在传，将来的天下不是国民党的！将来的天下是共产党的！你跟着谁走？你也不瞧瞧！"

笑女明白了金牛的意思。她只是摇摇头，不做声。她很高兴有这么一个人，这个人经常帮助自己，爱护自己，提醒自己。但是要她去判断将来的天下是什么人的，她觉着还不忙。想到这儿，她嘻嘻地笑了两声。好象有些人懂得鸟儿说话一样，金牛懂得她笑声的意思。他原来想："自己能娶笑女，那敢情好！就是自己娶不了她，也不能让她嫁给一个国民党军官哪！"后来他听见那惯熟的笑声，他的心就冷了半截。他知道这回笑女没救了，完了，一定要陷到那国民党军官的坑坑里面去了。果然不久之后，笑女就嫁了那个国民党军官。

时间过得真快，一转眼又是十年。金牛和笑女都三十岁了。这十年变化真大。不说多少省长、厅长被赶下台〔51〕来，多少科长、科员升了厅长、科长；就是那些日本人，也是兴致勃勃地来了，又垂头丧气〔52〕地走了；还有那些国民党官儿，也是趾高气扬〔53〕地来了，又急急忙忙地准备卷铺盖走了。自从邝、凌两家的老人都过身之后，金牛仍然在乡下当佃户，过着独身的生活，只在嘴巴上多了几根稀稀拉拉的胡子。有些好心人也劝过他，不如积攒〔54〕几个钱，娶个老婆。但他只是点点头，表示感谢盛意，却没有什么动静。一个小佃户，也不见得有谁家硬要把女儿塞给他，因此别人说说也就算了。笑女嫁了十年，却没有生儿育女〔55〕，只跟着那大概是个不打仗的军官，因此十年来既没有失踪，也没有阵亡，既没有升官，也没有降职；说没钱，他到底是个官儿，说有钱，那光景也不见得富裕；一句话：就是那个样子。到了一千九百四十九年，中秋节过后不久，笑女有一天忽然回到了麻洲村。她决定跟着丈夫逃下香港，特地回来看看父母的山坟，顺便向金牛辞行〔56〕。金牛希罕〔57〕得什么似地，十分殷勤地招待了她，静悄悄地听她说话。等她说完了，他便旧事重提道：

"笑女，十年以前，我就对你说过：这天下不是国民党的，这天下是共产党的。你却不相信。如今怎样？我的话应验〔58〕了吧！"

笑女低头沉思了一会儿，就抬起头问道："应验又怎样？"

金牛仍然郑重其事〔59〕地说："如果我是你，我就不跟着国民党跑，——留在省城！"

笑女抗声道："你不跑，——你跟共产党有亲？他们一把金子、一把银子供奉你？"

虽然笑女说话俏皮〔60〕，金牛却依然不笑。他点点头，近乎自言自语地说："说亲，也许真有亲。说金子、银子，也许真有金子、银子。大伙儿都说共产党——就这一个指望了！再没有别的指望了！多少年来，咱就看清楚了，不能指望国民党老爷们替咱穷人办事。可是共产党呢，人家是豁出命来替咱穷人办事的！"说完了之后，他拿眼睛呆呆地望着坐在他面前的少妇，露出无限的惋惜〔61〕和无限的期待。他想起自己才不过三十岁，按这么说，笑女也不过才三十岁，将来的日子还长着呢。如果人在这样的年纪，就跟着一块大石头沉在海底里，未免太不值得了。想到这里，他就加上说："回来吧！别走了！回到乡下来吧！他走——就让他一个人走。他是蒲苹〔62〕，没有根子的。你是有根子的，犯不着！”

笑女嘻嘻地笑着说：“我回来，——谁养活我？”

金牛不以为然地说：“那么大的人，有手有脚的，还要人养？随便种几粒谷子，也就够吃了。如果真是做不过来，不是还有我么？”

笑女心里感激，脸上又笑了。金牛以为她回心转意〔63〕，就静悄悄地等着。想不到过了一会儿，她却又开口说道：“金牛，你也没听听他们说的！他们说，共产党的天下长不了。不出三个月，他们就要打回广州来！——叫我听谁的话好哇！”

这回金牛真正生气了。他拍了一下桌子，仿佛跟谁吵架似地说：“哼！有那种事儿？别说三个月，就是三百年，他也打不回来！他这就算完了，永远、永远完了！你不信，你只管下香港去。到了你拿磕膝盖〔64〕擦眼泪那一天，你再回来不迟！”

这样子，他俩又分了手。临走的时候，笑女为了表示感激，就鼓励他道：“金牛，你年纪也不小了，该娶个嫂嫂回来，好好地过日子了！”金牛只是愣了她一眼，没有做声。

说着话，又过了十年，到了一千九百五十九年了。金牛不多不少，今年四十。他经历了土地改革〔65〕运动，合作化运动，人民公社运动，更加证明了他自己的判断准确。因为他做人老实，对革命忠诚，对工作热心，对生产勤劳，虽然脾气古板一些，大家还是选举他当生产队长。他自己也心安理得地当生产队长。只有一桩事儿，他不能心安理得的，那就是：笑女还会回来么？有时候，他觉着笑女算是完了。她大概一直堕落〔66〕下去，永远不会回来了。有时候，他又觉着笑女一定会最后甩开那军官，回到麻洲来，跟他一块过日子。村子里那个苏女，就是笑女当年笑她出嫁前哭三天三夜的，如今已经守寡〔67〕五年，搬回娘家〔68〕来住了。大家怂恿金牛娶了她。苏女比金牛小两岁，又没有儿女，母女两个一商量，倒有点意思。只是金牛不肯。他想横竖已经等了二十年了，不争这几天。又想自己如今过着好日子，倘若一娶了人，笑女就没了指望〔69〕，那就是把她的后路堵死了。这万万使不得。

谁料有一天，笑女当真回到麻洲村来了。金牛那天上大队去开会，没在村子里。苏女抓住她的手，好歹不让她走，又装烟倒茶，十分殷勤。笑女说要到处看看，苏女就陪她去。笑女一出门口就问："村子里有电灯了？"苏女说，"不止呢！"就带她去看电动排灌站，又带她去看拖拉机站，后来又看了新开的灌溉渠〔70〕，又看了许多新铺的晒禾场，最后又看了看金牛的家。这个独身的男子，居然也新盖了猪圈，又养了鸡，又喂了鹅。回到苏女家里的时候，笑女脸色发青，十分难看。苏女留心她的动静，也觉着十分纳闷儿。笑女这次回村，穿戴都很残破，满脸皱纹，精神不振，看来光景不顺坦〔71〕。可是最奇怪的，是她那满脸笑容，如今一点也不见了。苏女暗暗吃惊，怎么这个有名的"笑女"，却变成愁眉苦脸，浑身没劲儿的人了？坐下歇了一会儿，笑女就象一个陌生人似地说："你们都是奇怪的人哪！你们只顾大跃进，自己也不吃点好的，也不穿点好的？"苏女没听过这样说话的人，打了个愣怔〔72〕。后来就说："笑女，别说香港话了！别说那号洋话了！我们大家勤勤俭俭，在积攒一份大家当——千秋万载的家当〔73〕呢！"笑女叹口气道："才不过十年，什么都变了，变到我都认不得了！你也变了，变到我都认不得了！"苏女天真地说："笑女，你也变了，变到我都认不得了！"笑女的脸白得象石灰〔74〕一样，说："我怎么变了，我变成什么样了？"苏女笑了笑，没回答。一会儿又说："你还没有看见呢。金牛才变得厉害呢。他的名字还是叫金牛，可是他早变成一个打打闹闹，爱说爱笑，人人喜欢的人了！"笑女一听，登时象触了电〔75〕一般，全身倒在椅子上，只哼出了一句话：

"哦，是这样的么？"

又坐了一会儿，笑女就要走了。

苏女说："怎么？你不是要见见金牛么？你还没见着他呀！"

笑女坚决地摇摇头，苦笑一声道："不！我不见他了。我拿什么脸见他？让他记住我从前的样子吧！"说完，就离开苏女的家，走了。金牛开完会回来之后，苏女一五一十〔76〕地把刚才的事情告诉了

211

他。他听了，顿脚叹息道：

"可怜！一个人就这样完结了！她再不会回来了！"

果然，笑女以后是再不回来了，又过了两年，金牛跟苏女结了婚，生了一个儿子，过着美满〔77〕幸福的生活。

1962年3月21日，在广州红花冈畔

译 注

[1] 邝牛　　　　　Kuàng Niú　　　　*nom de personne*
name of a person

[2] 凌笑　　　　　Líng Xiào　　　　*nom de personne*
name of a person

[3] 麻洲村　　　　Mázhōucūn　　　　*nom de village*
name of a village

[4] 民国　　　　　mín'guó　　　　République de Chine
the Republic of China

[5] 独子（女）　　dúzǐ(nǚ)　　　　fils (fille) unique
only son (daughter)

[6] 珠江三角洲　　Zhūjiāng Sānjiǎo
zhōu　　　　　delta du Zhujiang
Zhujiang Delta

[7] 穿戴　　　　　chuāndài　　　　tenue
dress

[8] 性情　　　　　xìngqíng　　　　caractère
disposition

[9] 正经　　　　　zhèngjīng　　　　sérieux
decent

[10] 古板　　　　　gǔbǎn　　　　conservateur
steady

[11]	轻易	qīngyì	facilement
			rashly
[12]	一文钱	yì wén qián	un sou
			a coin
[13]	花名	huāmíng	surnom
			nickname
[14]	沾亲带故	zhānqīn dàigù	liens de parenté ou d'amitié
			have ties of kinship or friendship
[15]	不晓得	bù xiǎode	ignorer
			don't know
[16]	将就	jiāngjiù	s'accomoder de
			make do with
[17]	听之任之	tīngzhīrènzhī	laisser aller les choses
			let something go unchecked
[18]	冲边	chōngbiān	au bord de la route
			roadside
[19]	墟镇	xūzhèn	foire rurale
			rural fair
[20]	融洽	róngqià	harmonieux
			on friendly terms
[21]	苏女	Sū Nǚ	*nom de personne*
			name of a person
[22]	出嫁	chūjià	se marier (pour une jeune fille)
			(of a woman) get married
[23]	开叹情	kāitànqíng	pleurer avant le mariage pour exprimer son chagrin de quitter ses parents

keep crying before getting married to show her (bride's) unwillingness to leave her parents

[24] 一胎　　　　yì tāi
en une portée
at one farrow

[25] 逗　　　　　dòu
taquiner
tease

[26] 众人皆知　　zhòngrén jiēzhī
tout le monde le saît
known by everyone

[27] 口风　　　　kǒufēng
signe
a hint of one's mind

[28] 兵荒马乱　　bīnghuāng-mǎluàn
perturbation et troubles provoqués par la guerre
turmoil and chaos of war

[29] 谣言　　　　yáoyán
rumeur
rumour

[30] 逃难　　　　táonàn
fuir une calamité
flee from a calamity

[31] 慰劳队　　　wèiláo duì
groupe de femmes servant le soldats japonais
women serving the Japanese soldiers

[32] 横竖　　　　héngshù
n'importe comment
in any case

[33] 心惊肉跳　　xīnjīng-ròutiào
trembler de peur
in fear and trembling

[34] 韶关　　　　Sháoguān
nom de lieu
name of a place

[35] 千辛万苦　　qiānxīn-wànkǔ　　éprouver des peines et des souffrances inouïes

uncounted difficulties and hardships

[36] 骑楼　　**qílóu**　　auvent

a kind of building in southern China with its first floor serving as the sidewalk

[37] 小工　　xiǎogōng　　journalier

unskilled labourer

[38] 小贩　　xiǎofàn　　marchand

pedler

[39] 搬运苦力　　bānyùn kǔlì　　porteur; docker

porter; docker

[40] 咸脆　　xiáncuì　　sallé et croquant

salted and crisp

[41] 花生　　huāshēng　　cacahouète

peanut

[42] 嗟叹　　juētàn　　soupirer

sigh

[43] 咒骂　　zhòumà　　injurier

curse

[44] 捱　　ái　　passer

suffer

[45] 皇天　　huángtiān　　Ciel

the God

[46] 亡国奴　　wángguónú　　peuple sous la domination étrangère

a slave of a foreign power

215

[47]	将信将疑	jiāngxìn jiāngyí	être à moitié convaincu
			would rather doubt than believe
[48]	不置可否	búzhì-kěfǒu	ne se prononcer ni pour ni contre
			decline to comment
[49]	游击战	yóujīzhàn	guerre de guérrillas
			guerrilla war
[50]	真言	zhēnyán	maxime
			maxim
[51]	下台	xiàtái	être destitué de ses fonctions
			leave office
[52]	垂头丧气	chuítóu-sàngqì	avoir l'air abattu
			crestfallen
[53]	趾高气扬	zhǐgāo-qìyáng	être orgueilleux et arrogant
			strut about and give oneself airs
[54]	积攒	jīzǎn	économiser
			save bit by bit
[55]	生儿育女	shēng'ér yùnǚ	enfanter
			bear children
[56]	辞行	cíxíng	dire au revoir à qqn qui part pour un voyage
			say good-bye to someone who is leaving for a trip
[57]	希罕	xīhan	être content
			filled with joy
[58]	应验	yìngyàn	devenir la réalité
			come true

216

[59]	郑重其事	zhèngzhòngqíshì	sérieusement
			seriously
[60]	俏皮	qiàopí	humoristique
			witty
[61]	惋惜	wǎnxī	regret
			regret
[62]	蒲荸	púfú	lenticule
			duckweed
[63]	回心转意	huíxīn-zhuǎnyì	changer d'avis
			change one's mind
[64]	磕膝盖	kēxīgài	genoux
			knee
[65]	土地改革	tǔdì gǎigé	réforme agraire
			land reform
[66]	堕落	duòluò	se dégrader
			degenerate
[67]	守寡	shǒuguǎ	être veuve
			remain a widow
[68]	娘家	niángjiā	la famille des parents d'une femme mariée
			a married woman's parents' home
[69]	指望	zhǐwàng	espoir
			hope
[70]	灌溉渠	guàngài qú	canal d'irrigation
			irrigation canal
[71]	顺坦	shùntan	favorable
			favorable
[72]	愣怔	lèngzheng	être pétrifié

be puzzled

[73] 家当　　jiādàng　　biens

property

[74] 石灰　　shíhuī　　chaux

lime

[75] 触电　　chùdiàn　　avoir un choc par l'électricité

get a shock from a wire

[76] 一五一十　　yìwǔ-yìshí　　raconter par le menu

(narrate) systematically and

in full detail

[77] 美满　　měimǎn　　harmonieux

harmonious

蒋子龙

当代作家，1941年生于河北沧县，1958年初中毕业后到天津重型机械厂学锻工。1960年参军，在海军当制图兵。复员后仍回原工厂工作。1964年开始发表作品。近几年来先后发表了《乔厂长上任记》、《一个工厂秘书的日记》、《赤橙黄绿青蓝紫》等中、短篇小说，深受广大读者的喜爱和欢迎。1982年任天津市文联副主席，从事专业创作。

乔厂长上任记

作品通过乔厂长重新上任后采取一系列变革行动的描写，成功地塑造了乔光朴这一具有时代意义的创业者、开拓者的典型形象。他有一颗炽热的事业心，敢挑重担，敢跟形形色色的阻力和障碍作斗争。他精通业务，有知识，有魄力，有管理和领导大企业的经验。小说于1979年7月发表后立即在广大读者中引起了强烈的反响，纷纷呼吁："我们就是需要这样的厂长。"本篇选自《蒋子龙短篇小说集》，中国青年出版社出版。

* * *

"时间和数字是冷酷无情的，象两条鞭子，悬在我们的背上。

"先讲时间。如果说国家实现现代化的时间是二十三年，那么咱们这个给国家提供机电设备的厂子，自身的现代化必须在八到十年内完成。否则，炊事员和职工一同进食堂，是不能按时开饭的。

"再看数字。日本日立公司电机厂，五千五百人，年产一千二百万千瓦〔1〕；咱们厂，八千九百人，年产一百二十万千瓦。这说明什么？要求我们干什么？

"前天有个叫高岛的日本人，听我讲咱们厂的年产量，他晃脑袋〔2〕说我保密！当时我的脸臊成了猴腚〔3〕，两只拳头攥〔4〕出了水。不是要揍人家，而是想揍自己，你们还有脸笑！当时要看见你们笑，我就揍你们。

"其实，时间和数字是有生命、有感情的，只要你掏出心来追求它，它就属于你。"

出　　山

党委扩大会一上来就卡了壳〔5〕，这在机电工业局的会议室不多见，特别是在局长霍大道主持的会上更不多见。但今天的沉闷似乎不是那种干燥的、令人沮丧〔6〕的寂静，而是一种大雨前的闷热、雷电前的沉寂。算算吧，"四人帮"倒台两年了，七八年又过去了六个月，电机厂已经两年零六个月没完成任务了。再一再二不能再三，全局都快要被它拖垮了。必须彻底解决，派硬手〔7〕去。派谁？机电局闲着的干部不少，但顶戗〔8〕的不多。愿意上来的人不少，愿意下去，特别是愿意到大难杂乱的大户头厂去的人不多。

会议要讨论的内容两天前已经通知到各委员了，霍大道知道委员们都有准备好的话，只等头一炮打响，后边就会万炮齐鸣。他却丝毫不动声色，他从来不亲自动手去点第一炮，而是让炮手准备好了自己燃响，更不在冷场〔9〕时陪着笑脸絮絮叨叨地启发诱导。他透彻人肺腑的目光，时而收拢，合目沉思，时而又放纵开来，轻轻扫过每一个人的脸。

有一张脸渐渐吸引住霍大道的目光。这是一张有着矿石般颜色和猎人般粗犷〔10〕特征的脸：石岸般突出的眉弓〔11〕，饿虎般深藏的双睛；颧骨〔12〕略高的双颊，肌厚肉重的阔脸。这一切简直就是力量的化身。他是机电局电器公司经理乔光朴，正从副局长徐进亭的烟盒里抽出一支香烟在手里摆弄着。自从十多年前在"牛棚"里一咬牙戒了烟，从未开过戒，只是留下一个毛病，每逢开会苦苦思索或心情激动的时候，喜欢找别人要一支烟在手里玩弄，间或放到鼻子上去嗅一嗅。仿佛没有这支烟他的思想就不能集中。他一双火力十足的眼睛不看别人，只盯住手里的香烟，饱满的嘴唇铁闸一般紧闭着，里面坚硬的牙齿却在不断地咬着牙帮骨〔13〕，左颊上的肌肉鼓起一道道棱子。霍大道极不易觉察地笑了，他不仅估计到第一炮很快就要炸响，而且对今天会议的结果似乎也有了七分把握。

果然，乔光朴手里那支珍贵的"郁金香"牌香烟不知什么时候变成一堆碎烟丝。他伸手又去抓徐进亭的烟盒，徐进亭挡住了他的手，"得啦，光朴，你又不吸，这不是白白糟踏吗。要不一开会抽烟的人都躲你远远的。"

有几个人嘲弄地笑了。

乔光朴没抬眼皮，用平稳的显然是经过深思熟虑的口吻说："别人不说我先说，请局党委考虑，让我到重型电机厂去。"

这低沉的声调在有些委员的心里不啻是爆炸了一颗手榴弹。徐副局长更是惊诧地掏出一支香烟主动地丢给乔光朴："光朴，你是真的，还是开玩笑？"

是啊，他的请求太出人意外了，因为他现在占的位子太好了。"公司经理"——上有局长，下有厂长，能进能退，可攻可守。形势稳定可进到局一级，出了问题可上推下卸〔14〕，躲在二道门内转发一下原则号令。愿干者可以多劳，不愿干者也可少干，全无凭据；权力不小，责任不大，待遇不低，费心血不多。这是许多老干部梦寐以求而又得不到手的"美缺"〔15〕。乔光朴放着轻车熟路〔16〕不走，明知现在基层的经〔17〕最不好念〔18〕，为什么偏要下去呢？

乔光朴抬起眼睛，闪电似地扫过全场，最后和霍大道那穿透一切的目光相遇了，倏地〔19〕这两对目光碰出了心里的火花，一刹那等于交换了千言万语。乔光朴仍是用缓慢平稳的语气说："我愿立军令状

〔20〕。乔光朴,现年五十六岁,身体基本健康,血压有一点高,但无妨大局。我去后如果电机厂仍不能完成国家计划,我请求撤消我党内外一切职务。到干校和石敢〔21〕去养鸡喂鸭。"

这家伙,话说得太满、太绝。这无疑是一些眼下最忌讳〔22〕的语言。当语言中充满了虚妄〔23〕和垃圾,稍负一点责的干部就喜欢说一些漂亮的多义词,让人从哪个方面都可以解释。什么事情还没有干,就先从四面八方留下退却的路。因此,乔光朴的"军令状"比它本身所包含的内容更叫霍大道高兴。他激赏〔24〕地抬起眼睛,心里想,这位大爷就是给他一座山也能背走,正象俗话说的,他象脚后跟一样可靠,你尽管相信他好了。就问:"你还有什么要求?"

乔光朴:"我要带石敢一块去,他的党委书记,我当厂长。"

会议室里又炸了。徐副局长小声地冲他嘟囔:"我的老天,你刚才扔了个手榴弹,现在又撂原子弹〔25〕,后边是不是还有中子弹〔26〕?你成心想炸毁我们的神经?"

乔光朴不回答,腮帮子上的肌肉又鼓起一道道肉棱子,他又在咬牙帮骨。

有人说:"你这是一厢情愿〔27〕,石敢同意去吗?"

乔光朴:"我已经派车到干校去接他,就是拖也要把他拖来。至于他干不干的问题,我的意见他干也得干,他不干也得干。而且——"他把目光转向霍大道,"只要党委正式做决议,我想他是会服从的。我对别人的安排也有这个意见,可以听取本人的意见和要求,但也不能完全由个人说了算。党对任何一个党员,不管他是哪一个级别的干部,都有指挥调动权。"

他说完看看手表,象事先约好的一样,石敢就在这时候进来了。猛一看,这简直就是一位老农民。但从他走进机电局大楼、走进肃穆的会议室仍然态度安详,就可知这是一位经过阵势,以前常到这个地方来的人。他身材短小,动作迟钝〔28〕。仿佛他一切锋芒全被这极平常的外貌给遮掩住了。斗争的风浪明显地在他身上留下了涤荡〔29〕的

222

痕迹。虽然刚交六十岁，但他的脸已被深深的皱纹切破了，象个胡桃核。看上去要比实际年龄大得多。他对一切热烈的问候和眼光只用点头回答，他脸上的神色既不热情，也不冷淡，倒有些象路人般的木然无情。他象个哑巴，似乎比哑巴更哑。哑巴见了熟人还要咿咿呀呀地叫喊几声，以示亲热；他的双唇闭得铁紧，好象生怕从里边发出声音来。他没有在霍大道指给他的位子上坐下，好象不明白局党委开会为什么把他找来，随时准备离开这儿。

乔光朴站起来："霍局长，我先和老石谈一谈。"

霍大道点点头。乔光朴抓住石敢的胳膊，半拥半推地向外走。石敢瘦小的身材叫乔光朴魁伟的体架一衬〔30〕，就象大人拉着一个孩子。他俩来到霍大道的办公室，双双坐在沙发上，乔光朴望着自己的老搭档〔31〕，心里突然翻起一股难言的痛楚。

1958年，乔光朴从苏联学习回国，被派到重型电机厂当厂长，石敢是党委书记。两个人把电机厂搞成了一朵花。石敢是个诙谐〔32〕多智的鼓动家，他的好多话在文化大革命中被人揪住了辫子〔33〕，在"牛棚"里常对乔光朴说："舌头是惹祸的根苗，是思想无法藏住的一条尾巴，我早晚要把这块多余的肉咬掉。"他站在批判台上对造反派叫他回答问题更是恼火，不回答吧态度不好，回答吧再加倍激起批判者的愤怒，他曾想要是没有舌头就不会有这样的麻烦了。而和他常常一起挨斗的乔光朴，却想出了对付批斗的"精神转移法"。刚一上台挨斗时，乔光朴也和石敢一样，非常注意听批判者的发言，越听越气，常常汗流浃背，毛发倒竖，一场批判会下来筋骨酥软，累得象摊泥。挨斗的次数一多，时间一长就油〔34〕了。乔光朴酷爱京剧，往台上一站，别人的批判发言一开始，他心里的锣鼓也开场了，默唱自己喜爱的京剧唱段，以转移自己的注意力。此法果然有效，不管是几个小时的批斗会，不管是"冰棍式"〔35〕，还是"喷气式"〔36〕，他全能应付裕如。甚至有时候还能触景生情，一见批判台搭得很高，就来一段"由本督在马上用目观望"，有时皮肉受点苦，就来一段《敬德装疯》："为江山跑坏了能征惯战〔37〕的马……"他得意洋洋地把自已的经验传授给石敢，劝他的伙伴不要老是那么认真，暗憋暗气〔38〕地老是诅咒本来无罪的舌头。无奈石敢不喜好京剧，乔光朴行之有效的办法对他却无效。六七年秋天一次批判会，台子高高搭在两辆重型翻斗汽车上，散会时石敢一脚踩空，笔直地摔下台，腿脚没伤，舌头果真咬掉了一块。他忍住疼没吭声。血灌满了嘴就咽下去。等到被人发现时已无法再找回那块舌头。从那天起，两个老伙伴就分开了。石敢成了半哑巴，公共场合从来不说话。治好伤就到机电局干校劳动，局里几次要给他安排工作，他借口是残废人不上来。"四人帮"倒台的消息公布以后，他到市里喝了一通酒，晚上又回干校了，说舍不得那大小"三军"。他在干校管着上百只鸡，几十只鸭，还有一群羊，人称"三军司令"。他表示后半辈子不再离开农村。今天一早，乔光朴派亲近的人借口有重要会议把他叫来了。

乔光朴把自己的打算，立"军令状"的前后过程全部告诉了石敢，充满希望地等着老伙伴给他一个全力支持的回答。

石敢却是长时间的不吭声，探究的、陌生的目光冷冷地盯着乔光朴，使乔光朴很不自在。老朋友对他的疏远和不信任叫他心打寒战。沉了一会儿，石敢到底说话了，语音低沉而又含混不清。乔光朴费劲地听着：

"你何苦要拉一个垫背〔39〕的？我不去。"

乔光朴急了："老石，难道你躲在干校不出山，真的是象别人传说的那样，是由于怕了，是'怕死的杨五郎上山当了和尚'？"

石敢脸上的肌肉颤抖了一下，但毫不想辩解地点点头，认账了。这使乔光朴急切地从沙发上跳起来替他的朋友否认："不，不，你不是那种人！你唬〔40〕别人行，唬不了我。"

"我只有半个舌……舌头，而且剩下的这半个如果牙齿够得着也想把它咬下去。"

"不，你是有两个舌头的人，一个能指挥我，在关键的时候常常能给我别的人所不能给的帮助；另一个舌头又能说服群众服从我。你是我碰到过的最好的党委书记，我要回厂你不跟我去不行！"

"咳！"石敢眼里闪过一丝痛苦的暗流，"我是个残废人，不会帮你的忙，只会拖你的手脚。"

"石敢，你少来点感伤情调好不好，你对我来说，重要的不是舌头，你有头脑，有经验，有魄力，还有最重要的——你我多年合作的感情。我只要你坐在办公室里动动手指，或到关键时候给我个眼神，提醒我一下，你只管坐阵就行。"

石敢还是摇头："我思想残废了，我已经消耗完了。"

"胡说！"乔光朴见好说不行，真要恼〔41〕了，"你明明是个大活人，呼出碳气，吸进氧气，还在进行血液循环，怎说是消耗完了？在活人身上难道能发生精力消耗完的事吗？掉个舌头尖思想就算残废啦？"

"我指热情的细胞消耗完了。"

"嗯？"乔光朴一把将石敢从沙发上拉起来，枪口似的双睛瞄准石敢的瞳孔〔42〕，"你敢再重复一遍你的话吗？当初你咬下舌头吐掉的时候，难道把党性、生命连同对事业的信心和责任感也一块吐掉了？"

石敢躲开了乔光朴的目光，他碰上了一面无情的能照见灵魂的镜子，他看见自己的灵魂变得这样卑微，感到吃惊，甚至不愿意承认。

乔光朴用嘲讽的口吻，象是自言自语地说："这真是一种讽刺，'四化'的目标中央已经确立，道路也打开了，现在就需要有人带着队伍冲上去。瞧瞧我们这些区局级、县团级干部都是什么精神状态吧，有的装聋作哑，甚至被点将点到头上，还推三阻四〔43〕。我真纳闷，在我们这些级别不算小的干部身上，究竟还有没有普通党员的责任感？我不过象个战士一样，听到首长说有任务就要抢着去完成，这本来是极平常的事，现在却成了出风头的英雄。谁知道呢，也许人家还把我当成了傻瓜哩！"

石敢又一次被刺疼了，他的肩头抖动了一下。乔光朴看见了，诚恳地说："老石，你非跟我去不行，我就是用绳子拖也得把你拖去。"

"咳，大个子……"石敢叹了口气，用了他对乔光朴最亲热的称呼。这声"大个子"叫得乔光朴发冷的心突地又热起来了。石敢立刻又恢复了那种冷漠的神情："我可以答应你，只要你以后不后悔。不过丑话说在前边，咱们订个君子协定〔44〕，什么时候你讨厌我了，就放我回干校。"

当他们两个回到会议室的时候，委员们也就这个问题形成了决议。霍大道对石敢说："老乔明天到任，你可以晚去几天，休息一下，身体哪儿不适到医院检查一下。"

石敢点点头走了。

霍大道对乔光朴说："刚才议论到干部安排问题，你还没有走，就有人盯上了你的位子。"他把目光又转向委员们，"你们的口袋里是不是还装着别人写的条子，或是受了人家的托咐〔45〕？我看今天彻底公开一下，把别人托你们的事都摆到桌面上来，大家一块议一议。"

大家面面相觑〔46〕，他们都知道霍大道的脾气，他叫你拿到桌面上来，你若不拿，往后在私下里决不能再向他提这些事了。徐进亭先说："电机厂的冀申提出身体不好，希望能到公司里去。"接着别的委员也都说出了曾托咐过自己的人。

霍大道目光象锥子一样，气色森严，语气里带着不想掩饰的愤怒："什么时候我们党的人事安排改为由个人私下活动了呢？什么时候党员的工作岗位分成了'肥缺'〔47〕，'美缺'和'瘦缺'、'苦缺'了呢？毛遂自荐〔48〕自古就有，乔光朴也是毛遂自荐，但和这些人的自荐是完全不同的两种性质。冀申同志在电机厂没搞好，却毫不愧疚〔49〕地想到公司当经理，我不相信搞不好一个厂的人能搞好一个公司。如果把托你们的人的要求都满足，我们机电局只好安排十五个副局长，下属六个公司，每个公司也只好安排十到十五个正副经理，恐怕还不一定都满意。身体不好在基层干不了，到机关就能干好？机关是疗养院？还是说在机关干好干坏没关系？有病不能工作的可以离职养病，名号要挂在组织处，不能占着茅坑不屙屎。宁可虚位待人，

226

不可滥任命误党误国。我欣赏光朴同志立的'军令状'，这个办法要推行，往后象我们这样的领导干部也不能干不干一个样。有功的要升、要赏，有过的要罚、要降！有人在一个单位玩不转了就托人找关系，一走了之。这就助长干部身在曹营心在汉，骑着马找马的坏风气。难怪工人反映，厂长都不想在一个厂里干一辈子，多则订个三年计划，少则是一年规划，打一枪换一个地方，这怎么能把工厂搞好！"

徐进亭问："冀申原是电机厂一把手，老乔和石敢一去不把他调出来怎么安排？"

霍大道："当副厂长嘛。干好了可以升，干不好还降，直降到他能够胜任的职位止。当然，这是我个人的意见，大家还可以讨论。"

徐进亭悄悄对乔光朴说："这下你去了以后就更难弄了。"

乔光朴耸耸肩膀没吭声，那眼光分明在说："我根本就没想到电机厂去会有轻松的事。"

上　　任

一

机电局党委扩大会散后，乔光朴向电器公司副经理做了交接〔50〕，回到家已是晚上了。屋里有一股呛鼻的潮味，他把门窗全部打开。想沏杯茶，暖瓶是空的，就吞了几口冷开水。坐在书桌前，从一摞书的最底下拿出一本《金属学》，在书页里抽出一张照片。照片是在莫斯科的红场上照的，背景是列宁墓。前面并肩站着两个人，乔光朴穿浅色西装，伟美〔51〕潇洒〔52〕，显得很年轻，脸上的神色却有些不安。他旁边那个妩媚秀丽的姑娘则神情快乐，正侧脸用迷人的目光望着乔光朴，甜甜地笑着。仿佛她胸中的幸福盛不下，从嘴边漫了出来。乔光朴凝视着照片，突然闭住眼，低下头，两手用力掐住太阳穴〔53〕。照片从他手指间滑落到桌面上——

一九五七年，乔光朴在苏联学习的最后一年，到列宁格勒电力工厂担任助理厂长。女留学生童贞正在这个厂搞毕业设计，她很快被乔光朴吸引住了。乔光朴英风〔54〕锐气〔55〕，智深〔56〕勇沉〔57〕，精通业务，抓起生产来仿佛每个汗毛孔里都是心眼，浑身是胆。他的性格本身就和恐惧、怀疑、阿谀奉承、互相戒备这些东西时常发生冲突，童贞最讨厌的也正是这些玩艺，她简直迷上这个比自己大十多岁的男人了。在异国它乡同胞相遇分外亲热，乔光朴象对待小妹妹，甚至是象对待小孩一样关心她，保护她。她需要的却是他的另一种关怀，她嫉妒他渴念妻子时的那种神情。

乔光朴先回国，五八年底童贞才毕业归来。重型电机厂刚建成正需要工程技术人员，她又来到乔光朴的身边。一直在她家长大的外甥〔58〕郗望北，是电机厂的学徒工，一次很偶然的机会，他发现了小老姨对厂长的特殊感情。这个小伙子性格倔强，有蔫主意〔59〕，恨上了厂长，认为厂长骗了他老姨。他虽比老姨还小好几岁，却俨然以老姨的保护人的身份处处留心，尽量阻挡童贞和乔光朴单独会面。当时有不少人追求童贞，她一概拒之门外，矢志〔50〕不嫁。这使郗望北更憎恨乔光朴，他认定乔光朴搞女人也象搞生产一样有办法，害了自己老姨的一生。

七年过去了，文化大革命一开始，郗望北成为一派造反组织的头头，专打乔光朴。他只给乔光朴的"走资派"帽子上面又扣上"老流氓"、"道德败坏分子"的帽子，但不细究，不深批，免得伤害自己的老姨。可是他的队员们对这种花花绿绿的事很感兴趣，捕风捉影〔61〕，编出很多情节，反倒深深地伤害了童贞。在童贞眼里，乔光朴是搞现代化大生产难得的人材，过去一直威信很高，现在却名誉扫地。犯路线错误的人群众批而不恨，犯品质错误的人群众最厌恶。可在那种时候又怎能把真相向群众说清呢？童贞觉得这都是由于自己的缘故，使乔光朴比别的走资派吃了更多的苦头，她给乔光朴写了一封信，想一死了事。细心的郗望北早就留心这个心眼，没让童贞死成。这使乔光朴觉得一下子同时欠下了两个女人的债。

228

乔光朴的妻子在大学当宣传部长，虽然听到了关于他和童贞的议论，但丝毫也不怀疑自己的丈夫，直到六八年初不清不白〔62〕地死在"牛棚"里，她从未怀疑过乔光朴的忠诚。乔光朴为此悔恨不已，曾对着妻子的遗像坦白承认，他在童贞大胆的表白面前确实动摇过，心里有时也真的很喜欢她。他表示从此不再搭理〔63〕童贞。当最小的一个孩子考上大学离开他以后，他一个人守着几间空房子，过着苦行僧〔64〕式的生活，似乎是有意折磨自己，向死去的妻子表明他对她和儿女感情的纯洁无瑕和忠贞不渝……

可是，下午在公司里交接完工作，乔光朴神差鬼使〔65〕给童贞打了个电话，约她今晚到家里来。过后他很为自己的行动吃惊，责问自己：这是什么意思呢？如果自己不再回厂，事情也许永远就这样过去了。现在叫他俩该怎样相处？十年前厂子里的人给他俩的头上泼了那么多脏水啊！他这才突然发现，他认为早被他从心里挖走的童贞，却原来还在他心里占着一个位置。他没有在痛苦的思索里理出头绪，他不想再触摸这些复杂而又微妙的感情的琴弦了。得振作一下，明天回厂还有许多问题要考虑。忽然，觉得有什么东西落到头上，他抬起头，心里猛地一缩——童贞正依着他的膀子站着，泪眼模糊地望着那张照片。滴落到他头上的，无疑就是她的眼泪。他站起身抓住她的手："童贞，童贞……"

童贞身子一颤，从乔光朴发烫的大手里抽出自己的手，转过身去，擦干眼角，极力控制住自己。童贞的变化使乔光朴惊呆了。她才四十多岁，头上已有了白发；过去她的一双亮眼燃烧着大胆而热情的光芒，敢于火辣辣地长久地盯着他，现在她的眼神是温润的、绵软的，里面透出来的愁苦多于快乐。乔光朴的心里隐隐发痛。这个在业务上很有才气的女工程师，她本来可以成为国家很缺少的机电设备专家，现在从她身上再也看不见那个充满理想、朝气蓬勃的小姑娘的影子了。使她衰老这么快的原因，难道只是岁月吗？

两人都有点大不自然，乔光朴很想说一句既得体〔66〕又亲热的话来打破僵局："童贞，你为什么不结婚？"这根本不是他想要说的意思，连声音也不象他自己的。

童贞不满地反问："你说呢？"

乔光朴懊丧地一挥手，他从来不说这样没味道的话。突然把头一摆，走近童贞："我干嘛要装假。童贞，我们结婚吧，明天，或者后天，怎么样？"

童贞等这句话等了快二十年了，可今天听到了这句话，却又感到慌乱和突然。她轻轻地说："你事先一点信也不透，为什么这么急？"

乔光朴一经捅破了这层纸，就又恢复了他那热烈而坚定的性格："我们头发都白了，你还说急？我们又不需要什么准备，请几个朋友一吃一喝一宣布就行了。"

童贞脸上泛起一阵幸福的光亮，显得年轻了，喃喃地说："我的心你是知道的，随你决定吧。"

乔光朴又抓起童贞的手，高兴地说："就这样定，明天我先回厂上任，通知亲友，后天结婚。"

童贞一惊："回厂？"

"对，今天上午局党委会决议，石敢和我一块回去，还是老搭档。"

"不，不！"童贞说不清是反对还是害怕。她早盼着乔光朴答应和她结婚，然后调到一个群众不知道她俩情况的新单位去，和所爱的人安度晚年。乔光朴突然提到要回厂，电机厂的人听到他俩结婚的消息会怎样议论？童贞一想到能强奸人的灵魂、把刀尖捅到人心里将人致死的群众舆论，简直浑身打颤。况且郗望北现在是电机厂副厂长，他和乔光朴这一对冤家怎么在一块共事？她忧心忡忡地问："你在公司不是挺好吗，为什么偏要回厂？"

乔光朴兴致勃勃地说："搞好电器公司我并不要怎么费劲，也许正因为我的劲使不出来我才感到不过瘾。我对在公司里领导大集体、小集体企业，组织中小型厂的生产兴趣不大，我不喜欢搞针头线脑〔67〕。"

"怎么，你还是带着大干一番的计划，回厂收拾烂摊子〔68〕

230

吗？"

"不错，我对电机厂是有感情的。象电机厂这样的企业如果老是一副烂摊子，国家的现代化将成为画饼〔69〕。我们搞的这一行是现代化的发动机，而大型骨干企业又是国家的台柱子。搞好了有功，不比打江山的功小；搞不好有罪，也不比叛党卖国的罪小。过去打仗也好，现在搞工业也好，我都不喜欢站在旁边打边鼓〔70〕，而喜欢当主角，不管我将演的是喜剧还是悲剧。趁现在精力还达得到，赶紧抓挠〔71〕几年，我想叫自己的一辈子有始有终，虎头豹尾更好，至少要虎头虎尾。我们这一拨〔72〕的人，虎头蛇尾的人太多了。"

是惊？是喜？是不安？童贞感慨万端。以前她爱上乔光朴，正是爱他对事业的热爱，以及在工作上表现出来的才能和男子汉特有的雄伟顽强的性格。现在的乔光朴还是以前她爱的那个人，但她却希望他离开他眷恋的事业。难道她爱不上战场的英雄，离开骏马的骑手？她象是自言自语地说："没见过五十多岁的人还这么雄心勃勃。"

"雄心是不取决于年岁的，正象青春不一定就属于黑发的人，也不见得会随着白发而消失。"乔光朴从童贞的眼睛里看出她衰老的不光是外表，还有她那棵正在壮年的心苗，她也害上了正在流行的政治衰老症。看来精神上的胆怯给人造成的不幸，比估计到的还要多。这使他突然意识到自己的责任。他几乎用小伙子般的热情抱住童贞的双肩，热烈地说："喂，工程师同志，你以前在我耳边说个没完的那些计划，什么先搞六十万千瓦的，再搞一百万的、一百五十万的、制造国家第一台百万千瓦原子能发电站的设备，我们一定要揽过来，你都忘了？"

童贞心房里那颗工程师的心热起来。

乔光朴继续说："我们必须摸准世界上最先进国家机电工业发展的脉搏。在五十年代、六十年代，我们是面对世界工业的整个棋盘来走我们电机厂这颗棋子的，那时各种资料全能看得到，心里有底，知道怎样才能挤进世界先进行列。现在我心里没有数，你要帮助我。结婚后每天晚上教我一个小时的外语，怎么样？"

她勇敢地、深情地迎着他的目光点点头。在他身边她觉得可靠，安全，连自己似乎也变得坚强而充满了信心。她笑着说："真奇怪，那么多磨难，还没有把你的锐气磨掉。"

他哈哈一笑："本性难移。对于精神萎缩症或者叫政治衰老症也和生其它的病一个道理，体壮人欺病，体弱病欺人。这几年在公司里我可养胖了，精力贮存得太多了。"他狡黠〔73〕地望望童贞，正利用自己特殊的地位，不放过能够给这个娇小的女人打气的机会。他说："至于说到磨难，这是我们的福气，我们恰好生活在两个时代交替的时候。历史有它的阶段，人活一辈子也有它的阶段，在人生一些重大关头，要敢于充分大胆地正视自己的心愿。俗话说，石头是刀的朋友，障碍是意志的朋友。"

他要她陪他一块到厂里去转转，童贞不大愿意。他用开玩笑的口吻说："你以前骂过我什么话？噢，对，你说我在感情上是粗线条〔74〕的。现在就让我这个粗线条的人来谈谈爱情。爱情，是一种勇敢而强烈的感情。你以前既是那么大胆地追求过它，当它来了的时候就用不着怕它，更用不着隐瞒它以欺骗自己、苦恼自己。我真怕你象在政治上一样也来个爱情衰老病。趁着我还没有上任，我们还有时间谈谈情说说爱。"

她脸红了："胡说，爱情的绿苗在一个女人的心里是永远不会衰老的。"做姑娘时的勇气又回到她的身上，她热烈地吻了他一下。

在去厂的路上，她却说服他先不能结婚。她借口说这件事对于她是终生第一次也是最后一次，而且她为这一天比别的女人付出了更多的代价，她要好好准备一下。乔光朴同意了。当然，童贞推延婚期的真正原因根本不是这些。

二

两个人走进电机厂，先拐进了离厂门口最近的八车间。乔光朴只想在上任前冷眼〔75〕看看工厂的情况。走进了熟悉的车间，他浑身的

232

每一个筋骨眼仿佛都往外涨劲，甚至有一股想亲手摸摸摇把的冲动。他首先想起了"十二把尖刀。"十年前他当厂长时，每一道工序都培养出一两个尖子，全厂共有十二个人，一开表彰先进的大会，这"十二把尖刀"都坐在头一排的金交椅上。童贞告诉他说："你的尖刀们都离开了生产第一线，什么轻省〔76〕干什么去了。有的看仓库、守大门，有的当检验员，还有一个当了车间头头。有四把刀在批判大会上不是当面控诉你用物质刺激腐蚀他们，你真的一点不记仇？"

乔光朴一挥手："咳，记仇是弱者的表现。当时批判我的时候，全厂人都举过拳头，呼过口号，要记仇我还回厂干什么？如果那十二个人不行了，我必须另磨尖刀。技术上不出尖子不行，产品不搞出名牌货不行！"

乔光朴一边听童贞介绍情况，一边安然自在地在机床的森林里穿行。他在车间里这样溜达，用行家的眼光打量着这些心爱的机器设备，如果再看到生产状况良好，那对他就是最好的享受了。比任何一对情人在河边公园散步所感到的滋味还要甘美。

外行看热闹，内行看门道〔77〕，乔光朴在一个青年工人的机床前停住了，那小伙子干活不管不顾〔78〕，把加工好的叶片随便往地上一丢，嘴里还哼着一支流行的外国歌曲。乔光朴拾起他加工好的零件检查着，大部分都有磕碰。他盯住小伙子，压住火气说："别唱了。"

工人不认识他，流气〔79〕地朝童贞挤挤眼，声音更大了："哎呀妈妈，请你不要对我生气，年轻人就是这样没出息。"

"别唱了！"乔光朴带命令的口吻，还有那威严的目光使小伙子一惊，猛然停住了歌声。

"你是车工〔80〕还是拣破烂的〔81〕？你学过操作规程吗？懂得什么叫磕碰吗？"

小伙子显然也不是省油的灯，可是被乔光朴行家的口吻，凛然〔82〕的气派给镇住了。乔光朴找童贞要了一条白手绢，在机床上一抹，手绢立刻成黑的了。乔光朴枪口似的目光直瞄着小伙子的脑门子："你就是这样保养设备的？把这个手绢挂在你的床子上，直到下一次我来检查用白毛巾从你床子上擦不下尘土来，再把这条手绢换成白毛巾。"这时已经有一大群车工不知出了什么事围过来看热闹，乔光朴对大伙说："明天我叫设备科给每台机床上挂一条白毛巾，以后检查你们的床子保养情况如何就用白毛巾说话。"

人群里有老工人，认出了乔光朴，悄悄吐吐舌头。那个小伙子脸涨得通红，窘得一句话也没有了，慌乱地把那个黑乎乎的手绢挂在一个不常用的闸把上。这又引起了乔光朴的注意，他看到那个闸把上盖满油灰，似乎从来没有被碰过。他问那个小伙子："这个闸把是干什么用的？"

"不知道。"

"这上边不是有说明。"

"这是外文，看不懂。"

"你在这个床子上干了几年啦？"

"六年。"

"这么说，六年你没动过这个闸把？"

小伙子点点头。乔光朴左颊上的肌肉又鼓起一道道棱子，他问别的车工："你们谁能把这个闸把的用处告诉他？"

车工们不知是真的不知道，还是怕说出来使自己的同伴更难堪，因此都没吱声。

乔光朴对童贞说："工程师，请你告诉他吧。"

童贞也想缓和一下气氛，走过来给那个小伙子讲解英文说明，告诉他那个闸把是给机床打油的，每天操作前都要捺几下。

乔光朴又问："你叫什么名字？"

"杜兵。"

"杜兵，干活哼小调，六年不给机床膏油，还是鬼怪式操作法的发明者。嗯，我不会忘记你的大名的。"乔光朴的口气由挖苦突然改为严厉的命令，"告诉你们车间主任，这台床子停止使用，立即进行检修保养。我是新来的厂长。"

他俩一转身，听到背后有人小声议论："小杜，你今个算碰上辣

234

的了，他就是咱厂过去的老厂长。"

"真是行家一伸手，便知有没有！"

乔光朴直到走出八车间，还愤愤地对童贞说："有这些大爷，就是把世界上最尖端的设备买进来也不行！"

童贞说："你以为杜兵是厂里最坏的工人吗？"

"嗯？"乔光朴看看她，"可气的是他这样干了六年竟没人发现。可见咱们的管理到了什么水平，一粗二松三马虎。你这位主任工程师也算脸上有光啦。"

"什么？"童贞不满地说，"你们当厂长的不抓管理，倒埋怨下边。我是不在其位不谋其政。"

"在其位就谋其政吗？不见得。"

他俩一边说着话，走进七车间，一台从德国进口的二百六镗床〔83〕正试车，指挥试车的是个很年轻的德国人。外国人到中国来还加夜班，这引起了乔光朴的注意。童贞告诉他，镗床的电器部分在安装中出了问题，西德的西门子电子公司派他来解决。这个小伙子叫台尔，只有二十三岁，第一次到东方来，就先飞到日本玩了几天。结果来到我们厂时晚了七天，怕我们向公司里告发他，就特别卖劲。他临来时向公司讲七到十天解决我们的问题，现在还不到三天就处理完了，只等试车了。他的特点就是专、精。下班会玩，玩起来胆子大得很；上班会干，真能干，工作态度也很好。

"二十三岁就派到国外独挡一面。"乔光朴看了一会台尔工作，叫童贞把七车间值班主任找了来，不容对方寒暄〔84〕，就直截了当布置任务："把你们车间三十岁以下的青年工人都招呼到这儿来，看看这个台尔是怎么工作的。也叫台尔讲讲他的身世，听听他二十三岁怎么就把技术学得这么精。在他临走之前，我还准备让他给全厂青年工人讲一次。"

值班主任笑笑，没有询问乔光朴以什么身份下这样的指示，就转身去执行。

乔光朴觉得身后有人窃窃私语，他转过身去，原来是八车间的工人听说刚才批评杜兵的就是老厂长，都追出来想瞧瞧他。乔光朴走过去对他们说："我有什么好值得看的，你们去看看那个二十三岁的西德电子专家，看看他是怎么干活的。"他叫一个面孔比较熟的人回八车间把青年都叫来，特别不要忘了那个鬼怪式——杜兵。

乔光朴布置完，见一个老工人拉他的衣袖，把他拉到一个清静的地方，呜噜呜噜地对他说："你想拿外国人做你的尖刀？"

天呐，这是石敢。他不知从哪儿搞来一身工作服，还戴顶旧蓝布工作帽，简直就是个极普通的老工人。乔光朴又惊又喜，石敢还是过去的石敢，别看他一开始不答应，一旦答应下来就会全力以赴。这不也是不等上任就憋不住先跑到厂里来了。

石敢的脸色是阴沉的，他心里正后悔。他的确是在厂子里转了一圈，而且凭他的半条舌头，用最节省的语言，和几个不认识他的人谈了话。人家还以为他正害着严重的牙疼病，他却摸到了乔光朴所不能摸到的情况。电机厂工人思想混乱，很大一部分人失去了过去崇拜的偶像，一下子连信仰也失去了，连民族自尊心、社会主义的自豪感都没有了，还有什么比群众在思想上一片散沙更可怕的呢？这些年，工人受了欺骗、愚弄和呵斥，从肉体到灵魂都退化了。而且电机厂的干部几乎是三套班子，十年前的一批，文化大革命起来的一批，冀申到厂后又搞了一套自己的班子。老人心里有气，新人肚里也不平静，石敢担心这种冲突会成为党内新的斗争的震心〔85〕。等着他和乔光朴的岂止是个烂摊子，还是一个政治斗争的漩涡。往后又得在一夕数惊的局面中过日子了。

石敢对自己很恼火，眼花缭乱的政治战教会了他许多东西，他很少在人前显得激动和失去控制，他对哗众取宠〔86〕和慷慨激昂之类甚为反感。他曾给自己的感情涂上了一层油漆，自信能抗住一切刺激。为什么上午乔光朴一番真挚的表白就打动了自己的感情呢？岂不知陪他回厂既害自己又害他，乔光朴永远不是个政治家。这不，还没上任就先干上了！他本不想和乔光朴再说什么话，可是看见童贞站在乔光朴身边，心里一震，禁不住想提醒他的朋友。他小声说："你们两个至少半年内不许结婚。"

"为什么？"乔光朴不明白石敢为什么先提出这个问题。

石敢简单地告诉他，关于他们回厂的消息已经在电机厂传遍了，而且有人说乔光朴回厂的目的就是为了和童贞结婚。乔光朴暴躁地说："那好，他们越这样说，我越这样干。明天晚上在大礼堂举行婚礼，你当我们的证婚人。"

石敢扭头就走，乔光朴拉住他。他说："你叫我提醒你，我提醒你又不听。"

乔光朴咬着牙帮骨半天才说："好吧，这毕竟是私事，我可以让步。你说，上午局党委刚开完会，为什么下午厂里就知道了？"

"这有什么奇怪，小道快于大道，文件证实谣传〔87〕。现在厂里正开着紧急党委会，我的这根可恶的政治神经提醒我，这个会不和我们回厂无关。"石敢说完又有点后悔，他不该把猜测告诉乔光朴。感情真是坑害人的东西，石敢发觉他跟着乔大个子越陷越深了。

乔光朴心里一激冷〔88〕，拉着石敢，又招呼了一声童贞，三个人走出七车间，来到办公楼前。一楼的会议室里灯光通明，门窗大开，一团团烟雾从窗口飘出来。有人大声发言，好象是在讨论明天电机厂就要开展一场大会战〔89〕。这可叫乔光朴着急了，他叫石敢和童贞等一会，自己跑到门口传达室给霍大道打了个电话。回来后拉着石敢和童贞走进了会议室。

三

电机厂的头头们很感意外，冀申尖锐的目光盯住童贞，童贞赶紧扭开头，真想退出去。冀申佯装〔90〕什么也不知道似地说："什么风把你们二位吹来了？"

乔光朴大声说："到厂子来看看，听说你们正开会研究生产就进来想听听。"

"好，太好了。"冀申瘦骨嶙峋的面孔富于感情，却又象一张复杂的地形图那样变化万端，令人很难琢磨透。他向两个不速之客解释："今天的党委会讨论两项内容，一项是根据群众一再要求，副厂厂都望北同志从明天起停职清理。第二项是研究明天的大会战。这一段时间我抓运动多了点，生产有点顾不过来，但是我们党委的同志有信心，会战一打响被动局面就会扭转。大家还可以再谈具体一点。老乔、老石是电机厂的老领导，一定会帮着我们出些好主意。"

冀申风度老练，从容不迫，他就是要叫乔光朴、石敢看看他主持党委会的水平。下午，当他在电话里听到局党委会决议的时候，猛然醒悟当初他主动要到机电局来是失算了。

这个人确实象他常跟群众表白的那样，受"四人帮"迫害十年之久，但十年间他并没有在市委干校劳动，而是当副校长。早在干校作为新生事物刚筹建的时候，冀申作为市文革接待站的联络员就看出了台风的中心是平静的。别看干校里集中了各种不吃香的老干部，反而是最安全的，也是最有发展的，在干校是可以卧薪尝胆〔91〕的。他利用自己副校长的地位，和许多身份重要的人拉上了关系。这些市委的重要干部以前也许是很难接近的，现在却变成了他的学员。他只要在吃住上、劳动上、请销假上稍微多给点方便，老头子们就很感激他了。加上他很善于处理人事关系，博得了很多人的好感。现在这些人大都已官复原职，因而他也就四面八方都有关系，在全市是个有特殊神通〔92〕的人了。

两年前，冀申又看准了机电局在国家现代化中所占的重要地位。他一直是搞组织的，缺乏搞工业的经验，就要求先到电机厂干两年。一方面摸点经验，另外"大厂厂长"这块牌子在国家工作重点转移到经济建设上来以后一定是非常用得着的。而后再到公司、到局，到局里就有出国的机会，一出国那天地就宽了。这两年在电机厂，他也不是不卖力气。但他在政治上太精通、太敏感了，反而妨碍了行动。他每天翻着报刊、文件提口号，搞中心，开展运动，领导生产。并且有一种特殊的猜谜的酷好，能从报刊文件的字里行间念出另外的意思。他对中央文件又信又不全信，再根据谣言、猜测、小道消息和自己的

238

丰富想象，审时度势〔93〕，决定自己的工作态度。这必然在行动上迟缓，遇到棘手〔94〕的问题就采取虚伪的态度。诡谲〔95〕多诈〔96〕，处理一切事情都把个人的安全、自己的利益放在第一位。工厂是很实际的，矛盾都很具体，他怎么能抓出成效？在别的单位也许还能对付一气，在机电局，在霍大道眼皮底下却混不过去了。

但是，他相信生活不是凭命运，也不是赶机会，而是需要智慧和斗争的无情逻辑！因此他要采取大会战孤注一掷〔97〕。大会战一搞起来热热闹闹，总会见点效果，生产一回升，他借台阶就可以离开电机厂。同时在他交印〔98〕之前把郗望北拿下去，在郗望北和乔光朴这一对老冤家、新仇人之间埋下一根引信，将来他不愁没有戏看。如果乔光朴也没有把电机厂搞好，就证明冀申并不是没有本事。然而，他摆的阵势，石敢从政治上嗅出来了，乔光朴用企业家的眼光从管理的角度也看出了问题。

电机厂的头头们心里都在猜测乔光朴和石敢深夜进厂的来意，没有人再关心本来就不太感兴趣的大会战了。冀申见势不妙，想赶紧结束会议，造成既定事实。他清清嗓子，想拍板定案。局长霍大道又一步走了进来。会场上又是一阵惊奇的唏嘘声。

霍大道没有客套话，简单地问了几句党委会所讨论的内容，就单刀直入地宣布了局党委的决议。最后还补充了一项任命："鉴于你们厂林总工程师长期病休不能上班，任命童贞同志为电机厂副总工程师。同时提请局党委批准，童贞同志为电机厂党委常委。"

童贞完全没有想到对她的这项任命，心里很不安。她不明白乔光朴为什么一点信也没透。

冀申不管多么善于应付，这个打击也来得太快了。霍大道简直是霹雳闪电，连对手考虑退却的时间都不给。他极力克制着，并且在脸上堆着笑说："服从局党委的决定，乔、石二位同志是工业战线上的大将，这回真是百闻不如一见。好了，明天我向二位交接工作，对今天大家讨论的两项决定，你二位有什么意见？"

石敢不仅不说话，连眼也眯了起来，因为眼睛也是泄露思想上机密的窗口。

乔光朴却不客气地说："关于都望北同志停职清理，我不了解情况。"他不禁扫了一眼坐在屋角上的都望北，意外地碰上了对方挑战的目光。他不容自己分心，赶紧说完他认为必须表态的问题："至于要搞大会战，老冀，听说你有冠心病，你能不能用短跑的速度从办公大楼的一楼跑到七楼，上下跑五个来回？"

冀申不知他是什么意思，漠然一笑没有作答。

乔光朴接着说："我们厂就象一个患高血压冠心病的病人，搞那种跳楼梯式的大会战是会送命的。我不是反对真正必要的大会战。而我们厂现在根本不具备搞大会战的条件，在技术上、管理上、物质上、思想上都没有做好准备，盲目搞会战，只好拼设备，拼材料，拼人力，最后拼出一堆不合格的产品。完不成任务，靠月月搞会战突击，从来就不是搞工业的办法。"

他的话引起了委员们的共鸣，他们也正在猜谜，不明白冀申明知要来新厂长，为什么反而突然热心地要搞大会战。可是冀申嘴边挂着冷笑，正冲着他点火抽烟，似乎有话要说。

本来只想表个态就算的乔光朴，见冀申的神色，把话锋一转，尖锐地说："这几年，我没有看过真正的好戏，不知道我们国家在文艺界是不是出了伟大的导演，但在工业界，我知道是出现了一批政治导演。哪一个单位都有这样的导演，一有运动，工作一碰到难题，就召集群众大会，做报告，来一阵动员，然后游行，呼口号，搞声讨〔99〕，搞突击，一会这，一会那，把工厂当舞台，把工人当演员，任意调度。这些同志充其量不过是个吃党饭的平庸〔100〕的政工干部，而不是真正热心搞社会主义现代化的企业家。用这种导演的办法抓生产最容易，最省力，但遗害无穷。这样的导演，我们一个星期，甚至一个早上就可以培养出几十个，要培养一个真正的厂长、车间主任、工段长却要好几年时间。靠大轰大嗡搞一通政治动员，靠热热闹闹搞几场大会战，是搞不好现代化的。我们搞政治运动有很多专家，口号具体，计划详尽，措施有力。但搞经济建设、管理工厂却只会笼统布置，拿

240

不出具体有效的办法……"

乔光朴正说在兴头上，突然感到旁边似有一道弧光在他脸上一烁一闪，他稍一偏头，猛然醒悟了，这是石敢提醒他住嘴的目光。他赶紧止住话头，改口说："话扯远了，就此打住。最后顺便告诉大伙一声，我和童贞已经结婚了，两个多小时以前刚举行完婚礼，老石是我们的证婚人。因为都是老头子、老婆子了，也没有惊动大伙，喜酒后补。"

今天电机厂这个党委会可真是又"惊"又"喜"，惊和喜又全在意料之外，还没宣布散会，委员们就不住地向乔光朴和童贞开玩笑。

童贞、石敢和都望北这三个不同身份的人，却都被乔光朴这最后几句话气炸了。童贞气呼呼第一个走出会议室，对乔光朴连看都不看一眼，照直奔厂大门口。

唯有霍大道，似乎早料到了乔光朴会有这一手，并且看出了童贞脸色的变化，趁着刚散会的乱劲，捅捅乔光朴，示意他去追童贞。乔光朴一出门，霍大道笑着向大家摆摆手，拦住了要出门去逗新娘的人，大声说："老乔耍滑头，喜酒没有后补的道理，我们今天晚上就去喝两杯怎么样？……"

乔光朴追上来拉住童贞。童贞气得浑身打颤，声音都变了："你都胡说些什么？你知道明天厂里的人会说我们什么闲话？"

乔光朴说："我要的正是这个效果。就是要造成既定事实，一下子把脸皮撕破，你可以免除后顾之忧，泼下身子抓工作。不然，你老是嘀嘀咕咕，怕人说这，怕人说那。跟我在一块走，人家看你一眼，你也会多心，你越疑神疑鬼，鬼越缠你，闲话就永远没个完，我们俩老是谣言家们的新闻人物。一个是厂长，一个是总工程师，弄成这种关系还怎么相互合作？现在光明正大地告诉大伙，我们就是夫妻。如果有谁愿意说闲话，叫他们说上三个月，往后连他们自己也觉得没味了。这是我在会上临时决定的，没法跟你商量。"

灯光映照着童贞晶亮的眼睛，在她眼睛的深处似乎正有一道火光在缓缓燃烧。她已经没有多大气了。不管是做为副总工程师的童贞，还是做为女人的童贞，今天都是她生命沸腾的时刻，是她产生力量的时刻。

刚才还是怒气冲冲的石敢也跟着霍大道追上来了，他抢先一步握住童贞的手，冲着她点点头。似乎是以证婚人的身份祝愿她幸福。

童贞被感动了。

霍大道身后跟着两个电机厂党委的女委员。他对她们说："你们二位坐我的车先陪他俩办个登记手续，然后再陪新娘到她娘家，收拾一下东西，换换衣服，然后送她到自己的新家。我们在新郎家里等你们。"

女委员问："你们还要闹洞房〔101〕？"

霍大道说："也可能要闹一闹，反正喜糖少不了要吃几块的。"

大家笑了。

乔光朴和童贞感激地望着霍局长，也情不自禁地笑了。

主　角

一

你设想吧，当舞台的大幕拉开，紧锣密鼓，音乐骤起，主角威风凛凛地走出台来，却一声不吭，既不说，也不唱，剧场里会是一种什么局面呢？

现在重型电机厂就是这种状况。乔光朴上任半个月了，什么令也没下，什么事也没干，既没召开各种应该召开的会议，也没有认真在办公室坐一坐。这是怎么回事？他以前当厂长可不是这种作风，乔光朴也不是这种脾气。

他整天在下边转，你要找他找不到，你不找他，他也许突然在你眼前冒了出来。按照生产流程一道工序一道工序的摸，正着摸完，倒着摸。谁也猜不透他的心气。更奇怪的是他对厂长的领导权完全放弃了，几十个职能科室完全放任自流，对各车间的领导也不管不问。谁爱怎么干就怎么干，电机厂简直成了没头的苍蝇〔102〕，生产直线跌下来。

机电局调度处的人憋不住劲〔103〕了，几次三番催促霍大道赶紧到电机厂去坐阵。谁知霍大道无动于衷，催急了，他反而批评说："你们咋呼〔104〕什么，老虎往后坐屁股，是为了向前猛扑，连这个道理都不懂？"

本来被乔光朴留在上边坐阵的石敢，终于也坐不住了。他把乔光朴找来，问："怎么样？有眉目没有？"

"有了！"乔光朴胸有成竹地说，"咱们厂象个得了多种疾病的病人，你下这味药，对这一种病有利，对那一种病就有害。不抓准了病情，真不敢动大手术。"

石敢警惕地看看乔光朴，从他的神色上看出来这家伙的确是下了决心啦。石敢对电机厂的现状很担心，可是对乔光朴下狠心给电机厂做大手术，也不放心。

乔光朴却颇有点得意地说："我这半个月摆挑子〔105〕下去，还有一个很重要的收获：咱们厂的干部队伍和工人队伍并不象你估计的那样。忧国忧民之士不少，有人找到我提建议，有人还跟我吵架，说我辜负了他们的希望。乱世出英雄，不这么乱一下，真摸不出头绪，也分不出好坏人。我已经选好了几个人。"说着，眯起了双眼，他仿佛已经看见电机厂明天就要大翻个儿。

石敢突然问起了一个和工厂完全不相干的问题："今天是你的生日？"

"生日？什么生日？"乔光朴脑子一时没转过来，他翻翻办公桌上的台历，忽然记起来了，"对，今天是我的生日。你怎么记得。"

"有人向我打听。你是不是要请客收礼。"

"扯淡〔106〕。你要去当然会管你酒喝。"

石敢摇摇头。

乔光朴回到家，童贞已经把饭做好，酒瓶、酒杯也都在桌子上摆好了。女人毕竟是女人，虽然刚结婚不久，童贞却记住了乔光朴的生日。乔光朴很高兴，坐下就要吃，童贞笑着拦住了他的筷子："我通知了望北，等他来了咱们就吃。"

"你没通知别人吧？"

"没有。"童贞是想借这个机会使乔光朴和都望北坐在一块，和缓两人之间的关系。

乔光朴理解童贞的苦心，但对这做法不大以为然，他认为在酒席筵上建立不了真正的信任和友谊。他心里也根本没有把对方整过自己的事看得太重，倒是觉得，都望北对过去那些事的记忆比他反倒更深刻。

都望北还没有来，却来了几个厂里的老中层干部。乔光朴和童贞一面往屋里让客，一面感到很意外。这几个人都是十几年前在科室、车间当头头的，现在有的还是，有的已经不是了。

他们一进门就嘻笑着说："老厂长，给你拜寿〔107〕来了。"

乔光朴说："别搞这一套，你们想喝酒我有，什么拜寿不拜寿。这是谁告诉你们的？"

其中一个秃头顶的人，过去是行政科长，弦外有音地〔108〕说："老厂长，别看你把我们忘了，我们可没忘了你。"

"谁说我把你们忘了？"

"还说没忘，从你回厂那一天起我们就盼着，盼了半个月啦，什么也没盼到。你看锅炉厂的刘厂长，回厂的当天晚上，就把老中层干部们全请到楼上，又吃又喝，不在喝多少酒、吃多少饭，而是出出心里的这口闷气。第二天全部恢复原职。这厂长才叫真够意思，也算对得起老部下。"

乔光朴心里烦了，但这是在自己家里，他尽力克制着。反问："'四人帮'打倒快两年多了。你们的气还没出来？"

他们说："'四人帮'倒了，还有帮四人呢。说停职，还没停一个月又要复职……"

不早不晚就在这时候都望北进来了，那几个人的话头立刻打住了。都望北听到了他们说的话，但满不在乎地和乔光朴点点头，就在那帮人的对面坐下了。这哪是来拜寿，一场辩论的架式算拉开了。童贞急忙找了一个话题，把都望北拉到另一间屋里去。

那几个人互相使使眼色也站了起来，还是那个秃顶行政科长说："看来这满桌酒菜并不是为我们预备的，要不'火箭干部'〔109〕解脱那么快，原来已经和老厂长和解了。还是多少沾点亲戚好啊！"

他们说完就要告辞。童贞怕把关系搞僵，一定留他们吃饭。乔光朴一肚子火气，并不挽留，反而冷冷地说："你们跑这一趟的目的还没有达到，就这么两手空空地回去了？"

"表示了我们的心意，目的已经达到了。"那几个人心里感到不安，秃顶人好象是他们的打头人，赶紧替那几个人解释。

"老王，你们不是想官复原职，或者最好再升一两级吗？"乔光朴盯着秃顶人，尖锐地说，"别着急，咱们厂干部不是太多，而是太少，我是指真正精明能干的干部，真正能把一个工段、一个车间搞好，能把咱们厂搞好的干部。从明天起全厂开始考核，你们既然来了，我就把一些题目向你们透一透。你们都是老同志了，也应该懂得这些，比如：什么是均衡〔110〕生产？什么是有节奏的〔111〕生产？为什么要搞标准化〔112〕、系列化〔113〕、通用化〔114〕？现代化的工厂应该怎么布置？你那个车间应该怎么布置？有什么新工艺、新技术？……"

那几个人真有点懵〔115〕了，有些东西他们甚至连听都没有听见过。更叫他们惊奇的是乔光朴不仅要考核工人，对干部也要进行考核。有人小声嘟囔说："这办法可够新鲜的。"

"这有什么新鲜的，不管工人还是干部，往后光靠混饭吃不行！"乔光朴说，"告诉你们，我也一肚子气，甚至比你们的气还大，厂子弄成这副样子能不气！但气要用在这上面。"

他说完摆摆手，送走那几个人，回到桌前坐下来，陪都望北喝酒，喝的是闷酒，吃的是哑菜，谁的心里都不痛快。童贞干着急，也只能说几句不咸不淡的家常话。一直到酒喝完，童贞给他们盛饭的时候，乔光朴才问都望北："让你停职并不是现在这一届党委决定的，为什么老石找你谈，宣布解脱，赶快工作，你还不干？"

都望北说："我要求党委向全厂职工说清楚，根据什么让我停职清理？现在不是都调查完了吗？我一没搞过打砸抢〔116〕，二和'四人帮'没有任何个人联系，凭什么整〔117〕我？就根据我曾经当过造反派的头头？就根据我曾批判过走资派？就因为我是个所谓的新干部？就凭一些人编笆造模〔118〕的议论？"

乔光朴看到都望北挥动着筷子如此激动，嘴角闪过一丝冷笑。心想："你现在也知道这种滋味了，当初你不也是根据编笆造模的议论来整别人。"

都望北看出了乔光朴的心思，转回说："乔厂长，我要求下车间劳动。"

"嗯？"乔光朴感到意外，他认为新干部这时候都不愿意下去，怕被别人说成是由于和"四人帮"有牵连而倒台〔119〕了。都望北倒有勇气自己要求下去，不管是真是假，先试试他。就说："你有这种气魄就好，我同意。本来，做为领导和这领导的名义、权力，都不是一张任命通知书所能给予的，而是要靠自己的智慧、经验、才能和胆识〔120〕到工作中去赢得。世界上有许多飞得高的东西，有的是凭自己的翅膀飞上去的，有的是被一阵风带上去的。你往后不要再指望这种风了。"

都望北冷冷一笑："我不知道带我上来的是什么风，我只知道我若会投机的话，就不会有今天的被停职。我参加工作二十年，从学徒工当到生产组长，管过一个车间的生产，三十九岁当副厂长，一下子就成了'火箭干部'。其实火箭这个东西并不坏，要把卫星〔121〕和飞船〔122〕送上宇宙空间〔123〕就得靠火箭一截顶替一截地燃烧。搞现代化也似乎是少不了火箭的。岂不知连外国的总统有不少也是一步登天的'火箭干部'。我现在宁愿坐火箭再下去，我不象有些人，占了个位子就想一直占到死，别人一旦顶替了他就认为别人爬得太快了，大逆不道〔124〕了。官瘾大小不取决于年龄。事实是当过官的比没当过官的权力欲〔125〕和官瘾也许更大些。"

这样谈话太尖锐了，简直就是吃饭前那场谈话的继续。老的埋怨乔光朴袒护新的，新的又把乔光朴当老的来攻。童贞生怕乔光朴的脾气炸了，一个劲地劝菜，想冲淡他们间的紧张气氛。但是乔光朴只是仔细玩味〔126〕都望北的话，并没有发火。

都望北言犹未尽。他知道乔光朴的脾气是吃软不吃硬，但你要真是个松软货，永远也不会得到他的尊敬，他顶多是可怜你。只有硬汉子才能赢得乔光朴的信任。他想以硬碰硬碰到底，接着说：“中国到什么时候才不搞形而上学〔127〕？文化大革命把老干部一律打倒，现在一边大谈这种怀疑一切的教训，一边又想把新干部全部一勺烩〔128〕了。当然，新干部中有‘四人帮’分子，那能占多大比例？大多数还不是紧跟党的中心工作，这个运动跟得紧，下个运动就成了牺牲品。照这样看来还是滑头〔129〕好，什么事不干最安全。运动一来，班组长以上干部都受审批，工厂、车间、班组都搞一朝天子一朝臣〔130〕，把精力都用在整人上，搞起工作来相互掣肘〔131〕。长此以往，现代化的口号喊得再响，中央再着急，也是白搭。”

“得了，理论家，我们国家倒霉就倒在批判家多、空谈家多，而实干家和无名英雄又太少。随便什么场合也少不了夸夸其谈的评论家。”乔光朴嘴上这么说，但都望北表现出来的这股情绪却引起了他的注意。他原以为老干部心里有些气是理所当然的，原来新干部肚里也有气。这两股气要是对干起来那就了不得。这引起了乔光朴的警惕。

二

第二天，乔光朴开始动手了。

他首先把九千多名职工一下子推上了大考核、大评议的比赛场。通过考核评议，不管是干部还是工人，在业务上稀松二五眼〔132〕的，出工不出力、出力不出汗的，占着茅坑不屙屎的，溜奸滑蹭的，全成了编余人员。留下的都一个萝卜顶一个坑〔133〕，兵是精兵，将是强将。这样，整顿一个车间就上来一个车间，电机厂劳动生产率立刻提高了一大截。群众中那种懒洋洋、好坏不分的松松垮垮劲儿，一下子变成了有对比、有竞争的热烈紧张气氛。

工人们觉得乔光朴那双很有神采的眼睛里装满了经验，现在已经习惯于服从他，甚至他一开口就服从。因为大伙相信他，他的确一次也没有辜负大伙的信任。他说一不二〔134〕，敢拍板〔135〕也敢负责，许了愿〔136〕必还。他说扩建幼儿园，一座别致的幼儿园小楼已经竣工。他说全面完成任务就实行物质奖励，八月份电机厂工人第一次接到了奖金。黄玉辉小组提前十天完成任务，他写去一封表扬信，里面附了一百五十元钱。凡是那些技术上有一套，生产上肯卖劲，总之是正儿八经〔137〕的工人，都说乔光朴是再好没有的厂长了。可是被编余的人呢，却恨死了他。因为谁也没想到，乔光朴竟想起了那么一个"绝主意"——把编余的组成了一个服务大队。

谁找道路，谁就会发现道路。乔光朴泼辣〔138〕大胆，勇于实验和另辟蹊径〔139〕。他把厂里从农村招用来搞基建和运输的一千多长期"临时工"全部辞掉，从辞掉临时工省下的钱里拿出一部份作为给服务大队的奖励。编余的人在经济收入上并没有减少，可是有一些小青年却认为栽了跟头〔140〕，没脸见人。特别是八车间的鬼怪式车工杜兵，被编余后女朋友跟他散了伙，他对乔光朴真有动刀子的心了。

在这条道路上乔光朴为自己树立的"仇敌"何止几个"杜兵"。一批被群众评下来成了"编余"的中层干部恼了。他们找到厂部，要求对厂长也进行考核。由于考核评判小组组长是童贞，怕他们两口子通气，还提出立刻就考。谁知乔光朴高兴得很，当即带着几个副厂长来到了大礼堂。一听说考厂长，下班的工人都来看新鲜，把大礼堂挤满了。任何人都可以提问题，从厂长的职责到现代化工厂的管理，乔光朴滔滔不绝，始终没有被问住。倒是冀申完全被考垮了，甚至对工厂的一些基本常识都搞不清，当场就被工人们称为"编余厂长"。这下可把冀申气炸了，他虽然控制着在考场上没有发作出来，可是心里认为这一切全是乔光朴安排好了来捉弄〔141〕他的。

当生产副厂长，冀申本来就不胜任，而他对这种助手的地位却又

248

很不习惯，简直不能忍受乔光朴对他的发号施令，尤其是在车间里当着工人的面。现在，经过考核，嫉妒和怨恨使他真地站到了反对乔光朴的那些编余的人一边，由助手变为敌手了。他那青筋暴露的前额，阴气扑人的眼睛，仿佛是厂里一切祸水的根源。生产上一出事准和他有关，但又抓不住他大的把柄〔142〕。乔光朴得从四面八方防备他，还得在四面八方给他堵漏洞。这怎么受得了？

乔光朴决定不叫冀申负责生产了，调他去搞基建。搞基建的服务大队象个火药桶，冀申一去非爆炸不可。乔光朴没有从政治角度考虑，石敢替他想到了。可是，乔光朴不仅没有听从石敢的劝告，反而又出人意料地调上来郗望北顶替冀申。郗望北是憋着一股劲下到二车间的，正是这股劲头赢得了乔光朴的好感。谁干得好就让谁干，乔光朴毫无犹疑地跨过个人恩怨的障碍，使自己过去的冤家成了今天的助手。但是，正象石敢所预料的，冀申抓基建没有几天，服务大队里对乔光朴不满的那些人，开始活跃起来，甚至放出风，要把乔光朴再次打倒。

千奇百怪的矛盾，五花八门的问题，把乔光朴团团困在中间。他处理问题时拳打脚踢，这些矛盾回敬他时，也免不了会拳打脚踢。但眼下使他最焦心的并不是服务大队要把他打倒，而是明年的生产准备。明年他想把电机厂的产量数字搞到二百万千瓦，而电力部门并不欢迎他这个计划，倒满心希望能从国外多进口一些。还有燃料、材料、锻件〔143〕的协作等等都不落实，因此乔光朴决定亲自出马去打一场外交战。

如果说乔光朴在自己的厂内还从来没有打过大败仗，这回出去搞外交，却是大败而归。他没有料到他的新里程上还有这么多的"雪山草地"，他不知道他的宏伟计划和现实之间还隔着一条组织混乱和作风腐败的鸿沟。厂内的"仇敌"他不在乎，可是厂外的"战友"不跟他合作却使他束手无策。他要求协作厂及早提供大的转子〔144〕锻件，而且越多越好，但人家不受他指挥，不买他的账。要燃料也好，要材料也好，他不懂得这都是求人的事，协作的背后必须有心照不宣

〔145〕的互通有无，在计划的后面还得有暗地的交易。他这次出去总算长了一条见识：现在当一个厂长重要的不是懂不懂金属学、材料学，而是看他是不是精通"关系学"。乔光朴恰恰这门学问成绩最差。他一向认为会处关系的人，大都成就不大。他这次出差的成果，恰好为自己的理论得了反证。

而他还不知道，当他十天后扫兴回来的时候，在他的工厂里，又有什么窝火的事在等着他呢！

<h2 style="text-align:center">三</h2>

乔光朴回厂先去找石敢。石敢一见是他进了门，慌忙把桌上的一堆材料塞到抽屉里。乔光朴心思全挂在厂里的生产上，没有在意。但和石敢还没有说上几句话，服务大队队长李干急匆匆推门进来，一见乔光朴，又惊又喜："哎呀，厂长，你可来了！"

"出了什么事？"乔光朴急问。

"咱们不是要增建宿舍大楼吗，生产队不让动工。都望北被社员围住了，很可能还要挨两下打。"

"市规划局已经批准，我们已经交完钱啦。"

"生产队提出额外再要五台拖拉机。"

"又是这一套！"乔光朴恼怒地喊来，"我们是搞电机的，往哪儿去弄拖拉机！"

"冀副厂长以前答应的。"

"扯淡！老冀呢，找他去。"

"他调走了，把服务大队搅了个乱七八糟，拔脚就走了。"李干不满地说。

"嗯？"乔光朴看看石敢。

石敢点点头："三天前，上午和我打了个招呼，下午就到外贸局上任去了，走的上层路线，并没有征求我们党委的意见。他的人事关系、工资关系还留在我们厂里。"

"叫他把关系转走，我们厂里不能白养这种不干活的人。"乔光朴朝李干一挥手，"走，咱俩去看看。"

乔光朴和李干坐车去生产队，在半路就碰上了郗望北骑着自行车正往厂里赶。李干喊住了他："望北，怎么样？"

"解决完了。"郗望北答了一声，骑上车又跑，好象有什么急事在等着他。

李干冲郗望北赞赏地点点头："真行，有一套办法。"他叫司机开车追上郗望北，脑袋探出车外喊："你跑这么急，有什么事？乔厂长回来了。"

郗望北停下自行车，向坐在吉普车里的乔光朴打了招呼，说："一车间下线〔146〕出了问题。"

郗望北把自行车交给李干，跳上吉普车奔一车间。李干在后边大声喊："乔厂长，我找你还有事没说完哩。"

是啊，事儿总是不断的，快到年底了，最紧张也最容易出事。可这会儿乔光朴最担心的是一车间出问题会影响全厂的任务。

他和郗望北走进一车间下线工程，只见车间主任正跟副总工程师童贞一个劲讲话。童贞以她特有的镇静和执拗〔147〕摇着头。车间主任渐渐耐不住性子了。这种女人，真是从来没见过。她不喊不叫，脸上甚至还挂着甜蜜蜜的笑容，说话温柔好听，可就是在技术问题上一点也不让步。不管你跟她发多大火，她总是那副温柔可亲的样子，但最后你还得按她的意见办。

车间主任正在气头上，一眼看见乔光朴，以为能治住这个女人的人来了，忙迎上去，抢了个原告〔148〕："乔厂长，我们计划提前八天完成全年任务，明年一开始就来个开门红〔149〕。可是这个十万千瓦发电机的下部线圈击穿率〔150〕只超过百分之一，童总就非叫我们返工不可。你当然知道，百分之一根本不算什么，上半年我们的线圈超过百分之二十、三十，也都走了。"

乔光朴问："击穿率超过的原因找到了吗？"

车间主任："还没有。"

童贞接过来说："不，找到了，我已经向你说过两次了，是下线时掉进灰尘，再加鞋子踩脏。叫你们搭个塑料棚，把发电机罩起来。工人下线时要换上干净衣服，在线圈上铺橡皮垫儿，脚不能直接踩线圈。可你们嫌麻烦！"

"噢。嫌麻烦。搞废品省事，可是国家就麻烦了。"乔光朴看看车间主任，嘲讽地说，"为什么要文明生产，什么是质量管理制度，你在考试的时候答得不错呀。原来说是说，做是做呀！好吧，彻底返工。扣除你和给这个电机下线的工人的奖金。"

车间主任愣了。

童贞赶紧求情："老乔，他们就是返工也能完成任务，不应该扣他们的奖金。"

"这不是你的职责！"乔光朴看也不看童贞冷冷地说，"因返工而造成的时间和材料的损失呢？"说完他头也不回地拉着都望北走出了车间。

车间主任苦笑着对童贞说："服务大队的人反他，我们拼命保他，你看他对我们也是这么狠。"

童贞一句话没说。对技术问题，她一丝不苟，对这种事情，她插不上手。她所能做的只是设法宽慰车间主任的心。

四

童贞知道乔光朴心情不好，就买了四张《秦香莲》的京剧票，晚上拉着都望北夫妇一块去看戏。都望北还没有回家，他们只好把票子留下，先拉上外甥媳妇去了戏院。

三个人要进戏院门口的时候，李干不知从什么地方钻出来。乔光朴一见他那样子，知道有事，便叫童贞她们先进场，自己跟着李干来到戏院后面一个清静的地方。站定以后，乔光朴问："什么事？"

他态度沉着，眼睛里似有一种因挫折而激出来的威光。李干见厂长这副样子，象吞了定心丸，紧张的情绪也缓和下来了。说："服务

252

大队有人要闹事。"

"谁？"

"杜兵挑头，行政科刷下来的王秃子在后边使劲，他们叫嚷冀申也支持他们。杜兵三天没上班，和市里那批静坐示威的人可能挂上钩〔151〕了。今天下午，他回厂和几个人嘀咕了一阵子，写了几张大字报，说是要贴到市委去，还要到市委门口去绝食〔152〕。"

乔光朴看看精明能干的李干，问："你有点害怕了？"

李干说："我不怕他们。他们的矛头主要是朝你来的。"

乔光朴笑了："那些你别管，你就严格按制度办事。无故不上班的按旷工论处。不愿干的、想退职的悉听尊便〔153〕。"

一个领导，要比被他领导的人坚强。乔光朴的态度鼓舞了李干，他也笑了："你散戏回家的道上要留神。我走了。"

乔光朴回到剧场刚坐下，催促观众安静的铃声就响了。象踩着铃声一样，又进来几个很有身分的人，坐在他们前一排的正中间座位上，冀申竟也在其中。他那灵活锐利的目光，显然在刚进场的时候就已经看见这几个人了。他回过头来，先冲童贞点点头，然后亲热地向乔光朴伸出手说："你回来啦？收获怎么样？你这常胜将军亲自出马，必定会马到成功。"

乔光朴讨厌在公共场合故意旁若无人的高声谈笑，只是摇摇头没吭声。

冀申带着一副俯就〔154〕的样子，望着乔光朴说："以后有事到外贸局，一定去找我，千万不要客气。"

乔光朴觉得嗓子眼里象吞了只苍蝇。在人类感情方面，最叫人受不了的就是得意之色。而乔光朴现在从冀申脸上看到的正是这种神色。他怎么也想不通冀申这种得意之情是从哪儿来的，是无缘无故的高升？还是讥笑他乔光朴的吃力不讨好？

冀申的确感到了自己现在比乔光朴地位优越，正象几个月前他感到乔光朴比自己地位优越一样。他曾对乔光朴是那样的妒嫉过，但是如果今天让他和乔光朴掉换一下，让他付出乔光朴那样的代价去换取电机厂生产面貌的改观，他是不干的。他认为一个人把身家性命押在一场运动上，在政治上是犯忌的，一旦中央政策有变，自己就会成为牺牲品。搞现代化也是一场运动，乔光朴把命都放在这上面了，等于把自己推到了危险的悬崖上，随时都有再被摔下去的可能。电机厂反他的火药似乎已经点着了。冀申选这个时候离电机厂，很为自己在政治上的远见卓识得意。今晚在这个场合看见了乔光朴，使他十分得意的心情上又加了十分。他悠然自得地看着戏，间或向身边的人发上几句议论。

可是坐在他后边的乔光朴，却无论怎样强制自己集中精神，也看不明白台上在演什么。他正琢磨找个什么借口离开这儿，又不至于伤那两个女人的心。郗望北在服务员手电光的引导下坐在了乔光朴的身边。童贞小声问他为什么来晚了，他的妻子问他吃晚饭没有，他哼哼叽叽〔155〕只点点头。他坐了一会，斜眼瞄瞄乔光朴，轻声说："厂长，您还坐得下去吗？咱们别在这儿受罪了！"

乔光朴一摆脑袋，两个人离开了座位。他们来到剧场前厅，童贞追了出来。郗望北赶忙解释："我来找乔厂长谈出差的事。乔厂长到机械部获得了我们厂可能得到的最大的支持，又到电力部揽了不少大机组。下面就是材料、燃料和各关系户的协作问题。这些问题光靠写在纸面上的合同〔156〕、部里的文件和乔厂长的果断都是不能解决的。解决这些是副厂长的本分。"

乔光朴没有料到郗望北会自愿请行〔157〕，自己出去都没办来，不好叫副手再出去。而且，他能办来吗？郗望北显然是看出了乔光朴的难处和疑虑。这一点使他心里很不舒服。

童贞问："这么仓促？明天就走吗？"

"刚才征得党委书记同意，已经叫人去买车票了，也许连夜出发呢。"郗望北望着童贞，实际是说给乔光朴听。他知道乔光朴对他出去并不抱信心，又说："乔厂长做为领导大型企业的厂长，眼下有一个致命的弱点，不了解人的关系的变化。现在人与人之间的关系不同于战争年代，不同于五八年，也不同于文化大革命刚开始的那两年。

历史在变，人也在变。连外国资本家都懂得人事关系的复杂难处，工业发展到一定程度，就大量搞自动化，使用机器人。机器人有个最大的优点，就是没有血肉，没有感情，但有铁的纪律，铁的原则。人的优点和缺点全在于有思想感情。有好的思想感情，也有坏的，比如偷懒耍滑、投机取巧、走后门〔158〕等等。掌握人的思想感情是世界上最复杂的一门科学。"他突然把目光转向乔光朴，"您精通现代化企业的管理，把您的铁腕〔159〕、精力要用在厂内。有重大问题要到局里、部里去，您可以亲自出马，您的牌子硬，说话比我们顶用。和兄弟厂、区社队、街道这些关系户打交道，应交给副厂长和科长们。这也可以留有余地，即使下边人捅了漏子〔160〕，您还可以出来收场。什么事都亲自出头，厂长在外边顶了牛〔161〕叫下边人怎么办？霍局长不是三令五申，提倡重大任务要敢立军令状吗，我这次出去也可以立军令状。但有一条，我反正要达到咱们的目的，不违犯国家法律，至于用什么办法，您最好别干涉。"

乔光朴左颊上的肉棱子跳动起来，用讥讽的目光瞧着郗望北，没有说话。

这下把郗望北激恼了："如果有一天社会风气改变了，您可以为我现在办的事狠狠处罚我，我非常乐于接受。但是社会风气一天不改，您就没有权利嘲笑我的理论和实践。因为这一套现在能解决问题。"

"你可以去试一试。"乔光朴说，"但不许你再鼓吹那一套，而且每干一件事总要先发表一通理论。我生平最讨厌编造真理的人。"他要童贞继续陪外甥媳妇看戏，自己去找石敢了。

童贞同情地望着丈夫的背影，乔光朴不失常态，脚步坚定有力。她知道他时常把自己的痛苦和弱点掩藏起来，一个人悄悄地治疗，甚至在她面前也不表示沮丧和无能。有人坚强是因为被自尊心所强制，乔光朴却是被肩上的担子所强制的。电机厂好不容易搞成个样子，如果他一退坡，立刻就会垮下来。他没有权利在这种时候表示软弱和胆怯。

都望北却望着乔光朴的背影笑了。

童贞忧虑地说："我一听到你们俩谈话就担心，生怕你们会吵起来。"

"不会的。"都望北亲热地扶住童贞的胳膊说，"老姨，我说点使您高兴的话吧，乔厂长是目前咱们国家里不可多得的好厂长。您不见咱们厂好多干部都在学他的样子，学他的铁腕，甚至学他说话的腔调。在这样的厂长手下是会干出成绩来的。我不能说喜欢他，可是他整顿厂子的魄力使我折服〔162〕。他这套作风，在五八年以前的厂长们身上并不稀少，现在却非常珍贵了。他对我也有一股强大的吸引力，不过我在拼命抵抗，不想完全向他投降。他瞧不起窝囊废〔163〕。"

他看看手表："哎呀，我得赶紧走了。说实话，给他这样的厂长当副手，也是真辛苦。"说完匆匆走了。

五

石敢在灯下仔细地研究着一封封匿名信〔164〕，这些信有的是直接写给厂党委的，有的是从市委和中央转来的。他的心情是复杂的，有恼怒，有惊怕，也有愧疚。控告信告的全是乔光朴，不仅没有一句控告他这个党委书记的话，甚至把他当做了乔光朴大搞夫妻店，破坏民主，独断专行的一个牺牲品。说乔光朴把他当成了聋子耳朵——摆设，在政治上把他搞成了活哑巴。这本来是他平时惯于装聋作哑的成绩，他应该庆幸自己在政治上的老谋深算〔165〕。但现在他却异常憎恨自己，他开脱了自己却加重了老乔的罪过，这是他没有料到的。他算一个什么人呢？况且这几个月他的心叫乔光朴撩得已经活泛〔166〕了。他的感情和理智一直在进行斗争，而且是感情占上风的时候多，在几个重要问题上他不仅是默许，甚至是暗地支持了乔光朴。他想如果干部都象老乔，而不象他石敢，如果工厂都象现在电机厂这么搞，国家也许能很快搞成个样子，党也许能返老还童，机体很快康复起来。可是这些控告信又象一顿冰雹似地劈头盖脸〔167〕砸下来，可能将要被砸死的是乔光朴，但是却首先狠狠地砸伤了石敢那颗已经创伤累累的心。他真不知道怎样对付这些控告信，他生怕杜兵这些人和社会上那些正在闹事的人串联起来，酿成乱子。

石敢注意力全集中在控告信上，听见外面有人喊他，开开门见是霍大道，赶紧让进屋。

霍大道看看屋子："老乔没在你这儿？"

"他没来。"

"嗯？"霍大道端起石敢给他沏的茶喝了一口，"我听说他回来了，吃过饭就去看他，碰了锁，我估计他会到你这儿来。"

"他们两口子看戏去了。"石敢说。

"噢，那我就在这儿等吧，今天晚上不管有多好的戏，他也不会看下去。可惜童贞的一片苦心。"霍大道轻轻笑了。

石敢表示怀疑地说："他可是戏迷。"

"你要不信，咱俩打赌。"霍大道今晚上的情绪非常好，好象根本没注意石敢那愁眉苦脸的样子。又自言自语地说："他真正迷的是他的专业、他的工厂。"

霍大道扫了一眼石敢桌上的那一堆控告信，好象不经意似地随便问道："他都知道了吗？"

石敢摇摇头。

"出差的收获怎么样，心情还可以吗？"

石敢又摇摇头。刚想说什么，门忽然开了，乔光朴走进来。

霍大道突然哈哈大笑，使劲拍了一下石敢的肩膀。

这下把乔光朴笑傻了。石敢赶紧收藏匿名信。这一回他的神情引起了乔光朴的注意。乔光朴走过去抓起一张低看起来。

霍大道向石敢示意："都给他看看吧。"

心里并不畅快的乔光朴，看完一封封匿名信，暴怒地把桌子一拍："混蛋，流氓！"

他急促地在屋里走着，左颊上的肌肉不住地颤抖。突然，嘴里咯嘣一声，一个下槽牙碎成了两半。他没有吱声，把掉下来的半块牙齿吐掉。他走到霍大道跟前，霍大道悠闲而专心地看报，没有看他。他问石敢："你打算怎么办？"

石敢扫一眼乔光朴说："现在你可以离开这个厂了，今年的任务肯定能完成，你完全可以回局交令。我一个人留下来，风波不平我不走。"

乔光朴吼起来："你说什么？叫我溜？电机厂还要不要？"

"你这个人还要不要？你要再完蛋了。要伤一大批人的心，往后谁还干！"石敢实际也是说给霍大道听。

霍大道静静看着他们俩，就是不吭声。乔光朴怒不可遏〔168〕，在屋里来回溜达，嘴里嚷着："我不怕这一套，我当一天厂长，就得这么干！"

石敢终于忍不住走到霍大道跟前说："霍局长，你说怎么办？"

霍大道淡淡地说："几封匿名信就把你吓成这个样子。不过你还够朋友，挺讲义气〔169〕，让老乔先撤，你为他两肋插刀顶上一阵子，然后两人一块上山。嗯，真不错。石敢同志大有进步了。"

石敢的脸腾一下红了。

霍大道含笑对乔光朴说："老乔，你回电机厂这半年，有一条很大的功绩，就是把一个哑叭饲养员培养成了国家的十二级干部。石敢现在变化很大了，说话多了，以前需要别人绑上拖着去上任，现在自己又想当书记又想兼厂长。老石同志，你别脸红，我说的是实话。你现在开始有点象个党委书记了。不过有件事我还得批评你，冀申调动，不符合组织手续，没有通过局党委，你为什么放他走？"

石敢脸一红一白，这么大老头子了，他还没吃过这样的批评。

霍大道站起来走到乔光朴身边，透澈肺腑的目光，久久地盯住对方："怎么把牙都咬碎了，不值得。在我们民族的老俗语中，我喜爱这一句：宁叫人打死，不叫人吓死！请问：你的精力怎么分配？"

"百分之四十用在厂内正事上，百分之五十用去应付扯皮〔170〕，百分之十应付挨骂、挨批。"乔光朴不加思索地说。

"太浪费了。百分之八十要用在厂里的正事上，百分之二十用来研究世界机电工业发展状态。"霍大道突然态度异常严肃起来，"老乔，搞现代化并不单纯是个技术问题，还要得罪人。不干事才最保险，但那是真正的犯罪。什么误解呀，委屈呀，诬告呀，咒骂呀，讥笑呀，悉听尊便。我在台上，就当主角，都得听我这么干。我们要的是实现现代化的'时间和数字'，这才是人民根本的和长远的利益所在。眼下不过是开场，好戏还在后头呢！"

霍大道见两个人的脸色越来越开朗，继续说："昨天我接到部长的电话，他对你在电机厂的搞法很感兴趣，还叫我告诉你，不妨把手脚再放开一点，各种办法都可以试一试，积累点经验，存点问题，明年春天我们到国外去转一圈。中国现代化这个题目还得我们中国人自己做文章，但考察一下先进国家的做法还是有好处的……"

三个人渐渐由站着到坐下，一边喝着茶，一边象知己朋友聊天一样从国内到国外、从机电到钢铁，天南海北谈起来，越谈兴致越高，一两个小时很快就过去了。霍大道站起来对乔光朴说："听说你学黑头〔171〕学得不错，来两口〔172〕叫咱们听听。"

"行。"乔光朴毫不客气，喝了一口水，站起身把脸稍微一侧，用很有点裘派〔173〕的味道唱起来：

包龙图〔174〕，打坐在开封府〔175〕！
………

译　注

[1] 千瓦	qiānwǎ	kilowatt
		kilowatt
[2] 晃脑袋	huàng nǎodai	secouer la tête pour montrer le désapprobation
		shake one's head to show disagreement
[3] 臊成了猴腚	sàochéngle hóur	rougir de honte

		dìng	blush scarlet
[4]	攥	zuàn	empoigner
			clench
[5]	卡壳	qiǎké	silence survenu au cours d'une discussion
			silence prevails over a discussion
[6]	沮丧	jǔsàng	découragé; désespoir
			depressed
[7]	硬手	yìngshǒu	une personne compétente
			a person of great ability
[8]	顶戗	dǐngqiāng	capable
			capable
[9]	冷场	lěngchǎng	silence (pendant une réunion)
			awkward silence at a meeting
[10]	粗犷	cūguǎng	rustique
			rough
[11]	眉弓	méigōng	front
			superciliary ridge
[12]	颧骨	quángǔ	pommettes
			cheekbone
[13]	牙帮骨	yábānggǔ	gencive
			gums
[14]	上推下卸	shàngtuī xiàxiè	éluder toute sa responsabilité
			shirk one's responsibility when something goes wrong
[15]	美缺	měiquē	un poste idéal
			cushy job
[16]	轻车熟路	qīngchē-shúlù	conduire un attelage léger sur

un chemin bien connu; ici: un travail facile

a job one can manage with ease

[17] 经　　　jīng

soutra; ici: le travail affiars

[18] 念　　　niàn

réciter; ici: faire deal with

[19] 倏地　　shūde

subitement like lightning

[20] 军令状　jūnlìngzhuàng

acte de cautionnement promise

[21] 石敢　　Shí Gǎn

nom de personne
name of a person

[22] 忌讳　　jìhuì

tabou taboo

[23] 虚妄　　xūwàng

invention fabrication

[24] 激赏　　jīshǎng

avec admiration admiringly

[25] 原子弹　yuánzǐdàn

bombe atomique atom bomb

[26] 中子弹　zhōngzǐdàn

bombe à neutrons neutron bomb

[27] 一厢情愿　yìxiāng-qíngyuàn

l'amour non partagé; souhait unilatéral

one's own wishful thinking

[28] 迟钝　　chídùn

lent (en pensée ou action) slow (in thought or action)

[29] 涤荡	dídàng	laver wash away
[30] 衬	chèn	faire ressortir; comparer avec compared with
[31] 老搭档	lǎodādàng	vieux partenaire old partner
[32] 诙谐	huīxié	humoristique humorous
[33] 辫子	biànzi	ici: défaut a handle against oneself
[34] 油	yóu	astucieux less serious
[35] "冰棍式"	bīnggùnrshì	une sorte de punition; debout tout droit une posture injurieuse pour tourmenter les gens a sort of punishment, stand- ing straight
[36] "喷气式"	pēnqìshì	rester courbé en signe de sou- mission a sort of punishment, bend- ing down
[37] 能征惯战	néngzhēng guànzhàn	être habile à combattre be brave and skilful in battle
[38] 暗憋暗气	ànbiē ànqì	contenir sa colère keep one's angry to oneself
[39] 垫背	diànbèi	personne qui est victime de: partager les souffrances de quelqu'un d'autre

			be forced to share others' hardships
[40]	唬	hǔ	tromper
			bluff
[41]	恼	nǎo	se fâcher
			get angry
[42]	瞳孔	tóngkǒng	pupille
			pupil
[43]	推三阻四	tuīsān-zǔsì	refuser qch. sous divers prétextes
			decline with all sorts of excuses
[44]	君子协定	jūnzǐ xiédìng	engagement sur l'honneur
			gentlemen's agreement
[45]	托咐	tuōfù	confier
			entrust
[46]	面面相觑	miànmiàn-xiāngqù	s'interroger du regard
			gaze at each other in speechless despair
[47]	肥缺	féiquē	emploi lucratif
			lucrative post
[48]	毛遂自荐	Máo Suì-zìjiàn	Mao Sui se porte candidat (Mao Sui vécut à l'époque des Royaumes combattants) ici: se présenter de son chef
			recommand oneself for a post (Mao Sui is a person of the Warring States Period)

[49]	愧疚	kuìjiù	avoir des remords
			feel compunctious
[50]	交接	jiāojiē	entrer en contact
			hand over
[51]	伟美	wěiměi	chic
			handsome
[52]	潇洒	xiāosǎ	élégant
			natural and unrestrained
[53]	太阳穴	tàiyángxué	tempe
			the temples
[54]	英风	yīngfēng	capable
			capable
[55]	锐气	ruìqì	vigoureux
			vigorous
[56]	智深	zhìshēn	intelligent
			intelligent
[57]	勇沉	yǒngchén	courageux
			brave
[58]	外甥	wàisheng	neveu
			nephew
[59]	蔫主意	niān zhǔyì	ses propres idées
			ideas of one's own
[60]	矢志	shǐzhì	jurer
			vow
[61]	捕风捉影	bǔfēng-zhuōyǐng	faire des accusations sans fondement
			make groundless accusations
[62]	不清不白	bù qīng bù bái	sans cause précise
			unreasonably

[63] 搭理	dāli	adresser la parole
		speak to
[64] 苦行僧	kǔxíngsēng	ascète
		ascetic practices
[65] 神差鬼使	shénchāi-guǐshǐ	inconsciemment
		instinctively
[66] 得体	détǐ	convenable
		appropriate
[67] 针头线脑	zhēntóu xiànnǎo	aiguille et fil; ici de petites choses
		odds and ends
[68] 烂摊子	làn tānzi	une situation désordonnée
		a disordered situation
[69] 画饼	huàbǐng	bulle d'air
		in vain
[70] 打边鼓	dǎ biāngǔ	jouer le figurant
		play a minor role
[71] 抓挠	zhuānao	ici travailler
		work
[72] 一拨	yìbō	une génération
		a generation
[73] 狡黠	jiǎoxiá	rusé
		slyly
[74] 粗线条	cū xiàntiáo	inattentif
		careless
[75] 冷眼	lěngyǎn	objectivement
		objectively
[76] 轻省	qīngsheng	facile
		facile

[77] 门道	méndao	la façon de faire qqch
		way to do sth.
[78] 不管不顾	bùguǎn búgù	insouciant
		recklessly
[79] 流气	liúqì	manière voyoute
		vulgarly
[80] 车工	chēgōng	tourneur
		lathe operator
[81] 捡破烂的	jiǎn pòlànr de	chiffonnier
		a person who picks odds and ends out of refuse matters
[82] 凛然	lǐnrán	d'un air sévère
		striking
[83] 镗床	tángchuáng	aléseuse
		boring lathe
[84] 寒暄	hánxuān	échanger des formules banales de politesse
		exchange conventional greetings
[85] 震心	zhènxīn	centre de conflit
		epicenter
[86] 哗众取宠	huázhòng-qǔchǒng	débiter de belles phrases pour plaire au public
		try to please the public with claptrap
[87] 谣传	yáochuán	rumeur
		rumour
[88] 激冷	jīlěng	trembler
		vibrate

[89]	大会战	dàhuìzhàn	grande bataille décisive
			a mass campaign
[90]	佯装	yángzhuāng	feindre
			pretend
[91]	卧薪尝胆	wòxīn-chángdǎn	prendre la résolution de se venger
			undergo self-imposed hardships so as to strengthen one's resolve and fulfil a future expectation
[92]	神通	shéntōng	pouvoir magique
			magical power
[93]	审时度势	shěnshí-duóshì	prendre en considération le moment et la situation
			give full consideration to the current situation
[94]	棘手	jíshǒu	embarrassant
			knotty
[95]	诡谲	guǐjué	astuce
			treacherous
[96]	诈	zhà	rusé
			crafty
[97]	孤注一掷	gūzhùyízhì	tenter sa dernière chance
			risk everything on a single venture
[98]	印	yìn	sceau, ici pouvoir
			power
[99]	声讨	shēngtǎo	dénonciation
			denunciation

[100] 平庸	píngyōng	banal; médiocre
		mediocre and unambitious
[101] 洞房	dòngfáng	chambre nuptiale
		bridal chamber
[102] 没头的苍蝇	méi tóu de cāngying	une mouche sans tête
		a unit without leadership
[103] 戗不住劲	qiāng búzhù jìnr	ne pouvoir plus garder son calme
		can't keep calm
[104] 咋呼	zhāhu	s'étonner d'un rien
		make a fuss of
[105] 撂挑子	liào tiāozi	abandonner le travail qu'on doit faire
		shift one's own responsibility to one's subordinates
[106] 扯淡	chědàn	divaguer
		nonsense
[107] 拜寿	bàishòu	présenter ses compliments à l'anniversaire de qqn.
		congratulate an elderly person on his (or her) birthday
[108] 弦外有音地	xián wài yǒu yīn de	sous-entendu
		implicitly
[109] 火箭干部	huǒjiàn gànbù	un cadre qui est promu trop rapidement
		a cadre who has been promoted too fast
[110] 均衡	jūnhéng	équilibre
		equilibrium

[111]	有节奏的	yǒu jiézòu de	rythmique
			rhythmical
[112]	标准化	biāozhǔnhuà	standardisation
			standardization
[113]	系列化	xìlièhuà	systématisation
			systematization
[114]	通用化	tōngyònghuà	universalisation
			universalization
[115]	懵	měng	pétrifié
			puzzled
[116]	打砸抢	dǎ zá qiǎng	battre, briser, prendre de force
			beating, smashing and looting
[117]	整	zhěng	critiquer et déshonorer
			make someone the target of criticism
[118]	编笆造模	biān bā zào mó	inventer
			fabricated
[119]	倒台	dǎotái	tomber, ici perdre son pouvoir
			fall from power
[120]	胆识	dǎnshí	courage et connaissances
			courage and insight
[121]	卫星	wèixīng	satellite
			satellite
[122]	飞船	fēichuán	vaisseau spatial
			space shuttle
[123]	宇宙空间	yǔzhòu kōngjiān	espace
			space
[124]	大逆不道	dànìbúdào	acte de rebelle

treason and heresy

[125] 权力欲　　　quánlìyù　　　ambition du pouvoir
　　　　　　　　　　　　　　　aspiration for power

[126] 玩味　　　　wánwèi　　　　savourer
　　　　　　　　　　　　　　　ponder

[127] 形而上学　　xíng'érshàngxué　métaphysique
　　　　　　　　　　　　　　　metaphysics

[128] 一勺烩　　　yìsháorhuì　　　mettre tout le monde sur le
　　　　　　　　　　　　　　　　même plan sans faire la
　　　　　　　　　　　　　　　　distinction
　　　　　　　　　　　　　　　dismiss a whole group from
　　　　　　　　　　　　　　　　office without distinguish
　　　　　　　　　　　　　　　　good from bad

[129] 滑头　　　　huátóu　　　　astucieux
　　　　　　　　　　　　　　　slippery

[130] 一朝天子　　yìcháo tiānzǐ yìcháo　à nouvel empereur nouveaux
　　　一朝臣　　　chén　　　　　ministres
　　　　　　　　　　　　　　　Every new chief would bring
　　　　　　　　　　　　　　　　in his (her) own followers.

[131] 掣肘　　　　chèzhǒu　　　　mettre obstacle à
　　　　　　　　　　　　　　　make things difficult

[132] 二五眼　　　èrwǔyǎn　　　　incapable
　　　　　　　　　　　　　　　an incompetent person

[133] 一个萝卜　　yí ge luóbo dǐng　chaque poste est occupé par
　　　顶一个坑　　yí ge kēngr　　　une personne appropriée
　　　　　　　　　　　　　　　have each post occupied by
　　　　　　　　　　　　　　　　a competent person

[134] 说一不二　　shuōyībú'èr　　　n'avoir qu'une parole
　　　　　　　　　　　　　　　mean what one says

270

[135]	拍板	pāibǎn	décider
			have the final say
[136]	许愿	xǔyuàn	promettre
			promise somebody a reward
[137]	正儿八经	zhèng'erbājīng	honnête
			decent
[138]	泼辣	pōlɑ	mordant
			bold and vigorous
[139]	蹊径	xījìng	nouvelle voie
			new trail
[140]	栽跟头	zāi gēntou	subir un échec
			suffer a setback
[141]	捉弄	zhuōnòng	jouer un tour à
			embarrass
[142]	把柄	bǎbìng	point faible
			handle
[143]	锻件	duànjiàn	pièces forgées
			forged pieces
[144]	转子	zhuànzǐ	rotor
			rotor
[145]	心照不宣	xīnzhàobùxuān	tacite
			tacit
[146]	下线	xiàxiàn	installer les bobines élémen-
			taires
			make coils
[147]	执拗	zhíniù	têtu
			stubborn
[148]	原告	yuángào	plaignant
			plaintiff

271

[149]	开门红	kāiménhóng	avoir un bon début
			make a good beginning
[150]	击穿率	jīchuānlǜ	taux de rupture
			the puncture rate
[151]	挂钩	guàgōu	entrer en contact avec
			get in touch with
[152]	绝食	jué shí	faire la grève de la faim
			go on a hunger strike
[153]	悉听尊便	xītīng zūnbiàn	comme vous voulez
			do what you like
[154]	俯就	fǔjiù	condescendre
			accommodate oneself to
[155]	哼哼叽叽	hēngheng-jījī	murmurer
			talk ambiguously
[156]	合同	hétong	contrat
			contract
[157]	请行	qǐng xíng	demander de partir en mis-sion
			apply for a business trip
[158]	走后门	zǒu hòuménr	par piston
			get things done through con-nections
[159]	铁腕	tiěwàn	main de fer
			iron hand
[160]	捅漏子	tǒng lòuzi	causer des ennuis
			make mistakes
[161]	顶牛	dǐngniúr	être en dispute avec qn.
			be rebuffed
[162]	折服	zhéfú	être convaincu

be filled with admiration

[163] 窝囊废　wōnangfèi　andouille
worthless wretch

[164] 匿名信　nìmíngxìn　lettre anonyme
anonymous letter

[165] 老谋深算　lǎomóu-shēnsuàn　expérimenté et astucieux
experienced and astute

[166] 活泛　huófan　vivifier
vitalized

[167] 撸头盖脸　lūtóu gàiliǎn　assener un coup rude à la
tête de qn.
pour upon someone

[168] 怒不可遏　nùbùkě'è　dans un accès de colère
boil with rage

[169] 讲义气　jiǎng yìqì　être loyal (envers ses amis)
be loyal (to one's friends)

[170] 扯皮　chěpí　disputes interminables
dispute over trifles

[171] 黑头　hēitóu　masque noir
a male character type in
Beijing opera

[172] 来两口　lái liǎngkǒur　chanter
sing

[173] 裘派　Qiúpài　l'école Qiu (Shengrong) dans
l'opéra de Pékin
a school in Beijing opera

[174] 包龙图　Bāo Lóngtú　Bao Zheng (999-1062), fonc-
tionnaire intègre de la
Dynastie des Song

[175] 开封府　　**Kāifēng fŭ**　　an upright official in the Song Dynasty
préfecture de Kaifeng (dans la province du Henan)
the Prefecture of Kaifeng (in **Henan Province**)

张 洁

当代女作家，辽宁抚顺人，1937年生，1960年毕业于中国人民大学。曾在机械设备成套总局工作。1978年开始创作，第一篇小说《从森林里来的孩子》被评为全国优秀短篇小说，以后又写了《有一个青年》、《非党群众》等许多小说以及电影剧本《寻求》、《我们还年轻》等。短篇小说《爱，是不能忘记的》和长篇小说《沉重的翅膀》是她的代表作。

谁生活得更美好

谁生活得更美好？人们恐怕不会认为公共汽车售票员的工作是美好生活的象征。小说以动人的笔触揭示了美好的生活是属于那些热爱平凡的工作、毫无市俗气、充满心灵美的人们。小说发表在1979年7月15日的《工人日报》上。

* * *

1176号汽车上新换了一个售票员。

售票员姑娘生得那么纤巧、那么单薄，象个不经折腾〔1〕的玻璃人。每当她吃力地在人缝里挤来挤去卖票的时候，施亚男不由地〔2〕担心：会不会把她挤碎了？而吴欢就会想：少卖一张票又怎么样？汽车公司绝不会因为这几分钱发财或者倒闭，何必这么小家子气〔3〕？

她的嘴角有点上翘，总象是在微笑。长在她那瘦削而苍白的脸上的那双眼睛显得深邃〔4〕而动人，好象它的焦点〔5〕总没有落在眼前的人或物上，而是落在更远一点的什么地方，给人一种若有所思的、梦幻般的感觉。

当那双若有所思的、梦幻般的眼睛文静地瞧着你，彬彬有礼〔6〕

地询问你去哪里，要不要买票的时候，人们不由地就会想起久已被人遗忘的教养和礼貌。不管刮多大的风，下多大的雨，她从不偷懒、马虎[7]，总是下车收票，还用她那细瘦的胳膊，用力地推着乘客的后背，帮着他们挤上汽车。

售票员繁重的工作显然使她有些力不胜任。就是在这还离不开棉衣的初春天气，她那可爱的小鼻子尖上也会凝着细小的汗珠，一缕额发也会凑热闹似的从卡子上滑落下来，遮住她的眉毛，挡住她的眼睛。假如不是因为和她素不相识，也许有人会温存地帮她把这缕额发撩[8]上去。

在她面前，小伙子们不知为什么感到拘束。只有吴欢，象往常一样，向他的同伴刻薄地品评着刚从后门上车的一个小青年："瞧那个'土鳖'[9]，身上那件西装准是刚从委托商店[10]买来的！"

几个小伙子笑了，并且有点感谢吴欢把他们从那种拘束的感觉里解脱出来。

施亚男朝售票员姑娘瞟了一眼，她什么也没有听见，正在专心地数着毛票[11]，给乘客找着零钱。她带着的那双尼龙手套显出饱经沧桑[12]的样子，食指和拇指间的两侧都已经磨破了，露出了她那纤细的手指。

要是他没有看错，好象吴欢也很快地、几乎让人察觉不出来地瞟了售票员姑娘一眼。

厂子里的青年们各有各的"小集体"。这种结合，是生活自然筛选的结果。施亚男他们这个"集体"，绝不同于那些"土鳖"。他们从不跟在姑娘的后头吹口哨、起哄，或者怪声叫好；也不会用那些不伦不类[13]的穿戴把自己打扮得非常寒伧，比起那帮"小市民"，他的趣味似乎高雅多了。

有谁能象吴欢那样经常捧着一本斯宾诺沙[14]的书？不过人们并不知道，他之所以读那些书，多半是因为它晦涩[15]、难懂！光凭这晦涩、难懂，就会让人感到他趣味高雅，思想深奥。别管我们这个纷绘的地球上发生了什么，也休想让他愤怒地慷慨陈词〔16〕；或是改变一下他那有板有眼〔17〕的生活秩序，让他夜不成寐、茶饭无味，或是惹得他洒下一滴同情的泪。要是施亚男为电影或小说中主人公的命运长吁短叹，几乎忍不住自己的眼泪，他便会打着哈欠，不以为然地耸耸肩膀说："何必动真的呢？"就连越南侵略柬埔寨，他也不过是三年早知道地说上一句："我早就估计到了！"也就没有下文了。

说到人生，说到人间的烟火味儿，吴欢总是现出深恶痛绝的样子，鄙夷〔18〕不屑地挖苦一通，样样事情他都看着不顺眼，好象他还没出生以前，这个世界就欠了他什么！

施亚男在吴欢面前，常感到自己粗鄙、庸俗，因为他不能象吴欢那样，做一个清心寡欲〔19〕、悲观厌世的道学家〔20〕。他是那么喜爱光线、色彩、音响……一切有情致的生活琐事：哪怕是春节举行的环城赛跑；邮局门前买《广播节目报》的长队，甚至发生在这拥挤不堪的公共汽车上的小插曲……他还不喜欢吴欢那录音磁带上香港歌星梦菲菲演唱的什么《蓝耳环》、《出人头地》之类的流行歌曲，每唱一个字，就象狠狠地咬下一口艮萝卜〔21〕。可是他从不好意思流露出来，因为那准会让吴欢觉得他"嫩"，嘲笑他还够不上一个男子汉。

男子汉？男子汉！为什么今天吴欢交给他那封信的时候，他的脸竟象进了油锅的大虾，"刷"地一下子来了个"大烧盘"〔22〕？

他觉着别扭透了。脸红什么哟！这一脸红，吴欢会想到哪儿去呢？

看着他那绯红的脸，吴欢淡淡地问："谁来的？"

施亚男就连一句搪塞的话都想不出来。

"情书？我怎么不知道你什么时候有了女朋友？"

施亚男不置可否地笑了笑。姑且〔23〕让他以为是情书吧，那也比让他知道真正的底细更好。要是吴欢知道了他背地里偷偷地写诗，他会怎样地取笑他哟！

等到只剩下施亚男一个人的时候，他才掏出那个中式信封，长久地瞧着那遒劲〔24〕的笔迹和信封下面的落款〔25〕。仿佛他所崇拜的这位作者就站在他的面前一样，他感到欢悦，惶惑〔26〕，甚至还有点不知所措。他并不认识这位作者，不过是在报刊上读到过他写的诗。那些诗，象一阵清新的风，拂动了张在他心上的那些弦。弦上颤动起一片微弱的和弦〔27〕。唯恐这和弦会随风消散，他匆忙地记录下来，寄给了这位作者。他没有想到，他那封唐突〔28〕的、充满孩子气的冲动的信，竟然得到了作者诚挚的回答：随便什么时候他都可以去找他一同探讨诗歌的创作问题。但是，一想到真要把他那蹩脚的诗文放到这位有才华的作者面前，他便感到了一种赤身裸体似的羞愧，失去了求教的勇气。

车上忽然显得拥挤起来。一位老大妈要买一张到西单商场的票，售票员姑娘正在默想着该卖多少钱一张的票，旁边一个快嘴的小痞子〔29〕说道：“一毛一张！”

买票的人太多了，售票员姑娘没来得及细想，正准备撕下一张一角钱的车票，吴欢低声说道：“不是一毛，是五分！”她眨巴着眼睛想了想，立刻涨红了脸，她害臊了：因为忙乱，差点卖错了票。她感激地瞧了瞧吴欢，嘴角往上翘得更厉害了。

快嘴的小痞子怪模怪样地笑着，吴欢往他跟前凑了凑，对方一看见吴欢那运动员似的体魄，立刻收敛了脸上的那副怪相。

施亚男不得不佩服吴欢，一切对他都显得那么容易，就连取得一个姑娘的好感也是那么轻而易举。

可是，吴欢为什么又朝大伙得意地、甚至是卖弄地一笑呢？施亚男想起了平时吴欢那种讲究“门第”〔30〕的根深蒂固的观念。于是，吴欢的笑容，在施亚男的心上引起了一种近乎忧郁的感觉。

日子一天天地过去。售票员姑娘和他们全都熟悉了。要是他们当中有谁没赶上这趟车，虽然她并不说些什么，可她的眼睛里就会流露出一种十分关切的神情，好象在问：“怎么没见那个穿皮夹克的小伙子呢？他是不是病了？”虽说如此，到了查票的时候，却是不肯含糊，认真得有点死心眼儿〔31〕。吴欢似乎有意拿她的死心眼寻开心，从来不肯老老实实地拿出他的月票，一定要她问上几句：“同志，您的票呢？”吴欢这才慢吞吞地去摸口袋。他或是把工作证拉到衣袋边上虚晃一枪〔32〕，或是挥挥钱包搪塞一下，总是这么来来回回折腾一通，才会把月票掏出来。

可是，等到他来了兴致，他又会变得象个天使。帮她维持车内的秩序；帮她给坐在远处的乘客传递车票和车钱，留神着下车的人是不是都有车票……这一切他都做得那么自然，那么随便，使那些想为售票员姑娘做些什么却又羞于失去男性尊严的小伙子们自叹不如。不过这种骑士般的行为让施亚男看来总有一种做游戏的味道，或是使他想起戏剧学院表演系的学生所做的小品〔33〕。

为了要乘她当班的这趟车，吴欢甚至改变了总是迟到的习惯，特意早早地等在总站；下班之后也不象过去那么急于回到舒适的家，而是站在风地里，在汽车站上空空地放过一辆又一辆公共汽车，直到1176号汽车来了才肯上车。慢慢地，大伙全都和他开起玩笑来，除了施亚男，谁都以为他已经掉进了情网〔34〕，照一般人那样地爱上她了。这些玩笑，不但不让施亚男觉得好笑，反而在他的心里激起一种无名的恼怒，好象他们全都污辱了那位可尊敬的、和善的、诚恳的售票员姑娘。

吴欢嘻笑地问他：“你怎么了？”

“没什么。你——当真要和她怎么样吗？”

“什么怎么样？不怎么样！”然后又象大人捉弄孩子似地问道：“你希望我怎么样呢？”

施亚男一直记得小的时候，有一年夏天，爸爸带他到海滨去休假。海水涨潮又落潮，一颗特别美丽的贝被潮水偶然地遗忘在海滩上，它也许曾经期待着另一次潮水，再把它带回大海，可是没有等到，就被贪玩的他拣走了。离开了大海的滋养，美丽的贝很快地便失去了生命。那种扼杀了一个美丽的生命的犯罪感，曾长久地留在施亚男的心上。要不是一个偶然的机会昭示了他，施亚男真不知道这种忧郁会在他的心里纠缠多久。

当施亚男从美术馆里的一幅画前走开，准备从远处欣赏一下整幅画面的情调时，一个姑娘挡住了他的视线。他移动了几步，换了一个角度，他的眼睛掠过了她的侧面，他认出那正是售票员姑娘。说不出是因为什么原因的驱使，整整一个下午，他悄悄地跟在她的身后，显然，她喜欢那些朴素的牧歌式的田园风光：银色的月光下象梦幻似的田野；浓密的树荫下低头吃草的小牛犊；轻拂〔35〕在流水上的垂柳；雨水洗净后的天空，随着轻风飞向蓝天的蒲公英〔36〕的冠毛……那些画面，给了她说不尽的美的享受。要是有哪位画家画下她这副神态，准会是张挺美的画。施亚男意识到，不论是吴欢，还是别的什么人，是绝对破坏不了这幅画面上的情调的。

她走了。施亚男把她喜爱的那些画面看了又看，他没有想到这个外表那么平常的卖票的姑娘，竟然会有这么高的美的鉴赏力。他想起每天早上发车，她咬着最后几口油饼踏上汽车的时候，从吴欢的脸上不知不觉地流露出来的那种怜悯的笑容。凭那笑容，施亚男心想：吴欢在家里大概刚刚吃过涂着黄油的面包，喝完加了可可的牛奶或者别的什么；可是他因此就会比吃油饼的姑娘变得更加高贵、优雅吗？

下午，吴欢显得有点神不守舍〔37〕，他不知道自己昨天发出的那个信号，售票员姑娘会做出什么样的反应。他不信那个姑娘不会被他所引动。不是吗？生活为他开放着一连串通行无阻的绿灯。

他想起施亚男曾经问过他的那句傻话："你——当真要和她怎么样吗？"

怎么样呢？要说他爱那个售票员姑娘，还不如说是一种不可遏制的想要征服她的欲望。凭什么她对他象对一切人一样：亲切、友好而礼貌，就象对她每天换着上下车，给找座位的那个在丰盛胡同上车又在西单下车的、跛足的男孩子？凭什么从第一天起，她就没有留心到他想要引她注意的那种努力呢？生活不是对他应允了比别人多得多的权利吗？

下汽车的时候，吴欢匆匆地对施亚男说："你先走吧，我昨天大概把书忘在车上了，我得去找找！"

看着施亚男换了汽车，吴欢三步并作两步折回1176号汽车。售票员姑娘正在打扫车厢。她猛一抬头，发现吴欢正热辣辣地瞧着她。

"你昨天在车上拣没拣到一本书？"

"什么书？"她例行公事〔38〕地问着，好象早就知道会有这么一出戏似的。

"《红楼梦》第一卷！"

"写名字了吗？"

"有印章：吴欢！"

"啊，有的！"她走到汽车前头，从挂在一个钩子上的书包里拿出那本书，还给了吴欢，然后又接着扫起地板来。

吴欢急忙翻开那本书，那封没有抬头〔39〕、没有封口的信，仍然夹在书里。他思忖着：她究竟看过这封信没有？如果她没看过，她为什么不把书交到失物招领处去呢？那就是说她看过。她特意留下了这本书，就是等着他来询问的！既然这样，为什么她不把信收起来呢？

"同志——"

"您还有什么事？"

"你怎么没把这书交到失物招领处去？"

"我想也许有人会到这里来领取。"

"你难道没注意？这里面夹着一封给你的信！"

她的眼睛不象别的姑娘在遇到这种事情的时候总是扭捏〔40〕或羞涩地躲闪开去，而是直视着吴欢的脸，平时总是那么和善而文静的面孔变得十分严峻，但是，语调却相当和缓："您不觉得这很荒唐吗？就算是您不肯尊重自己，那也是不应该的，更何况是不尊重别人。你记着，什么时候也不要使自己变丑呀！你瞧，我也许说多了，不过请您理解，我的愿望是好的！"

吴欢到底比那些"土鳖"高雅，他甚至还象从前一样帮助售票员姑娘，但是，这做出来的热情，并不能掩盖他那烦躁而郁闷的情绪。

有谁招了他惹了他呢？没有，倒是他想招惹她，却又在她面前遇到了从未有过的失败。所有的经验全象碰在一堵弹力〔41〕很好的橡皮墙上：他虽然可以不费什么周折地占有许多、许多，却占有不了她的尊严、她的渴慕，甚至她的目光。这让他感到那样地难以忍受。他不明白那使她得以抗拒他的东西是什么，到底应该怎样做才能显得比她高一筹？他决意要挽回这种竟然使他感到自己不行的局面。他想，哪怕是激怒她，也是他的一个胜利，毕竟他还可以在她那里占有一样东西：她的激怒！

简直就象有个魔鬼在他的心里施了什么法术〔42〕，他忘记了自己平时处处留心保持着的"风度"。

月初，通常是售票员姑娘查票查得比较紧的日子。可吴欢下车就走，根本不理睬售票员姑娘请他出示月票的要求。她急匆匆地赶上去："您的月票呢？"

吴欢挑衅似地说："没有！"

施亚男沉不住气了："谁说没有，你不是买月票了嘛！"吴欢并不理他，甚至连看都没看他一眼，只是咄咄逼人〔43〕地盯着售票员姑娘。

她立刻明白了他心里翻腾着的那些东西。于是，她比平时多说了几句，象是在宽慰他，又象是在申明她那一如既往〔44〕的态度："怎么会没有呢？您拿出来瞧瞧不就得了吗？下车查票，都是应该这么做的！"

可是这番友善的愿望却遭到了吴欢的拒绝，他仍然固执地说："没有就是没有！"

售票员姑娘严肃地说："那就只好请您补票了！"

"多少钱？"

"五角。"她不得不对"有意不买车票"的吴欢进行罚款。吴欢从口袋里稀里哗啦〔45〕地掏出一大把钢镚儿〔46〕。他一定早就有意地准备好了这场恶作剧。

她没有接住。不管有意还是无意，反正〔47〕，小钱撒了一地。

施亚男平生头一次产生了想要揍人的欲望，他真想按着吴欢的脖子让他从地上拾起那些小钱。

一位戴着深度近视眼镜的老人，拄着拐杖颤巍巍地走过来，站在吴欢的面前，象是在宣读一篇科学论文，庄重地对他说："小伙子，我可惜，可惜你的心，怎么不象你的脸那么漂亮！"

而那张漂亮的脸，神经质地抽动着，带着鄙夷的微笑，冷冷地看着售票员姑娘认真地一枚一枚地数着小钱。就象旧社会里，那些有钱的施主〔48〕看着那些告帮〔49〕的穷人。施亚男不知道吴欢是从哪里拣来了这种肮脏的意识，使他感到由衷的厌恶，也使他对售票员姑娘产生了由衷的尊敬：如果不是为了职守，她有什么义务要看这份脸色，受这种侮辱呢？

售票员姑娘从那把钢镚上抬起头："喏，还多出七分！"说着，她便把多出的钱递给吴欢。

"我不要了！"

"那是您自己的事情！"她把七分钢镚放在马路沿上，便转身上车了。

他想做的，他全做了。可为什么却没有感到发泄后的痛快和满足，反而浑身上下，从头到脚都感到了一种难以言表的疲惫和空虚〔50〕？

尽管吴欢不动声色，施亚男却看得出来，在这场角斗中，他被那娇小的姑娘击败了。

"这是何苦〔51〕呢！"施亚男问吴欢。

吴欢振作起自己的精神说："花这么几角钱，瞧她表演一下小市民的趣味不是挺合算的嘛！"

"小市民？"要是在以前，施亚男说什么也不愿伤了他和吴欢之间的和气，可现在，一股怒气从他的心里升腾起来，他已经顾不上那许多了："我看没准咱们才是小市民！别看我们平时温文尔雅〔52〕地坐在沙发上谈谈哲学、音乐，弹弹吉他〔53〕，听听录音磁带，甚至不屑于吃小摊〔54〕上的油饼……可这一切不过都是一种装饰！是极力掩盖我们身上那股浓厚的小市民气息的装饰，我们自以为高雅的那一套，其实都是陈腐得不得了的东西……"他看见了吴欢的神情，立刻停住了自己滔滔不绝的话头。要是吴欢看见太阳突然变成了月亮，月亮突然变成了太阳，也不过会显出如此这般的神情吧？！

在这以前，施亚男一直以为他们的关系是建立在一块非常牢固的基础上。原来这一切都不过是一场误会。他们不过是站在一条结着厚冰的河上，等到春天一来，和暖的风儿刮了起来，低头一看，那坚厚的冰河已经溶化，他们却站在两块并不联在一起的冰块上，溶化了的河水还会把他们冲得越来越远……

天色暗下来了。他们无言地沿着停车场的环形广场走去。谁也不想说什么了。他们知道，语言、情感都已随着他们之间那条不结实的纽带〔55〕断裂了，失去了。

施亚男猛然站住，他再也不羞于自己的"嫩"了。他把想要用在拳头上的力量全都压进了这最简单的几个字："太可耻了！"然后立即返回停车场去。他想对售票员姑娘说——说什么呢？

吴欢说过，女性是一种脆弱的生物，而漂亮的女性尤其如此。

施亚男看见，她还坐在那辆空荡的、等着再次发车的车厢里，在暮色里低垂着她的头。他想她一定在哭泣，他甚至听见了她轻轻的抽泣声。要不是怕她误会他是一个趁火打劫〔56〕、想要得到她的垂青〔57〕的无赖，他准会替她擦干眼泪，对她说："还有很多人尊重售票员那平凡而高尚的劳动……"

一辆汽车悄然驶过，车灯照亮了她的脸。施亚男这才看清，她不但没有哭，而且正沉缅在什么想象之中。从她的脸上的神情可以看出来，她的思维正在遥远而又美丽的地方漫游着……施亚男明白了，人的意志和坚强在于自身内心的平衡。脆弱的生物不是她，而是吴欢，也许还有他自己！他悄悄地离开了。

他在淅沥〔58〕的雨声里信步走着。一面听着雨滴噗噗簌簌〔59〕地敲打着阔大的白杨树叶，一面想着人们从生活这同一源泉里却搜取〔60〕了怎样不同的东西。他的心里忽然升起了一种热切的愿望，想要把这迟迟才意识到的东西说给那位可尊敬的写诗的朋友。

星期天傍晚，施亚男顺着一排排简易楼房走着。他难得有机会到这种住宅区来。这里因为没有完善的排水渠道，楼与楼之间的泥土地上积着一汪汪的〔61〕洗菜或者洗衣的脏水，几个小男孩扯着嗓子正在对骂……而住在这样一个环境里的那位作者却总是看到光明，写出了那样清新、深邃、充满生活情趣而又富于哲理的诗篇，这是多么了不起的、可贵的气质！

他很快就找到了那个要找的门牌号码。

门开了。他不明白为什么那个售票员姑娘竟然出现在他的面前。

她笑着招呼他："是您？您好！您找谁？"

他结结巴巴地说："我找田野同志！"

"我就是！"

不论施亚男的想象力多么丰富，多么浪漫，他还是不能很快地把心中想象的诗人形象和这个姑娘的形象捏在一块。他原以为他是一个上了年纪的专业作家，却没想到竟是这样一个年轻的业余作者〔62〕。

"您有什么事吗？"

施亚男不知道他当时为什么撒了那么笨拙的一个谎："我是施亚男的朋友，正巧到这附近办点事，他让我给您捎个信，过些日子想来拜望您，不知您什么时候有空？"

她那聪慧的眼睛里充满了谅解和体贴："下个星期我上早班，晚上都在家，请他随便哪一天来都行！您不进来坐会儿吗？"

施亚男更慌了："啊，不，不……以后有空再来，再见！"

"再见！"

"哗"地一声，有人从楼上倒下一杯残茶，端端正正地淋在了他的头上，他不但没敢抬头瞧一瞧那位泼茶的人，甚至也没顾上揩一揩顺头往下流着的水珠，逃也似地离去了。

一直跑到家里他才意识到自己的愚蠢，她不会不知道他就是施亚男，难道吴欢没有在汽车上招呼过他的名字！

他再也没有勇气搭乘1176号汽车了。不知为什么他总觉得吴欢的那些表现，仿佛也都有他一份似的，别管工厂离家多么远，他决心以后骑车去上班。

天天，他都能看见1176号汽车从他的身旁驶过。逢到这时，他便在心里默默地说："可尊敬的朋友，等到我离你更近一点的时候，我一定去看望你。而现在，我还不能！"

译　注

[1] 不经折腾	bù jīng zhēteng	fragile
		fragile
[2] 不由地	bùyóude	ne pouvoir s'empêcher de
		can't help
[3] 小家子气	xiǎojiāzi qì	mesquin
		stingy
[4] 深邃	shēnsuì	profond
		thoughtful
[5] 焦点	jiāodiǎn	point focal
		focus
[6] 彬彬有礼	bīnbīnyǒulǐ	être poli (courtois, affable)
		refined and courteous
[7] 马虎	mǎhu	tant bien que mal; comme ci comme ça
		careless
[8] 撩	liāo	relever
		hold up
[9] 土鳖	tǔbiē	tortue molle; ici campagnard

clodhopper

[10] 委托商店　wěituō shāngdiàn　magasin qui fait l'occasion;
bric-à-brac
secondhand shop

[11] 毛票　máopiào　monnaie
bills of ten, twenty or fifty
cents

[12] 饱经沧桑　bǎojīng-cāngsāng　avoir une longue expérience
de la vie
weather-beaten

[13] 不伦不类　bùlúnbúlèi　n'être ni chair ni poisson
neither fish nor fow

[14] 斯宾诺沙　Sībīnnuòshā　Baruch Spinoza (1632-1677)
Baruch Spinoza (1632-1677)

[15] 晦涩　huìsè　obscur
obscure

[16] 慷慨陈词　kāngkǎi-chéncí　parler avec exaltation
present one's views vehemen-
tly

[17] 有板有眼　yǒubǎn-yǒuyǎn　d'une manière ordonné
orderly

[18] 鄙夷　bǐyí　avec mépris
look down upon

[19] 清心寡欲　qīngxīn-guǎyù　puritain; sans désir
puritanical
with few desires

[20] 道学家　dàoxuéjiā　taoïste
taoist

[21] 艮萝卜　gěn luóbo　navet

			turnip
[22]	大烧盘	dàshāopán	rougir
			red plate
[23]	姑且	gūqiě	temporairement
			tentatively
[24]	遒劲	qiújìng	vigoureux
			vigorous
[25]	落款	luòkuǎn	signature
			signature and address of the writer of a letter
[26]	惶惑	huánghuò	perplexe
			perplexed
[27]	和弦	héxián	accord
			chord
[28]	唐突	tángtū	brusque; offensant
			brusque
[29]	痞子	pǐzi	canaille; voyou
			ruffian
[30]	门第	méndì	rang social de la famille
			family status
[31]	死心眼儿	sǐ xīnyǎnr	têtu
			one-track minded
[32]	虚晃一枪	xūhuǎng-yìqiāng	feindre de faire qqch
			pretend to do something
[33]	小品	xiǎopǐn	une représentation dramatique, courte et simple
			a short, simple drama show
[34]	情网	qíngwǎng	amour
			love

[35] 轻拂	qīngfú	caresser
		stroke
[36] 蒲公英	púgōngyīng	pissenlit
		dandelion
[37] 神不守舍	shénbùshǒushè	être hors de ses sens
		be upset
[38] 例行公事	lìxíng gōngshì	formellement
		as a matter of routine
[39] 抬头	táitóu	appellation et l'adresse d'une lettre
		the addressee of a letter,
[40] 扭捏	niǔnie	timide
		shy and timid
[41] 弹力	tánlì	élasticité
		elastic
[42] 法术	fǎshù	magie
		magic
[43] 咄咄逼人	duōduō-bīrén	agressif
		rudely and aggressively
[44] 一如既往	yìrújìwǎng	comme toujours
		as usual
[45] 稀里哗啦	xīlihuālā	*onomatopée*
		onomatopoeia
[46] 钢镚儿	gāngbèngr	pièce de monnaie
		coin
[47] 反正	fǎnzhèng	n'importe comment
		anyway
[48] 施主	shīzhǔ	bienfaiteur
		benefactor

[49]	告帮	gàobāng	demander secours
			beg going for help
[50]	空虚	kōngxū	vide
			void
[51]	何苦	hékǔ	à quoi bon faire qch.
			why bother ...
[52]	温文尔雅	wēnwén'ěryǎ	gentil et cultivé
			gentle and cultivated
[53]	吉他	jítā	guitare
			guitar
[54]	小摊	xiǎotān	étal
			stall
[55]	纽带	niǔdài	attache; lien
			tie
[56]	趁火打劫	chènhuǒ-dǎjié	piller une maison en feu; ici profiter de la situation difficile de qn pour atteindre son but
			make profit out of those suffering a crisis
[57]	垂青	chuíqīng	estime; appréciation
			appreciation
[58]	淅沥	xīlì	*onomatopée*
			onomatopoeia
[59]	噗噗簌簌	pūpū sùsù	*onomatopée*
			onomatopoeia
[60]	攫取	juéqǔ	s'emparer de
			absorb
[61]	一汪汪的	yì wāngwāng de	spécificatif pour liquide

290

[62] 业余作者　　yèyú zuòzhě

puddles (of water)
auteur amateur
amateur writer

王　蒙

当代著名作家。河北南皮县人，1934年生，14岁时参加当时处于秘密状态的中国共产党。北京解放后调中国共青团北京市委工作。五十年代初创作了长篇小说《青春万岁》。1956年发表了著名的短篇小说《组织部新来的青年人》。1963年调新疆文联工作。1979年调北京市文联从事专业创作。发表了《说客盈门》、《风筝飘带》、《春之声》等很多作品。中篇小说《蝴蝶》是他的代表作。现任中国作协副主席、文化部部长。

说客〔1〕盈〔2〕门

一个合同工由于不遵守劳动纪律被除名，本无可非议，然而由于他是某县委领导的表侄，竟引起了一场轩然大波。作者运用夸张、讽刺手法揭露了社会上这一种不正之风，同时着力刻画了敢于斗争的丁一同志。小说于1980年1月12日发表在《人民日报》上。本篇选自《1980年短篇小说选》，人民文学出版社出版。

　　* 　　* 　　*

一、他是谁

他崇尚〔3〕俭朴，连姓名也简单到了姥姥家〔4〕。四六年他到达解放区以后，更名为丁一。他起这个名字的时候，还没有时兴按姓氏笔划为顺序排列主席团名单。再说，除了在"史无前例"的那些年〔5〕表演那种时髦的腰背屈俯柔软操〔6〕以外，他也没上过主席台。

他的身材、相貌、嗓音是那样平常，又总是数十年如一日地穿着那身国家标准的6——乙号蓝华达呢干部服。以致多感的人犯愁：假如他进城去百货大楼，汇合在熙熙攘攘[7]的人流中，会不会搞得即便他老婆亲临也难以把他辨认出来呢？

幸好他还有两个细微的特点——看来完全消除一个人的特点也实在不易。一是后脑勺大一些。一是常皱着眉头。"上纲家"[8]曾经分析：那后脑勺是魏延[9]遗传下来的反骨[10]，而眉之皱，乃是阴暗心理的外露。

他心眼儿死[11]。农村工作，曾经有个不成文的规矩：年初一本账——计划、指标、保证、豪言壮语；年终一本账——产量、入库量、缴售量、产值[12]。这两本账是不兴[13]放在一块儿比较、查对的。可是丁一不，他偏要比、偏要对、偏要查、偏要刨根问底[14]。如果他仅仅去责问社、队干部事情还好办，他竟然带着各种账本去追究县委和地委。这事发生在一九五九年。于是全县和全专区的阶级斗争形势一下子就紧张起来，到处抓激烈、复杂、尖锐的阶级斗争动向。他挨批[15]、被打上"右"字[16]黑印不说，连各村戴帽地、富[17]及其子子孙孙，连省直机关[18]下放到这里劳动改造的右派分子们也都逐一表态、检查、交代，被帮助、被训诫[19]，被灵灵地一抓再抓。于是，不仅左派们对他义愤填膺[20]——一个女同志批判他的时候结合忆苦思甜，当场晕了过去。就连那些急于摘帽的划错了的和没有划错的"右派"们也发自肝肺地对他恨之入骨，认为没有他的话形势就会缓和，他们就会更快地回到人民队伍。就连当时是永无摘帽希望的地、富分子，也觉得他实在是背兴[22]，既非委任[23]也非荐任[24]，谁让他代理我们的？光代理地、富不算，他还要代理反[25]、坏[26]、右[27]和帝[28]、修[29]、反[30]呢！你那个德性[31]，代得过来吗？

从此，丁一每况愈下[32]，因而每下愈况，于是乎愈下而愈况，愈况而愈下，不知伊于胡底了。

总算，万事都有个了[33]，有个收。七九年一月，丁一落实到政策上去了。四月，参加革命三十余年、年逾[34]五十的丁一，恢复了党籍〔35〕，被任命为县属玫瑰香牌〔36〕浆糊厂〔37〕的厂长。

许多人向他道贺，他皱着眉说："贺什么？"更多的人为他不平，认为给他安排的官儿小了，他不等人家说完就转过了脸，只给人家一个后脑勺。有人说他"又翘尾巴〔38〕了"，也有人说他的尾巴就象孙悟空的那根旗杆一样，压根儿没有夹起来过。

他白天黑夜地在那个小小的浆糊厂里转，常常是满身的浆糊嘎巴〔3〕，发出一种颇不类于玫瑰香的气味。老伴骂他贱骨头〔40〕，他倒笑了。

所以他家一向客人不多。

二、被他摸了屁股的并不是老虎

他上任之后就发现了两大问题。这里用"发现"一词不当，因为这两个问题是秃子脑袋上的虱子——明摆着的。不如说是两个问题天天戳碰着他的眉心和后脑勺。一、做浆糊的副产品〔41〕——面筋〔42〕管理不善，明拿暗揣〔43〕，私分私卖，拉关系，搞交换，瘴气乌烟〔44〕。二、劳动纪律十分松弛，有人上班时间睡大觉，绊倒了没睡觉的检验工。于是，他与各方反复研究，做出有关规定和奖惩细则，公布施行。其实，也无非是一些人所共知的老话儿。

一个月过去了，五月份，该厂的一个合同工〔45〕，叫做龚鼎的，被他抓了典型。因为这龚鼎，一、连续四个月不请假不上班。二、大模大样地到工厂要面筋，不给就大吵大闹，打管理员。三、拒不到厂，拒不接受教育。于是，丁一要求党支部、团支部、领导小组、核心小组、工会、劳动组、政宣组、人保组、物质组、警卫组……讨论龚鼎的问题。虽然他一日三催，还是用了四十多天的时间。各种机构都同意了他的关于执行纪律的建议。六月二十一日厂里贴出布告：按照有关规定和细则，解除合同，将龚鼎除名〔46〕。

有几个人知道龚鼎是县委第一把手的表侄〔47〕，觉得这样处理不妥，但又不好张口。但毕竟只是表侄，所以终于公布了决定。

三、一场自发的心理战

上述布告公布三个小时以后，开始有人来找丁一。先是县委办公室的老刘。老刘五十七岁，一脸的和善之气，自称"广结善缘"[48]，"到处烧香"[49]，善搞"微笑外交"。他笑容可掬[50]地一只手搭在丁一的肩头，"老丁，你听我说。你抓厂子抓得不错呀！可这个龚鼎……"他放低了声音，说明了龚某人与县委书记的关系，然后说："当然罗，这与我们如何处理他是毫不相干的，你的处理是对头的罗，李书记如果知道，他也会感谢你的罗。我只是为你想。还是不要除名吧！除了名还不是在中国，在咱们县？我们还不是要管他，他还不是要去找李书记？算了算了，改成个警告吧……"诸如此类，诚恳耐心，说得丁一心眼儿真有点活动了，这时，县工业局周局长来了电话。声大气粗的周局长单刀直入[51]：

"你怎么搞的？你搞的是什么名堂？找谁开刀不行，专找县委领导的亲戚，这是什么意思？叫别人怎么想？怎么说？快改变决定！"

"不能改！"丁一大声说，挂上了电话。他板起脸，向老刘说："岂有此理！"

于是，说客陆续来访。傍晚，县革委会主任老赵来了。老赵是从打土改时就在本县工作的，在县里是一个最有根基也最有影响的人物，他矜持地、无力地和丁一握了一下手，然后踱着步子，并不正眼看丁一一下，开始做指示。他指示说：

"要慎重，不要简单化。现在人们都很敏感[52]，对于龚鼎的处理，将会引起各方面的注意。鉴于这一切，还是不除名比较有利。"

他没有再多说一个字。他认为这种书面批语式的指示已经够丁一用一个相当长的历史时期了。他悠悠地踱着步子，嚓[53]着牙花子[54]，慢吞吞地吐着每一个字。好象是在掂每一个字的份量，又象是在咂[55]每一个字的滋味。是的，他的话语就象五香牛肉干，浓缩[56]、醇厚[57]。

天黑了，回到家，老婆也干预起"朝政"[58]来了，当然，是带着打是疼、骂是爱的温情：

"你这个死老汉！现在的事情你难道还看不清楚吗，莫非说整天和浆糊打交道，你自己也变成了一摊糊涂浆子？你坚持原则？怎么没见选你当政治局委员？六六年你挨了打，屎都拉到裤里，这就是你的原则？你的原则就是你找倒霉不说，还让我们娘儿几个跟上受罪……"

老婆的话酸甜苦辣俱全。老婆还掉了泪，更是闪光的语言。丁一叹了口气，刚想解劝解劝，又来了新的说客。来客小萧，是被"踏上一只脚"时期〔59〕老丁的知己。小萧本是北大哲学系学生，上学期间就入了右册〔60〕，不知怎的混到本县交电公司，最近"改正"以后高升为采购员。他小矮个儿，大鼻子，奇丑〔61〕。历次运动，越整越喜笑，越整越机伶，越整越可爱。他声称他的人生哲学是人家打你的左脸你便伸过去右脸，右脸不挨打就决不还手。他还有个数字，说是用伸脸法处世〔62〕，成功率高达百分之七十七。

小萧一进门就带来了笑声、快乐。他先把丁一老两口因为心绪不佳而未能消受的饺子全部歼灭。然后周到地问候了丁一全家所有的有关成员，赞道："亲戚多，也是有福气啊！"然后，他宣称，不久就可把他们盼望已久的物美价廉的九英寸电视机买好、送来。接着，他讲起了县内外、省内外、国内外的各种趣事。逗得老丁一家老小笑得前仰后合。"喂，你怎么不去说相声？"丁一问。"我得照顾侯宝林〔63〕啊！谁让侯宝林是我表大爷呢！"一句话又是哄堂大笑。于是小萧抓住有利的战机，展开了冲锋。他说：

"你瞧你瞧，有一件小事差点让我给忘了。就是姓龚的那个小子。真他妈的不是玩艺儿！哪天见着，我非赏他两耳茄子〔64〕！可是老丁，你也别太激进〔65〕了啊！咱们在县里工作，一无地位，二无后台，三无物质，全靠的是关系。大人物靠权，小人物靠关系。大人物有了权就有了一切，小人物有了关系也能什么都有点，你再别那么死心眼儿了吧，几十年的教育，别的没学会，还没学会转弯子吗？……对，对，你甭解释了。通过了呀，公布了呀，可以改哟！宪法也可以改，毛主席写了文章也可以改，你丁厂长就比毛主席还厉害？就比宪法还厉害？去，去！把龚小子给我收回来，我说明白，这可不是他表大爷让我来的，是我自己要来的。我首先是为了你，其次，才是受龚小子之托，我说没问题，包在我身上，这点面子老丁还 能 不 给 吗？哈哈哈……"

如此这般，天上地下，冠冕堂皇〔66〕外加庸俗〔67〕低级，真真假假，拉拉打打，笑笑骂骂……

丁一事先并不知道龚鼎的表大爷是县委领导。对龚鼎的处理也不能说就毫无讨论的余地。但是接二连三的说客使他警觉起来：如果不是县委书记的表侄，能有这么多人劝他"慎重"、"不要简单化"、"考虑后果"……吗？这个问题出现在他那个魏延式的脑骨之间，变成了大脑皮层上的兴奋灶〔68〕，其他的讨论反而被抑制〔69〕住了。

他来了气，把小萧轰走了。

又过了两天，六月二十三日。是夏至刚过的一个炎热、夜短、多蚊、睡眠不足、食欲不振的星期天。头一个客人清晨四时半就搭便车来了，这个人是丁一的大舅子〔70〕，高个儿，戴眼镜，秃顶，五十年代曾在高级党校——那时叫马列学院学习，现在是专区党校的理论教员。是全专区最有水平、最有威望的理论工作者。听他讲辅导课，基层干部都变成了啄米的鸡，不住地点头。连同前两天累计，这是第十七位客人了。一进门，他就从理论的高度谈起：

"社会主义是一个过渡时期。这个社会的身上，还存在着资本主义的，乃至是前资本主义的瘢痕〔71〕。这是不可避免的、不以人们的意志为转移的。它是最为优越的，却又是还不那么成熟，不那么完善的。它是一个过程……"经过这么一番严密而又 抽 象 的推衍〔72〕以后，他说：

"所以说，领导人的权力、好恶、印象，是至关重要的，是不能漫不经心〔73〕的，是可能起决定作用的。我们是现实主义者，我们不是欧文、傅立叶式的空想社会主义者〔74〕，"（丁一想：我是空想社会主义者吗？这个帽子倒还轻松、舒适、戴上怪飘的。）"我们不是小孩子，我们不是迂夫子〔75〕。我们的社会主义是建立在我们脚下的这块虽然美好、却还相当贫穷落后、不发展的地面上的"，（丁一想：我什么时候想上天了呢？）"所以我们做事情的时候要考虑各种因素，用代数式来说，就是M种因素，而不是一种因素。世界愈复杂，N的数值愈大……所以，兄弟，你对于龚鼎的处理是太冒失了，你的脑子里少了几根弦"，（丁一想：你脑子里弦多，嘴巴上词更多！）"千万不要铸成大错。要有政治家的风度，要收回成命〔76〕，把龚鼎请回厂里来……"

说到这里，丁一的老伴连忙答腔："是啊，是啊！"并且喜形于色。丁一明白了，这位理论家，是他老伴搬来的救兵，为了说服他的。

听啊，听啊，丁一的胸口象被塞了一团猪毛，而脸上的表情呢，好象正在吞咽一条蚯蚓。他洗耳恭听〔77〕了整整一节——四十五分钟课，最后，他只问了一句：

"你刚才讲的这些个理论，在党校课堂上讲过吗？"

还好。猪毛仍然堵着，蚯蚓却回敬给大舅子了。

从此位理论家开始，到深夜一点四十九分，整整二十一个小时多，来的人就没断过。有的口若悬河〔78〕，转动着起死回生〔79〕之巧舌。有的正颜厉色〔80〕，流露着吞天吐地之威势。有的点头哈腰，春风杨柳，妩媚多姿。有的胸有成竹〔81〕，慢条斯理，一分钟挤出一两个字来，但神态上透露着一种不达目的决不罢休，不达目的宁可抱着丁一去跳山崖，决不允许丁一一家踏踏实实活下去的顽强劲儿。有的带着礼物：从盆花到臭豆腐〔82〕。有的带着许诺：从三间北房到一辆凤凰——18锰钢自行车。有的带着威胁——从说丁一自我孤立到说丁一绝无好下场。有的从维护党的威信——第一把手的面子出发。有的从忧虑丁一的安全、前途和家属的命运出发。有的从促进全县全区全省全国的安定团结出发。有的从保障工人的人权、民主、自由出发。有老同事，有老同学；有老上级，有老部下；有战友、病友、难友、酒肉朋友，还有已故老友的家属后人。有年高德劭〔83〕的，有年轻有为的，本厂有些在处理龚鼎的问题上投过赞成票的人们也纷纷前来，表示自己经过慎重考虑，改变了主意。所有这些人动机不同，调子不同，用词不同，但都有一个共同的观点：不能把龚鼎除名。

丁一简直想不到自己竟认识这么多人，或者竟有这么多人认识自己。丁一想不通都这么关心龚鼎是因为吃了什么药。丁一无法相信一个合同工、一个小二流子[84]、一个七拐八弯的表侄的处理竟然引起了六级地震，他简直快成了社会公敌。他无法吃饭，无法休息，无法搞家务，无法度星期天。他想喊叫，他想打人，他想摔东西，他甚至想抄起一把菜刀。但他咬紧牙关，不动声色地听着，听着，告诫着自己："不发神经，就是胜利！"

来客中有丁一儿时最崇拜的一颗明星。这是一位女客，四十年前，她是这个省的最红的戏曲演员。在丁一十六、七的时候，有那么几天他为这位比自己大十三岁的女演员神魂颠倒[85]，浮想联翩[86]。当然，他们连姓名都不曾通过。丁一也从未对任何人讲过他少年时期的浪漫谛克[87]的奇想。感谢史无前例的横扫，丁一才有幸在牛棚中与这位早已退休、现下体重超过八十公斤大关的老太太相识。出于一种东方式的古道热肠[88]，丁一始终对这位老太太抱有一种特殊的、不为人知的亲切爱慕之情。谁想到，就在六月二十三日这一天，这位昔日的皇后也搭着毛驴车来了。她斜靠在丁一家的床上，哼哼唧唧，用缺牙透风的嘴磨叨[89]道：

"我早该来看看小丁了。看看我，老得快成了妖怪了吧？我不明白，怎么一下子我就老成了这个样子了呢？万事还没开头，怎么就要结束了呢？好象唱戏，妆还没上好，怎么散场的唢呐就吹起呜哇来了呢？唉！唉！"

她的这一番哀人生之须臾[90]的永恒的叹息使丁一的眼圈湿润了。他相信，这一天，只有这一位客人才是出于一种人类的纯洁无疵[91]的情感，出于一种优美的、难免或显软弱的友谊来看望他的。但后来的几句话使丁一嘀咕了起来。她说：

"听说你这位厂长还满厉害呢。别那么厉害！厉害不得人心！还不就是那么回事？与人方便，自己方便。半生的跌滚爬蹭〔92〕，半生的酸甜苦辣，还不高抬贵手？！"

无论如何，丁一还是感谢她——呵，少年！呵，梦！她是这一天的客人中，唯一没有提到玫瑰香浆糊厂，没有提到龚鼎和他的表大爷的人。

四、统计数字

请读者原谅我跟小说做法开个小小的玩笑，在这里公布一批千真万确而又听来难以置信的数字。

在六月二十一日至七月二日这十二天中，为龚鼎的事找丁一说情的：一百九十九点五人次。（前女演员没有点名，但有此意，以点五计算之）来电话说项〔93〕人次：三十三。来信说项人次：二十七。确实是爱护丁一、怕他捅漏子而来的：五十三，占百分之二十七。受龚鼎委托而来的：二十，占百分之十。直接受李书记委托而来的：一，占百分之零点五。受李书记委托的人的委托而来的，或间接受委托而来的：六十三，占百分之三十二。受丁一的老婆委托来劝"死老汉"的：八，占百分之四。未受任何人的委托，也与丁一素无来往甚至不大相识，但听说了此事，自动为李书记效劳而来的：四十六，·占百分之二十三。其他百分之四属于情况不明者。

丁一拒绝了所有这些说项。这种态度激怒了来客的百分之八十五，他们纷纷向周围的人们进行宣传，说丁一愚蠢。说丁一当了弼马温〔94〕就忘乎所以〔95〕，说丁一不近人情〔96〕，一意孤行〔97〕，脱离了群众。说丁一沽名钓誉〔98〕、别有用心〔99〕，以此来发泄他对县委没给他更大的官做的不满。还有的说丁一有种神经病、一贯反动。还有的说起用〔100〕丁一这样的人是右了。按每人向十个人进行宣传的最低数额计算，共有一千七百人听到了这种议论。难怪一阵子舆论如此之大，颇有点皆曰可杀的意思。丁一的老伴犯了病，几经抢救才转危为安。管氧气瓶的那位护士，也趁机为龚鼎向丁一进言。

这一类事起来得快，散得也快。就好象早点铺里的长队，炸糕、面茶一来，长队立刻形成，浩浩荡荡。等到早点卖完，队伍立即散光，不论没吃到炸糕的人有多么恼火。此事到了八月份就不再有人提，九月份已经烟消云散。同时，浆糊厂的生产愈搞愈好。十月份，浆糊厂大治〔101〕。人们闲谈中渐渐竖起了大拇哥〔102〕：“丁一这个老小子还真有两下子〔103〕！”

十二月，浆糊厂的名声果真如玫瑰之芬芳了。它成了全省地、小、群企业的标兵〔104〕。玫瑰香浆糊被轻工业局命名为“信得过”产品。丁一到省城开会，人们让他介绍经验。他上了台，憋红了脸，说了一句：

“共产党员是钢，不是浆子……”

台下哄堂。丁一又说：

“不来真格的〔105〕，会亡国！”

丁一哽咽〔106〕住了，而且掉下大颗的眼泪。

全场愕然〔107〕、肃然，静默了一分钟。

掌声如雷。

注　　译

[1] 说客　　　shuìkè　　　　　habile négociateur
　　　　　　　　　　　　　　　a person who tries to persuade

[2] 盈　　　　yíng　　　　　　plein
　　　　　　　　　　　　　　　fill

[3] 崇尚　　　chóngshàng　　respecter; apprécier
　　　　　　　　　　　　　　　uphold

[4] 简单到了姥　jiǎndān dàole lǎolao　très simple
　　姥家　　　jiā　　　　　　very simple

[5] “史无前例” shǐwúqiánlì de　pendant les années de la

的那些年	nàxiē nián	"révolution culturelle"
		during the years of the "cultural revolution"
[6] 腰背屈俯柔 软操	yāo bèi qū fǔ róuruǎn cāo	rester courbé, une sorte de punition pendant la "révolution culturelle"
		pour tourmenter les gens et déshonorer leur personnalité
		bend down, a way of punishment during the "cultural revolution"
[7] 熙熙攘攘	xīxī-rǎngrǎng	animé
		with people bustling about
[8] "上纲家"	shànggāngjiā	personne qui impose à tort et à travers des étiquettes à qn
		a person who is good at putting political labels on everything
[9] 魏延	Wèi Yán	général de Shu durant la période des Trois Royaumes
		general of Shu Han during the Three Kingdoms period
[10] 反骨	fǎngǔ	os occipital
		a bone on the back of the head to show one's treachery

[11] 心眼儿死　　xīnyǎnr sǐ　　　têtu
　　　　　　　　　　　　　　　　　one-track minded

[12] 产值　　　　chǎnzhí　　　　valeur de production
　　　　　　　　　　　　　　　　　value of output

[13] 兴　　　　　xīng　　　　　　permettre
　　　　　　　　　　　　　　　　　allow

[14] 刨根问底　　páogēnr-wèndǐr　chercher à connaître le fond
　　　　　　　　　　　　　　　　　　d'une chose
　　　　　　　　　　　　　　　　　get to the root of the matter

[15] 挨批　　　　ái pī　　　　　être critiqué
　　　　　　　　　　　　　　　　　be criticized

[16] "右"字　　　yòu zì　　　　opportuniste de droite
　　　　　　　　　　　　　　　　　Right opportunist

[17] 戴帽地、富　dàimào dì fù　ceux qui sont étiquetés de
　　　　　　　　　　　　　　　　　propriétaires fonciers et de
　　　　　　　　　　　　　　　　　paysans riches
　　　　　　　　　　　　　　　　　people who have been labeled
　　　　　　　　　　　　　　　　　landlords or rich peas-
　　　　　　　　　　　　　　　　　ants

[18] 省直机关　　shěngzhí jīguān　organes subordonnés directe-
　　　　　　　　　　　　　　　　　ment à l'autorité provin-
　　　　　　　　　　　　　　　　　ciale
　　　　　　　　　　　　　　　　　departments directly under
　　　　　　　　　　　　　　　　　the provincial government

[19] 训诫　　　　xùnjiè　　　　admonester
　　　　　　　　　　　　　　　　　rebuke

[20] 义愤填膺　　yìfèn-tiányīng　être plein d'indignation
　　　　　　　　　　　　　　　　　be filled with indignation

[21] 摘帽　　　　zhāimào　　　annuler l'étiquette d'"ennemi"

à qn
remove the label of "political
enemy" off someone

[22] 背兴　　　bèixìng　　malencontreux
　　　　　　　　　　　　　unlucky

[23] 委任　　　wěirèn　　　nommer
　　　　　　　　　　　　　appoint someone to a post

[24] 荐任　　　jiànrèn　　　recommander
　　　　　　　　　　　　　suggest someone to take a
　　　　　　　　　　　　　　post

[25] 反　　　　fǎn　　　　contre-révolutionnaire
　　　　　　　　　　　　　counterrevolutionaries

[26] 坏　　　　huài　　　　mauvais élément
　　　　　　　　　　　　　bad elements

[27] 右　　　　yòu　　　　droitier
　　　　　　　　　　　　　Rightists

[28] 帝　　　　dì　　　　　impérialiste
　　　　　　　　　　　　　imperialists

[29] 修　　　　xiū　　　　révisionniste
　　　　　　　　　　　　　revisionists

[30] 反　　　　fǎn　　　　réactionnaire
　　　　　　　　　　　　　reactionaries

[31] 德性　　　déxing　　　conduite vertueuse
　　　　　　　　　　　　　disgusting

[32] 每况愈下　měikuàng-yùxià　empirer de jour en jour
　　　　　　　　　　　　　go from bad to worse

[33] 了　　　　liǎo　　　　fin
　　　　　　　　　　　　　end

[34] 逾　　　　yú　　　　　dépasser

over

[35]	党籍	dǎngjí	qualité de membre du Parti party membership
[36]	玫瑰香牌	méiguìxiāng pái	marque de fabrique "Rose" Rose Fragrance Brand
[37]	浆糊厂	jiànghu chǎng	fabrique de colles a paste factory
[38]	翘尾巴	qiào wěiba	se gonfler d'orgueil be cocky
[39]	嘎巴	gāba	croûte crust
[40]	贱骨头	jiàn gǔtou	méprisable miserable wretch
[41]	副产品	fùchǎnpǐn	sous-produit by-product
[42]	面筋	miànjin	gluten glutten
[43]	揣	chuāi	chiper steal
[44]	瘴气乌烟	zhàngqì wūyān	une ambiance malsaine et corruptrice be corrupted
[45]	合同工	hétonggōng	ouvrier contractuel contract worker
[46]	除名	chú míng	licencier fire
[47]	表侄	biǎozhí	le fils d'un cousin cousin's son
[48]	广结善缘	guǎngjié shànyuán	avoir beaucoup de relations

		have many connections
[49] 烧香	shāoxiāng	brûler de l'encens (prier)
		make efforts to please, even bribe, someone
[50] 笑容可掬	xiàoróng kějū	visage souriant
		be radiant with smiles
[51] 单刀直入	dāndāo zhírù	aller droit au fait
		come straight to the point
[52] 敏感	mǐngǎn	sensible
		sensitive
[53] 嘬	zuō	sucer
		suck
[54] 牙花子	yáhuāzi	gencive
		gum
[55] 咂	zā	chercher à connaître
		study the meaning
[56] 浓缩	nóngsuō	concentré
		concentrated
[57] 醇厚	chúnhòu	délicieux
		mellow
[58] 朝政	cháozhèng	affaires d'Etat
		business
[59] "踏上一只脚" 时期	tà shang yì zhī jiǎo shíqī	les années de la "révolution culturelle"
		the years during the "cultural revolution"
[60] 入右册	rù yòucè	mentionner dans le registre des droitiers
		be labeled a Rightist

[61] 奇丑	qí chǒu	très laid
		very ugly
[62] 处世	chǔshì	contacter les gens
		deal with people around
[63] 侯宝林	Hóu Bǎolín	*célèbre acteur du dialogue comique*
		name of a person, a famous actor of comic dialogue
[64] 耳茄子	ěrqiézi	gifle
		a box on the ear
[65] 激进	jījìn	radical
		radical
[66] 冠冕堂皇	guānmiǎn-tánghuáng	ronflant et pompeux
		high-sounding
[67] 庸俗	yōngsú	vulgaire
		vulgar
[68] 兴奋灶	xīngfènzào	foyer d'excitation
		exciting area
[69] 抑制	yìzhì	contrôler; maîtriser
		restrained
[70] 大舅子	dàjiùzi	beau-frère
		oldest brother of one's wife
[71] 瘢痕	bānhén	cicatrice
		scar
[72] 推衍	tuīyǎn	inférence
		inference
[73] 漫不经心	mànbùjīngxīn	insouciant
		be casually dealt with
[74] 空想社会	kōngxiǎng shèhuì	socialiste utopique

	主义者	zhǔyìzhě	utopian socialist
[75]	迂夫子	yūfūzǐ	pédant
			pedant
[76]	成命	chéngmìng	décision promulguée
			publicized decision
[77]	洗耳恭听	xǐ'ěr-gōngtīng	écouter de toutes ses oreilles
			listen with respectful attention
[78]	口若悬河	kǒuruò-xuánhé	être très éloquent
			be eloquent
[79]	起死回生	qǐsǐ-huíshēng	rendre la vie à un agonisant
			bring the dying back to life
[80]	正颜厉色	zhèngyán-lìsè	avoir un air sévère
			look serious and severe
[81]	胸有成竹	xiōngyǒuchéngzhú	avoir des idées bien arrêtées
			have a well-thought-out plan
[82]	臭豆腐	chòudòufu	fromage de soja fermenté
			preserved bean curd
[83]	年高德劭	niángāo-déshào	personne âgée et vertueuse
			of venerable age and eminent virtue
[84]	二流子	èrliúzi	voyou
			idler
[85]	神魂颠倒	shénhún-diāndǎo	avoir l'esprit troublé
			be infatuated
[86]	浮想联翩	fúxiǎng-liánpiān	avoir toutes sortes d'imaginations
			have all kinds of imagination
[87]	浪漫谛克	làngmàndìkè	romantique
			romantic

[88]	古道热肠	gǔdào-rècháng	sympathie et sincérité
			sincerity and sympathy
[89]	磨叨	mòdao	radoter
			chatter
[90]	须臾	xūyú	court
			instant
[91]	疵	cī	défaut
			flaw
[92]	跌滚爬蹭	diē gǔn pá cèng	endurer toutes sortes de difficultés et de souffrances
			endure all kinds of difficulties and hardships
[93]	说项	shuōxiàng	intervenir en faveur de qn.
			intercede with someone for another person
[94]	弼马温	bìmǎwēn	ici: officier de grade inférieur
			a low-rank official
[95]	忘乎所以	wànghūsuǒyǐ	se laisser griser par les succès jusqu'à perdre contenance
			be proud of oneself
[96]	不近人情	bújìn rénqíng	manque de compréhension et de sympathie pour les autres
			lack ordinary understanding of and sympathy for others
[97]	一意孤行	yíyì-gūxíng	agir arbitrairement
			be arbitrary
[98]	沽名钓誉	gūmíng-diàoyù	courir après honneur et renom
			fish for fame and compliments
[99]	别有用心	biéyǒuyòngxīn	avoir des arrière-pensées mal-

veillantes

have ulterior motives

[100] 起用　qǐyòng　　réintégrer qn. dans une fonc-
　　　　　　　　　　　　tion

give somebody a chance to
display his or her talent

[101] 大治　dàzhì　　en ordre

in good order

[102] 大拇哥　dàmǔgē　　pouce

thumb

[103] 两下子　liǎng xiàzi　　compétence

ability

[104] 标兵　biāobīng　　modèle

model

[105] 真格的　zhēngé de　　sérieux

serious

[106] 哽咽　gěngyè　　suffoquer de sanglot

choke with sobs

[107] 愕然　èrán　　stupéfait

be stunned

高晓声

当代作家，1928年生，江苏武进人。1950年开始发表作品，并从事文学编辑工作。早期主要作品有诗集《王善人》、大型锡剧《走上新路》（与叶至诚合作）等。1956年调至江苏文联从事专业创作。

从1957年下半年起，间断创作二十余年。其间，在农村劳动过，搞过农业科学实验，做过中学教师。

从1978年开始，他又重新搞文学创作。几年来，发表了几十篇短篇小说，其中《李顺大造屋》、《陈奂生上城》曾获全国优秀短篇小说奖。

高晓声现为中国作家协会会员。

陈奂生上城

陈奂生是一个勤勤恳恳的农民，但几十年来都吃不饱穿不暖，成了常年负债的"漏斗户"。直到1978年才算翻了身。有一次他进城时生了病，被县委书记用车送到高级招待所。后来他得知"一夜五元"时，开始很懊丧，后来却又愉快起来。

小说提供给读者一些引人深思的东西。

选自《人民文学》1980年第2期。

* * *

一

"漏斗户主"〔1〕陈奂生，今日悠悠〔2〕上城来。

一次寒潮刚过，天气已经好转，轻风微微吹，太阳暖烘烘，陈奂生肚里吃得饱，身上穿得新，手里提着一个装满东西的干干净净的旅行包，也许是气力大，也许是包儿轻，简直象拎了束灯草〔3〕，晃荡〔4〕晃荡，全不放在心上。他个儿又高，腿儿又长，上城三十里，经不起他几晃荡；往常挑了重担都不乘车，今天等于是空身，自更不用说，何况太阳还高，到城嫌早，他尽量放慢步子，一路如游春看风光。

他到城里去干啥？他到城里去做买卖。稻子收了，麦垅种完了，公粮余粮卖掉了，口粮柴草分到了，乘这个空当〔5〕，出门活动活动，赚几个活钱买零碎〔6〕。自由市场开放了，他又不投机倒把，卖一点农副产品，冠冕堂皇。

他去卖什么？卖油绳〔7〕。自家的面粉，自家的油，自己动手做成的。今天做好今天卖，格啦嘣脆〔8〕，又香又酥，比店里的新鲜，比店里的好吃，这旅行包里装的尽是它，还用小塑料袋包装好，有五根一袋的，有十根一袋的，又好看，又干净。一共六斤，卖完了，稳赚三元钱。

赚了钱打算干什么？打算买一顶簇新的、刮刮叫的帽子。说真话，从三岁以后，四十五年来，没买过帽子。解放前是穷，买不起，解放后是正当青年，用不着，文化大革命以来，肚子吃不饱，顾不上穿戴，虽说年纪到把〔9〕，也怕脑后风了。正在无可奈何，幸亏有人送了他一顶"漏斗户主"帽，也就只得戴上，横竖不要钱。78年决分以后，帽子不翼而飞，当时只觉得头上轻松，竟不曾想到冷。今年好象变娇了，上两趟寒流来，就缩头缩颈，伤风打喷嚏，日子不好过，非买一顶帽子不行。好在这也不是大事情，现在活路大，这几个钱，上一趟城就赚到了。

陈奂生真是无忧无虑，他的精神面貌和去年大不相同了。他是过惯苦日子的，现在开始好起来，又相信会越来越好，他还不满意么？他满意透了。他身上有了肉，脸上有了笑，有时候半夜里醒过来，想到囤里有米，橱里有衣，总算象家人家了，就兴致勃勃睡不着，禁不住要把老婆推醒了陪他聊天讲闲话。

提到讲话，就触到了陈奂生的短处，对着老婆，他还常能说说，

对着别人，往往默默无言。他并非不想说，实在是无可说。别人能说
东道西，扯三拉四，他非常羡慕。他不知道别人怎么会碰到那么多新
鲜事儿，怎么会想得出那么多特别的主意，怎么会具备那么多离奇的
经历，怎么会记牢那么多怪异的故事，又怎么会讲得那么动听。他毫
无办法，简直犯了死症〔10〕毛病，他从来不会打听什么，上一趟街，
回来只会说"今天街上人多"或"人少"、"猪行里有猪"、"青菜
贱得卖不掉"……之类的话。他的经历又和村上大多数人一样，既不
特别，又是别人一目了然的，讲起来无非是"小时候娘常打我的屁
股，爹倒不凶"、"也算上了四年学，早忘光了"、"三九年大旱，
断了河底，大家捉鱼吃"、"四九年改朝换代，共产党打败了国民
党"、"成亲以后，养了一个儿子、一个小女"……索然无味〔11〕，
等于不说。他又看不懂书，看戏听故事，又记不牢。看了《三打白骨
精》〔12〕，老婆要他讲，他也只会说："孙行者〔13〕最凶，都是他打
死的。"老婆不满足，又问白骨精是谁，他就说："是妖怪变的。"
还是儿子巧〔14〕，声明"白骨精不是妖怪变的，是白骨精变成的妖
怪。"才算没有错到底。他又想不出新鲜花样来，比如种田，只会讲
"种麦要用锄头抨碎泥块"、"莳秧〔15〕一蔸〔16〕莳六棵"，……谁
也不要听。再如这卖油绳的行当〔17〕，也根本不是他发明的，好些人
已经做过一阵子了，怎样用料？怎样加工？怎样包装？什么价钱？多
少利润？什么地方、什么时间买客多、销路好？都是向大家学来的经
验。如果他再向大家夸耀，岂不成了笑话！甚至刻薄些的人还会吊他
的背筋〔18〕："嗳！连'漏斗户主'也有油、粮食卖油绳了，还当新
闻哩！"还是不开口也罢。

　　如今，为了这点，他总觉得比别人矮一头。黄昏空闲时，人们聚
拢来聊天，他总只听不说，别人讲话也总不朝他看，因为知道他不会
答话，所以就象等于没有他这个人。他只好自卑，他只有羡慕。他不
知道世界上有"精神生活"这一个名词，但是生活好转以后，他渴望
过精神生活。哪里有听的，他爱去听，哪里有演的，他爱去看，没听
没看，他就觉得没趣。有一次大家闲谈，一个问题专家出了个题目：

"在本大队你最佩服哪一个?"他忍不住也答了腔,说:"陆龙飞最狠〔19〕。"人家问:"一个说书的〔20〕,狠什么?"他说:"就为他能说书,我佩服他一张嘴。"引得众人哈哈大笑。

于是,他又惭愧了,觉得自己总是不会说,又被人家笑,还是不说为好。他总想,要是能碰到一件大家都不曾经过的事情,讲给大家听听就好了,就神气了。

二

当然,陈奂生的这个念头,无关大局,往往蹲在离脑门三、四寸的地方,不大跳出来,只是在尴尬时冒一冒尖,让自己存个希望罢了。比如现在上城卖油绳,想着的就只是新帽子。

尽管放慢脚步,走到县城的时候,还只下午六点不到。他不忙做生意,先就着茶摊,出一分钱买了杯热茶,啃〔21〕了随身带着当晚餐的几块僵饼〔22〕,填饱了肚子,然后向火车站走去。一路游街看店,遇上百货公司,就弯进去侦察有没有他想买的帽子,要多少价钱?三爿〔23〕店查下来,他找到了满意的一种。这时候突然一拍屁股,想到没有带钱。原先只想卖了油绳赚了利润再买帽子,没想到油绳未卖之前商店就要打烊〔24〕;那么,等到赚了钱,这帽子就得明天才能买了。可自己根本不会在城里住夜,一无亲,二无眷,从来是连夜回去的,这一趟分明就买不成,还得光着头冻几天。

受了这点挫折,心情不挺愉快,一路走来,便觉得头上凉飕飕,更加懊恼起来。到火车站时,已过八点了。时间还早,但既然来了,也就选了一块地方,敞开包裹,亮出商品,摆出摊子来。这时车站上人数不少,但陈奂生知道难得会有顾客,因为这些都是吃饱了晚饭来候车的,不会买他的油绳,除非小孩嘴馋吵不过,大人才会买。只有火车上下车的旅客到了,生意才能忙起来。他知道九点四十分、十点半,各有一班车到站,这油绳到那时候才能卖掉,因为时近半夜,店摊收歇,能买到吃的地方不多,旅客又饿了,自然争着买。如果十点半卖不掉,十一点二十分还有一班车,不过太晏〔25〕了,陈奂生宁可剩点回去也不想等,免得一夜不得睡,须知跑回去也是三十里啊。

果然不错,这些经验很灵,十点半以后,陈奂生的油绳就已经卖光了。下车的旅客一拥而上,七手八脚,伸手来拿,把陈奂生搞得昏头昏脑,卖完一算帐,竟少了三角钱,因为头昏,怕算错了,再认真算了一遍,还是缺三角,看来是哪个贪小利拿了油绳未付款。他叹了一口气,自认晦气〔26〕。本来他也晓得,人家买他的油绳,是不能向公家报销的,那要吃而不肯私人掏腰包的,就会耍一点魔术,所以他总是特别当心,可还是丢失了,真是双拳不敌四手,两眼难顾八方。只好认了吧,横竖三块钱赚头,还是有的。

他又叹了口气,想动身凯旋回府〔27〕。谁知一站起来,双腿发软,两膝打颤,竟是浑身无力。他不觉大吃一惊,莫非生病了吗?刚才做生意,精神紧张,不曾觉得,现在心定下来,才感浑身不适,原先喉咙嘶哑,以为是讨价还价喊哑的,现在连口腔上片都象冒烟,鼻气火热;一摸额头,果然滚烫,一阵阵冷风吹得头皮好不难受。他毫无办法,只想先找杯热茶解渴。那时茶摊已无,想起车站上有个茶水供应地方,便强撑着移步过去。到了那里,打开笼头,热水倒有,只是找不到茶杯。原来现在讲究卫生,旅客大都自带茶缸,车站上落得省劲,就把杯子节约掉了。陈奂生也顾不得卫生不卫生,双手捧起笼头里流下的水就喝。那水倒也有点烫,但陈奂生此时手上的热度也高,还忍得住,喝了几口,算是好过一点。但想到回家,竟是千难万难;平常时候,那三十里路,好象经不住脚板一顿,现在看来,真如隔了十万八千里,实难登程。他只得找个位置坐下,耐性受痛,觉得此番遭遇,完全错在忘记了带钱先买帽子,才受凉发病。一着走错,满盘皆输〔28〕,弄得上不上,下不下,进不得、退不得,卡在这儿,真叫尴尬。万一严重起来,此地举目无亲,耽误就医吃药,岂不要送掉老命!可又一想,他陈奂生是个堂堂男子汉,一生干净,问心无愧,死了也口眼不闭;活在世上多种几年田,有益无害,完全应该提供宽裕的时间,没有任何匆忙的必要。想到这里,陈奂生高兴起来,他嘴巴干燥，笑不出声，只是两个嘴角，向左右同时嘻开，露出一个微笑。那扶在椅上的右手，轻轻提了起来，象听到了美妙的乐曲似的，在右腿上赏心地拍了一拍，松松地吐出口气，便一头横躺在椅子上卧倒了。

三

一觉醒来，天光已经大亮，陈奂生体肢瘫软，头脑不清，眼皮发沉，喉咙痒痒地咳了几声；他懒得睁眼，翻了一个身便又想睡。谁知此身一翻，竟浑身颤了几颤，一颗心象被线穿着吊了几吊，牵肚挂肠。他用手一摸，身下贼〔29〕软，连忙一个翻身，低头望去，证实自己猜得一点不错，是睡在一张棕绷大床〔30〕上。陈奂生吃了一惊，连忙平躺端正，闭起眼睛，要弄清楚怎么会到这里来的。他好象有点印象，一时又糊涂难记，只得细细琢磨，好不容易才想出了县委吴书记和他的汽车，一下子理出头绪，把一串细关节脉都拉了出来。

原来陈奂生这一年真交了好运，逢到急难，总有救星。他发高烧昏睡不久，候车室门口就开来一部吉普车，载来了县委书记吴楚。他是要乘十二点一刻那班车到省里去参加明天的会议。到火车站时，刚只十一点四十分，吴楚也就不忙，在候车室徒步起来，那司机一向要等吴楚进了站台才走，免得他临时有事找不到人，这次也照例陪着。因为是半夜，候车室旅客不多，吴楚转过半圈，就发现了睡着的陈奂生。吴楚不禁笑了起来，他今秋在陈奂生的生产队里蹲了两个月，一眼就认出他来，心想这老实肯干的忠厚人，怎么在这儿睡着了？若要乘车，岂不误事。便走去推醒他，推了一推，又发现那屁股底下，垫着个瘪包，心想坏了，莫非东西被偷了？就着紧推他，竟也不醒。这吴楚原和农民玩惯了的，一时调皮起来，就去捏他的鼻子；一摸到皮肤热辣辣，才晓得他病倒了，连忙把他扶起，总算把他弄醒了。

这些事情，陈奂生当然不晓得。现在能想起来的，是自己看到吴书记之后，就一把抓牢，听到吴书记问他："你生病了吗？"他点点头。吴书记问他："你怎么到这里来的？"他就去摸了摸旅行包。吴书记问他："包里的东西呢？"他就笑了一笑。当时他说了什么？究竟有没有说？他都不记得了，只记得吴书记好象已经完全明白了他的意思，便和驾驶员一同扶他上了车，车子开了一段路，叫开了一家门（机关门诊室），扶他下车进去，见到了一个穿白衣服的人，晓得是医生了。那医生替他诊断片刻，向吴书记笑着说了几句话（重感冒，不要紧），倒过半杯水，让他吃了几片药，又包了一点放在他口袋里，也不曾索钱，便代替吴书记把他扶上了车，还关照说："我这儿没有床，住招待所吧，安排清静一点的地方睡一夜就好了。"车子又开动，又听吴书记说："还有十三分钟了，先送我上车站，再送他上招待所，给他一个单独房间，就说是我的朋友……"

陈奂生想到这里，听见自己的心扑扑跳得比打钟还响，合上的眼皮，流出晶莹的泪珠，在眼角膛里停留片刻，便一条线挂下来了。这个吴书记真是大好人，竟看得起他陈奂生，把他当朋友，一旦有难，能挺身而出，拔刀相助〔32〕，救了他一条性命，实在难得。

陈奂生想，他和吴楚之间，其实也谈不上交情，不过认识罢了。要说有什么私人交往，平生只有一次。记得秋天吴楚在大队蹲点，有一天突然闯到他家来吃了一顿便饭，听那话音，象是特地来体验体验"漏斗户"的生活改善到什么程度的。还带来了一斤块块糖，给孩子们吃。细算起来，等于两顿半饭钱。那还算什么交情呢！说来说去，是吴书记做了官不曾忘记老百姓。

陈奂生想罢，心头暖烘烘，眼泪热辣辣，在被口〔33〕上拭了拭，便睁开来细细打量这住的地方，却又吃了一惊。原来这房里的一切，都新堂堂、亮澄澄，平顶（天花板）白得耀眼，四周的墙，用青漆漆了一人高，再往上就刷刷白，地板暗红闪光，照出人影子来；紫檀色五斗橱，嫩黄色写字台，更有两张出奇的矮凳，比太师椅〔34〕还大，里外包着皮，也叫不出它的名字来。再看床上，垫的是花床单，盖的是新被子，雪白的被底，崭新的绸面，刮刮叫三层新〔35〕。陈奂生不由自主地立刻在被窝里缩成一团，他知道自己身上（特别是脚）不太干净，生怕弄脏了被子……随即悄悄起身，悄悄穿好衣服，不敢弄出一点声音来，好象做了偷儿，被人发现就会抓住似的。他下了床，把鞋子拎在手里，光着脚跑出去；又眷顾〔36〕着那两张大皮椅，走近去摸一摸，轻轻捺了捺，知道里面有弹簧，却不敢坐，怕压瘪了弹不饱〔37〕。然后才真的悄悄开门，走出去了。

到了走廊里，脚底已冻得冰冷，一瞧别人是穿了鞋走路的，知道不碍，也套上了鞋。心想吴书记照顾得太好了，这哪儿是我该住的地方！一向〔38〕听说招待所的住宿费贵，我又没处报销，这样好的房间，不知要多少钱，一夜天〔39〕把顶帽子钱住掉了，才算不来呢。

他心里不安，赶忙要弄清楚。横竖他要走了，去付了钱吧。

他走到门口柜台处，朝里面正在看报的大姑娘说："同志，算帐。"

"几号房间？"那大姑娘恋着报纸说，并未看他。

"几号不知道。我住在最东那一间。"

那姑娘连忙丢了报纸，朝他看看，甜甜地笑着说："是吴书记汽车送来的？你身体好了吗？"

"不要紧，我要回去了。"

"何必急，你和吴书记是老战友吗？你现在在哪里工作？……"大姑娘一面软款款〔40〕地寻话说，一面就把开好的发票交给他。笑得甜极了。陈奂生看看她，真是绝色〔41〕！

但是，接到发票，低头一看，陈奂生便象给火钳烫着了手。他认识那几个字，却不肯相信。"多少？"他忍不住问，浑身燥热起来。

"五元。"

"一夜天五元？"他冒汗了。

"是一夜五元。"

陈奂生的心，忐忑忐忑大跳。"我的天！"他想："我还怕困〔42〕掉一顶帽子，谁知竟要两顶！"

"你的病还没有好，还正在出汗呢！"大姑娘惊怪地说。

千不该，万不该，陈奂生竟说了一句这样的外行语："我是半夜

318

里来的呀！"

大姑娘立刻看出他不是一个人物，她不笑了，话也不甜了，象菜刀剁着砧板似的笃笃响着说："不管你什么时候来，横竖到今年十二点为止，都收一天钱。"这还是客气的，没有嘲笑他，是看了吴书记的面子。

陈奂生看着那冷若冰霜的脸，知道自己说错了话，得罪了人，哪里还敢再开口，只得抖着手伸进袋里去摸钞票，然后细细数了三遍，数定了五元，交给大姑娘时，那外面一张人民币，已经半湿了，尽是汗。

这时大姑娘已在看报，见递过来的钞票太零碎，更皱了眉头。但她还有点涵养，并不曾说什么，收进去了。

陈奂生出了大价钱，不曾讨得大姑娘欢喜，心里也有点怏怏然〔43〕。本想一走了之〔44〕，想到旅行包还丢在房间里，就又回过来。

推开房间，看看照出人影的地板，又站住犹豫："脱不脱鞋？"一转念，怏怏想道："出了五块钱呢！"再也不怕弄脏，大摇大摆走了进去，往弹簧太师椅上一坐："管它，坐瘪了不关我事，出了五元钱呢。"

他饿了，摸摸袋里还剩一块僵饼，拿出来啃了一口，看见了热水瓶，便去倒一杯开水和着饼吃。回头看刚才坐的皮凳，竟没有瘪，便故意立直身子，扑嗵坐下去……试了三次，也没有坏，才相信果然是好家伙。便安心坐着啃饼，觉得很舒服。头脑清爽，热度退尽了，分明是刚才出了一身大汗的功劳。他是个看得穿的人，这时就有了兴头，想道："这等于出晦气钱——譬如买药吃掉！"

啃完饼，想想又肉痛起来，究竟是五元钱哪！他昨晚上在百货店看中的帽子，实实在在是二元五一顶，为什么睡一夜要出两顶帽钱呢？连沈万山〔45〕都要住穷的；他一个农业社员，去年工分单价七角，困一夜做七天还要倒贴〔46〕一角，这不是开了大玩笑！真是阴错阳差〔47〕，他这副骨头能在那种床上躺尸〔48〕吗！现在别的便宜拾不着，大姑娘说可以住到十二点，那就再困吧，困到足十二点走，这也是捞着多少算多少。对，就是这个主意。

这陈奂生确是个向前看的人，认准了自然就干，但刚才出了汗，吃了东西，脸上嘴上，都不惬意，想找块毛巾洗脸，却没有。心一横，便把提花枕巾捞起来干擦了一阵，然后衣服也不脱，就盖上被头〔49〕困了，这一次再也不怕弄脏了什么，他出了五元钱呢。——即便房间弄成了猪圈，也不值！

可是他睡不着，他想起了吴书记。这个好人，大概只想到关心他，不曾想到他这个人经不起这样高级的关心。不过人家忙着赶火车，哪能想得周全！千怪万怪，只怪自己不曾先买帽子，才伤了风，才走不动，才碰着吴书记，才住招待所，才把油绳的利润搞光，连本钱也蚀掉一块多……那么，帽子还买不买呢？他一狠心：买，不买还要倒霉的！

想到油绳，又觉得肚皮饿了。那一块僵饼，本来就填不饱，可惜昨夜生意太好，油绳全卖光了，能剩几袋倒好，现在懊悔已晚，再在这床上困下去，会越来越饿，身上没有粮票，中饭到哪里去吃！到时候饿得走不动，难道再在这儿住一夜吗？他慌了，两脚一踹，把被头踢开，拎了旅行包，开门就走。此地虽好，不是久恋之所，虽然还剩得有二、三个钟点，又带不走，忍痛放弃算了。

他出得门来，再无别的念头，直奔百货公司，把剩下来的油绳本钱，买了一顶帽子，立即戴在头上，飘然而去。

一路上看看野景，倒也容易走过，眼看离家不远，忽然想到这次出门，连本搭利，几乎全部搞光，马上要见老婆，交不出账，少不得又要受气，得想个主意对付她。怎么说呢？就说输掉了，不对，自己从不赌。就说吃掉了，不对，自己从不死吃。就说被扒掉〔50〕了，不对，自己不当心，照样挨骂。就说做好事救济了别人，不对，自己都要别人救济。就说送给一个大姑娘了，不对，老婆要犯疑……那怎么办？

陈奂生自问自答，左思右想，总是不妥。忽然心里一亮，拍着大腿，高兴地叫道："有了。"他想到此趟上城，有此一番动人的经历，这五块钱化得值透〔51〕。他总算有点自豪的东西可以讲讲了。试问，全大队的干部、社员，有谁坐过吴书记的汽车？有谁住过五元钱一夜的高级房间？他可要讲给大家听听，看谁还能说他没有什么讲的！看谁还能说他没见过世面？看谁还能瞧不起他，唔！……他精神陡增，顿时好象高大了许多。老婆已不在他眼里了；他有办法对付，只要一提到吴书记，说这五块钱还是吴书记看得起他，才让他用掉的，老婆保证服贴〔52〕。哈，人总有得意的时候，他仅仅花了五块钱就买到了精神的满足，真是拾到了非常的便宜货，他愉快地划着快步〔53〕，象一阵清风荡到了家门……。

果然，从此以后，陈奂生的身份显著提高了，不但村上的人要听他讲，连大队干部对他的态度也友好得多，而且，上街的时候，背后也常有人指点着他告诉别人说：“他坐过吴书记的汽车。”或者“他住过五块钱一夜的高级房间。”……公社农机厂的采购员有一次碰着他，也拍拍他的肩胛说：“我就没有那个运气，三天两头住招待所，也住不进那样的房间。”

从此，陈奂生一直很神气，做起事来，更比以前有劲得多了。

译 注

[1] “漏斗户主” lòudǒu hùzhǔ

chef de la famille qui était toujours en dette, surnom de Chen Huansheng dans une autre nouvelle de l'auteur

the nickname of Chen Huansheng who is the hero in another novel written by the same author,

"漏斗户" means poor family which is often in debt.

[2] 悠悠	yōuyōu	tranquillement leisurely
[3] 灯草	dēngcǎo	jonc rush (used as lampwick)
[4] 晃荡	huàngdang	se balancer shake from side to side
[5] 空当	kòngdāngr	intervalle break
[6] 零碎	língsuì	ici objets d'usage quotidien household necessities
[7] 油绳	yóushéng	une sorte d'aliments frits a kind of fried food
[8] 格啦嘣脆	gélābēngcuì	croustillant very crisp
[9] 年纪到把	niánjì dàobǎ	être en deux âges middle age
[10] 死症	sǐzhèng	maladie incurable incurable disease
[11] 索然无味	suǒrán wúwèir	être fade et inspide flat and insipid
[12] 《三打白骨精》	Sān dǎ báigǔjīng	«Le roi des Singes et la Sorcière au squelette» (histoire extraite du roman classique «le Voyage en Occident») «Beat the White Bone Demon for Three Times» (in the novel «Pilgrimage to the

322

West»)

[13]	孙行者	Sūn Xíngzhě	à savoir Sun Wukong, personnage du roman «le Voyage en Occident», doué de pouvoirs magiques Sun Wukong, a miraculous hero in the novel «Pilgrimage to the West»
[14]	巧	qiǎo	ici intelligent clever
[15]	蒔秧	shìyāng	repiquer le plant de riz transplant rice seedlings
[16]	蔸	dōu	touffe *a measure word*
[17]	行当	hángdang	métier trade
[18]	吊背筋	diào bèijīn	se moquer satirize
[19]	狠	hěn	ici qualifié be qualified
[20]	说书的	shuōshū de	conteur storyteller
[21]	啃	kěn	ronger nibble
[22]	僵饼	jiāngbǐng	galette froide et dure a kind of pancake
[23]	爿	pán	*spécificatif (pour magasin, usine, etc.)* *a measure word*

[24] 打烊	dǎyàng	fermer le boutique (le soir)
		business suspended at night
[25] 晏	yàn	retard
		late
[26] 晦气	huìqì	mauvaise fortune
		bad luck
[27] 回府	huífǔ	rentrer chez soi
		go home
[28] 一着走错，	yì zhāo zǒu cuò	un coup imprudent peut faire
满盘皆输	mǎn pán jiē shū	perdre toute la partie
		one careless move and the
		whole game is lost
[29] 贼	zéi	ici très
		very
[30] 棕绷大床	zōngbēng dà	grand lit fait de fibres de
	chuáng	palmiers
		palmiers
		wooden bed frame strung with
		crisscross coir ropes
[31] 细关节脉	xì guān jié mài	détails
		details
[32] 拔刀相助	bádāo-xiāngzhù	courir au secours de qn.
		be ready to help others
[33] 被口	bèikǒu	partie supérieure d'une cou-
		verture
		the upper part of a quilt
[34] 太师椅	tàishīyǐ	fauteuil
		an old-fashioned wooden
		armchair

[35] 三层新　　sān céng xīn　　les face, doublure et ouate
　　　　　　　　　　　　　　　sont toutes neuves.

　　　　　　　　　　　　　　　the underneath side of a
　　　　　　　　　　　　　　　quilt, the facing of a quilt
　　　　　　　　　　　　　　　and the cotton wadding for
　　　　　　　　　　　　　　　a quilt are all new

[36] 眷顾　　　juàngù　　　　tourner un regard affectueux
　　　　　　　　　　　　　　　vers; penser à

　　　　　　　　　　　　　　　be sentimentally attached to

[37] 弹不饱　　tán bù bǎo　　ne pas revenir à l'état initial
　　　　　　　　　　　　　　　complètement

　　　　　　　　　　　　　　　fail in springing

[38] 一向　　　yíxiàng　　　　depuis longtemps

　　　　　　　　　　　　　　　usually

[39] 一夜天　　yíyètiān　　　une nuit

　　　　　　　　　　　　　　　one night

[40] 软款款　　ruǎnkuǎnkuǎn　aimable

　　　　　　　　　　　　　　　softly

[41] 绝色　　　juésè　　　　　une beauté incomparable

　　　　　　　　　　　　　　　of unrivalled beauty

[42] 困　　　　kùn　　　　　　ici dormir

　　　　　　　　　　　　　　　sleep

[43] 忿忿然　　fènfènrán　　　indigné

　　　　　　　　　　　　　　　be indignant

[44] 一走了之　yìzǒuliǎozhī　finir par s'en aller

　　　　　　　　　　　　　　　bring an end by leaving

[45] 沈万山　　Shěn Wànshān　le gros richard dans une
　　　　　　　　　　　　　　　légende

　　　　　　　　　　　　　　　a millionaire circulated among

the people

[46] 倒贴　　dàotiē
ici ajouter
add

[47] 阴错阳差　yīncuò-yángchā
malheureux
a serious mistake

[48] 躺尸　　tǎngshī
ici se coucher
lie

[49] 被头　　bèitóu
couverture
quilt

[50] 被扒掉　bèi pádiào
être volé
be stolen by a pickpocket

[51] 值透　　zhítòu
se valoir
of great worth

[52] 服贴　　fútiē
être convaincu
obedient

[53] 划着快步　huázhe kuàibù
accélérer le pas
walk at a brisk pace

刘心武

当代作家，1942年出生在四川省成都市，1958年开始业余创作。1961年从北京师范专科学校毕业后，在中学任教十五年。1976年起在北京出版社做编辑工作。1977年发表短篇小说《班主任》，荣获1978年全国优秀短篇小说奖。以后又发表过许多小说。1978年、1979年分别出版了短篇小说集《母校留念》和《班主任》。他的长篇小说《钟鼓楼》受到好评。曾任中国作家协会理事，并担任青年文学工作委员会委员及《儿童文学》丛刊编委。

没功夫叹息

"文化革命"的十年浩劫，无论是给个人，还是给国家，留下了多少令人叹息的事啊！但是，只是叹息，创伤何时能够平复呢？这篇小说中的建国中学沈校长，就是一个不愿叹息，也没有功夫叹息的人。

该短篇小说选自1981年1月5日《人民日报》。

*　　　*　　　*

一

晚上六点半钟。

楼梯上响着急促而坚实的脚步声。光凭这声音，人们会判断说：谁家的年轻人回来了。用钥匙开弹簧锁的声音也是那么利索〔1〕。但是门一开，进来的却是个上了年纪的妇女，她身材适中，相貌不凡。这种穿一身干净的深蓝混纺衣裤、提一个半旧的黑色人造革包的花白头发妇女，常能在电、汽车站上遇见。她们排队往往排在前面，但临到上车时却常常被挤到后面，但是她们总能终于挤上车，并且迅速到达目的地。

"妈，快来趁热吃吧！"

在某剧团当编剧的女儿正坐在饭桌边吃饭。她一边吃饭一边看着一份手稿。

这母亲是建国中学的沈校长。她一瞥就知道女儿看的是哪篇稿子。一家杂志约沈校长写篇悼念爱人的文章，她把这任务交给女儿了。女儿已经是三易〔2〕其稿。

沈校长放下提包，朝厨房走去。经过五斗橱〔3〕时，她有意望了一眼橱上的照片。照片镶在一个有金属弯架的小镜框里，照片上是三十一年前的她和爱人，站在东北刚解放的一个城市的小车站前。党当时派他去接收一家很大的工厂，而派她去接收一家市立中学。此刻她脑中闪过随军记者为他们拍照当天的一件琐事：分手时，他从棉衣兜里掏出一只苹果给她，那只苹果只有核桃那么大，而且上头有一个很显眼的褐色的疤。苹果上带有他的体温，和从棉衣上熏染来的硝烟的气息。她又一次痛苦地意识到，他和那苹果一样，现在都已经不复存在。但是她没有停住脚步叹息。只两秒钟她来到厨房的水龙头面前，她卷卷袖子，麻利〔4〕地洗起脸来。

她落座到饭桌旁时，女儿已经吃完，并且已经给她盛好了饭、揭开了汤碗上的盖盘。

"有人找过我吗？"她筷子不停，问时并不看着女儿。

"没有。"

筷子停住，眼光直射到女儿脸上。她从声调里捕捉〔5〕到了一种迟疑的语气。

"就是郑老师的爱人来了……"女儿知道到底是瞒不过的，便爽性把最棘手的事说在头里："她对学校安排郑老师给青年教师讲课有意见。一分钱补助没有不说，还得罪那些找到家里来要求个别辅导的熟人。加上房子的事拖到今天也没给解决，她是一肚子的火气……"

328

筷子不停地动，无声到有声，最后停住，然后是 汤 匙 动，呷〔6〕汤的声音，最后是汤匙搁进空碗中。

"她本来是一定要等您回家，我劝了她一阵，她才走的。妈，您今天就别去找她了吧！"

"今天我不找她。"沈校长心中有数，老郑的爱人需要的不是哪怕以最温柔动听的话语谈出来的真理，而是切切实实地能体现出哪怕是百分之一的真理的物质，而这物质她此刻还无权也无力提供，她得先去奔走呼号〔7〕。

女儿拿起那叠稿纸，简直是 恳 求 地 说："妈，您今天就别出去了，我把这定稿给您念一遍——明天人家就要来取了。"

沈校长收拾起桌上的碗筷，搬到了厨房——洗碗这项工作经她多次坚持，被规定为她的神圣职权，女儿不得横加剥夺——她从厨房回答说："今天老郑是第一讲，我怎么也得去一下学校。文章我回来再看吧。"

洗涮完毕，沈校长来到小小的卧室，这里有她和女儿各自的一张单人床，各自的一张书桌。在女儿书桌前的墙上，贴着用隶书〔8〕写着的三寸见方〔9〕的一张"慢"字；女儿的床铺下，原来装电视机的纸箱子里，塞满了她一年来写的剧本、小说和诗歌手稿，而发表出来的只有寥寥几篇，一位经验丰富的老作家对她说："你要学会写得慢一点、少一点、短一点。"她这些天体会到了"越慢越难"的道理，所以给自己贴上了一个"慢"字。而沈校长书桌前方的墙上，也贴着用隶书写着的三寸见方的一张纸，却是一个"快"字，那也是女儿贴的，她本是开玩笑，因为她说母亲一举一动，总给人一种恨不能把事情办得快一点、多一点、每天办事的时间长一点的感觉，因此恰需一个和自己相反的座右铭〔10〕。沈校长见了这个"快"字只是一笑，任它贴着。

沈校长落座到修补过的藤椅上，女儿把自己那边床头柜上的电唱机盖子打开，问道："您要听哪张？"

这是母女晚饭后例行的一种享受，简直有点"雷打不动"〔11〕的气概。

"《春江花月夜》[12]吧。"沈校长仰靠在椅背上，闭上了眼睛。

乐声飘荡在居室里。沈校长觉得自己仿佛坐在河滩边的草地上。没有月光，却有晨雾。地上钻出一株又一株的小树，树上都结着核桃般大的苹果。带有小小的疤结[13]，并且有着亲爱的人身上的体温和硝烟的气息……

《春江花月夜》的最后一个乐句结束了。沈校长依旧靠在椅背上，仿佛已经入睡。但是女儿刚把针头从唱片上移开，她便霍地站起身来，用双手拢拢花白的短发，抖擞一下精神，到外屋找到自己的提包，然后，便听见一声门响。那下楼的脚步声比上楼更加迅速。女儿谛听着。微笑，摇头，叹了口气。

二

下到一楼楼梯口，沈校长看了一下手表，七点十八分。她脑中立时浮现出区教育局长老王在家中伏桌吃饭的景象：谢了顶的前额，映着灯光，连鬓胡子顾不得刮，沾着汤水……她果断地走到公用电话前，打通了电话。听得出王局长嘴里还有嚼饭的声音。

"我正吃饭呢。"

"闻见酒味了。只有这时候才能逮着[14]你。"

"好厉害！你在哪儿呢？还没家去？"

"刚吃完饭。这是我们楼下的公用电话。喂，给郑老师补助的事，你们研究定了没有？"

"唉呀，你也知道现在的规定，给学生补课，可以按照超钟点费补助；你们那个活动，属于教师业务进修性质，不能补助啊……"

"世上的规定没个不能变的！我以为只给学生办补习班，抓升学率，而撂下青年教师的业务进修不管，那是治标[15]不治本[16]！说到头，教学质量要由教师队伍的质量来保证。我们现在是初中毕业的教初中，高中毕业的教高中，这叫做'近亲繁殖'，要引起'物种退

330

化'的！……最近不少校外的人出高价找郑老师补习，可他宁愿在本校义务劳动——早让你到他家瞧瞧你总不去，一毛钱的肉末三尺长的懒龙〔17〕，大儿大女上下铺……"谈到这儿，她脑海中浮现出瘦高个儿，硬白短发、清癯〔19〕面庞的郑老师，正吸着一角八分钱一包的纸烟，那种烟盒是连攒烟盒叠三角玩的小朋友都不屑一顾的；跟着又浮现出郑老师的爱人在愤愤地翕动着的嘴唇，而郑老师用身子遮住她，红着脸一个劲地重复着："没什么没什么，我们过得去过得去……"沈校长简直就要发出一声叹息了，然而她没有功夫，因为她必须言简意赅〔19〕："无论如何我们应当给他补助。你们早点开会把这事定下来！"

"我们一定研究研究，研究研究。"

"什么时候研究好？下星期三行不行？"

"就下星期三答复你吧！"

从电话里隐约可以听见老王爱人催他快回去吃饭的声音，但是沈校长还不能让老王马上离开电话。

"房子呢？他一家三代五口住十二米，已经十七年了……"

"唉呀，最近市里往下分统建的宿舍，咱们一个单元没捞着〔20〕呀。谁重视咱们这个教育口〔21〕呀？咱们盖教师公寓的钱也到手了，材料也到手了，图纸也有了，可就是没人给施工——说是别的项目都比咱们急需，这个情况你不是不知道！"

"可我还知道，局里滕副局长最近就弄到了一个单元……"

"唉呀，那是老滕自己走后门弄的啊……"

"你明天就让老滕给我们郑老师也从后门弄一套，尽快给我个信儿。要不——"

对方笑了："唉呀老沈呀，你这急脾气！还是要团结嘛！"

"你别误会——我是说，要不，我打算跟郑老师换房！"

对方一愣："那不行啊，按落实政策的规格，你们现在的房子还小了呢！"

"可是我希望你们能更注意教师的住房规格。好，先饶了你，你快吃饭吧！"

挂上电话，沈校长出了楼，楼下白杨树下有几个正大声发牢骚的的长头发小伙子，全用手掌罩住香烟，尊敬地招呼她。沈校长真想同这些新产业工人畅快地谈谈，但是她只来得及对他们微笑地点了点头。她朝车站走去的步伐是碎而急的，腰板挺得很直。

三

一进校门，就看见青年教师进修班的那间教室灯火通明。在周围渐浓的夜幕中，这灯光恰似一团篝火，使沈校长心中顿感无比温暖、熨贴〔22〕。

她轻轻拉开了教室后侧的门，闪进身去，在最后一排的空位子上坐下来。习惯性地看了一下手表：七点四十三分。那么说，郑老师已经讲了十三分钟了。

郑老师并没有向她瞥视一眼，依旧一板一眼地讲他的课，不时在黑板上写着公式，用粉笔点着值得特别注意的地方。二十来个数理化三科的青年教师，并无规律地散坐在教室各处。聚精会神地听他讲着："我教了三十多年，换了多少拨学生，他们有那么多的不同之处，可就是一学到这儿，准出现普遍性的概念混淆，这都说明，是一种值得注意的心理现象——凡十五岁左右的学生，多数会有这种心理反应……"

沈校长静静地坐在那儿，嘴角的笑纹舒展开来。郑老师果真拿出了看家本领〔23〕来。一些青年教师自学相当努力，但教学上仍旧改进不大，这就是因为他们缺乏郑老师这种将学科知识、教材分析、组织教学、掌握学生心理特征、活跃课堂气氛……乃至教师人身修养等等熔为一炉〔24〕的经验。

沈校长逐一观察着参加进修的青年教师，满意地微微点着下巴。忽然，她象丢失了一件什么东西，局促不安起来，她又仔细环顾了一下整个教室，便倏地站了起来，轻而快地走出了教室。

332

她沿着一条通向校园后身的甬道〔25〕快步走去，脚下踩着一些枯叶，发出窸窸窣窣的声音。经过操场的时候，她想起了校务会议上关于增添体育器械的决定。眼光不禁朝存放体育器械的棚屋一瞥。秋风扑到她的身上，操场上空开阔的宝蓝色夜穹上滑落了一颗流星，这使她猛地忆起了十三年前的秋天，她被剃了"阴阳头"〔26〕、锁在那棚屋里，睡觉时也不许摘下"反革命修正主义分子"的黑牌的情景；有一天她也曾从棚屋的缝隙，看见过一颗流星，那颗流星带给了她复杂、痛苦、博大而悠远的联想。但是此刻，她顾不上发出一声叹息，因为她有很紧迫的事情要作——杨玉梅为什么没有去听郑老师的课？

她朝杨玉梅的宿舍走去。老远就可以看到她的宿舍里黑着灯。这使沈校长心中不快。她最近连续听了杨玉梅十多节初二的数学课，不能说杨玉梅教学不认真，但是班上高材生提出十个问题，她只能答出四、五个。这样教下去是不行的。

隔几个窗户，体育教师霍伟民的宿舍亮着灯。沈校长走过去，隔窗呼唤着："小霍！"

"沈校长！"是一男一女两个声音在回答。

门开了。屋里扑出来一股暖气。霍伟民和杨玉梅都站到门边迎接她。

进了屋，沈校长望望两个青年教师的眼睛。他们是坦然的、无邪的〔27〕。在这样一个秋天的夜晚，在这样一个僻静的校园，他们这样一对青年男女聚在一间这样的小屋里，会使某些道学先生〔28〕们生出许多不雅〔29〕的联想。但是沈校长信任他们，并为他们坦然的态度所感动。她在心里默默地完成了一个加法：两人合起来已经五十三岁，她真想再给老王打个电话，敦促他再去敦促城建部门快盖教师公寓。

但是，杨玉梅没有去听课，这是不能不问的："你怎么没到前头去听郑老师讲？"

小霍抢着替杨玉梅解释。原来她那班上有个男生冯福润，中午偷吃了同桌女生陈美玲从家里带来的果子面包，下午杨玉梅找他谈话，批评他，他还噘嘴〔30〕。放学后，更有同学来告状，说是冯福润说了，要是杨老师找他家长告状，他就"花了"她——也就是要让她流血。

"那个冯福润是个混球〔31〕，他什么蠢事都干得出来的！"小霍很是着急。显然，为了保护杨玉梅，他简直愿意跟她寸步不离。

"你批评冯福润的时候，是不是谈了什么伤他自尊心的话呢？"沈校长问杨玉梅。

杨玉梅捻着辫梢，眼里流露出惶恐与委屈："我记不得有那样话。我是坚持讲道理。可是他这样威胁我，我受不了。想起明天他可能来捣乱，甚至真要耍混〔32〕，我就踏不下心来。"

"我打算明天一早到校门口憋着〔33〕冯福润，"小霍认真地说："先对他发出警告，不许他跟杨老师捣乱；他还是怕我的。"

"这样不妥。"沈校长看看表：八点零四分。她对杨玉梅说："你还是先去前头，听郑老师的课。明天我们再一块研究冯福润的事。"

她随杨玉梅一块出了屋。把杨玉梅送进了教室，她主意已定。不一会儿，她已经行进在通向冯福润家的街道上。

四

她在冯福润住的那条胡同口上站住了。一群孩子在路灯下追跑嬉戏。路灯一侧有株粗大的槐树，斑驳的树影撒向胡同深处。她拉住一个胖男孩问："你认识冯福润吗？我要找他。你帮我去叫一下吧，我在这儿等他。"

"你干嘛不到他们家去？"胖男孩仰头望着她，天真地说："他爸他妈都在家。"

"你别找到他们家去。"围拢过来的孩子里，一个缺门牙的瘦男孩却认真地警告说："冯福润一早就挨了打，都没许他吃中午饭。"

沈校长心里打了个闪。她在开学之初搞学生情况抽样〔34〕分析时，接触过冯福润的材料。他的亲妈去世三年了，父亲带着他和一位

334

寡妇组成了新的家庭。那寡妇原有两个女儿，结婚后他们又添了一个男娃娃，现在是四个孩子三种待遇。新生儿是家庭中的头等公民，母亲的亲生女儿是二等公民，而冯福润是最末一等。

"我不去他家。他妈妈会以为我是告状去的，那我走了也许又会打他。我要跟他交个朋友，好好地谈一谈。你们说好不好？"沈校长微微俯下身子，用平等讨论的语气说。

胖男孩和瘦男孩都使劲点头，其他孩子笑嘻嘻地站在一旁。

"成，我去找他吧——我知道 他 在 哪儿。他最不爱在自己家呆着，他准是到老蔫〔35〕家打扑克去了。"胖男孩扭 身 要跑，但是"咕咚"一声响，闪下一道黑影，把大伙吓了一跳。原来从槐树上跳下来一个少年，他穿着单薄而不洁的衣衫，棱角分明的脸庞上，两只大眼睛活象两盏深藏在岩洞中的灯，闪闪地放着光。他腮边有一大块癣〔36〕，被路灯照得格外明显。

他双手插在裤兜里，望定沈校长，冷冷地说："甭找。我在这儿。"

沈校长高兴得就象遇上了久别的亲人，她抢上一步，拍去冯福润肩膊上的半枯的槐叶，亲切地说："咱们到那边谈谈，好吗？"

她引着冯福润往街上走，冯福润默默地跟着她。走到一家日夜服务的小吃店门口，沈校长停住脚，建议说："这 里 头 暖 和，人 也 不多，我们在里头聊聊，好吗？"

冯福润拧〔37〕着眉头，恨〔38〕着沈校长。他认定这是个圈套，他右手在裤兜里狠狠地捏着一根三寸长的大铁钉。 他把头一歪， 豁出去〔39〕似地说："里头就里头！"

他们在角落上的一张餐桌坐了下来。

"你去买。"沈校长把钱包递给冯福润："咱们各吃一碗馄饨，好吗？你想吃点什么干的，随便选两样吧。"

冯福润恨着桌上的钱包，一动也不动："我不吃。您吃您自个儿买。"

沈校长微笑了，眼角的鱼尾纹闪动着。冯福润用了"您"字，这就有希望使心与心相通。

"我是长辈，再说我累了。"沈校长在椅子上坐得更舒坦些，理着耳后的头发说："应该你去。"

冯福润赌气似地一把抓过钱包。不一会儿他端回两碗馄饨，都搁到沈校长面前，又把钱包放到碗边。"您点点数。"他用鼻尖指指钱包，对沈校长说。

沈校长收回钱包，把一碗馄饨挪到冯福润面前："趁热吃。你的情况我还是清楚的。怪我们学校对你关心不够。你没有了亲妈，你后妈对你不好，我们当校长的，当老师的，就应该作疼爱你的妈妈；学校、班级，应该成为给你温暖和保护你的家。福润，趁热吃吧。一边吃，你一边把心里话跟我说说。"

冯福润的右手在裤兜里松开了铁钉。他的心用力地跳着。

沈校长并不催促。她平静地吃着馄饨。

"沈校长，"这里冯福润对她的第一声称呼，她抬起头，满怀爱怜地望着眼前这个脸上长癣的学生，期待着他下面的话。

"沈校长，"冯福润爆发似地说："我不想上学了，快点分我工作吧。我要挣钱，自己养活自己，我还能 …… 赔 陈 美玲 一个果子面包！"

沈校长用搪瓷勺搅着馄饨汤，推心置腹地说："你把你的心事告诉了我。我也把我的心事告诉你。你 爸爸 和 你 后 妈 他们 偏 心 眼儿〔40〕，除了钱不够，心里烦，主要是没受过多少教育。关键是让咱们国家富起来，让大伙儿变得有文化、有教养。福润呀，你要咬着牙把学上到底，好好学，学出一身本事来，建设祖国，将来你一定能和大伙一样，过上幸福的日子。你要原谅杨老师，她好比你的大姐姐，刚教书没经验，心是好的，说话上可能伤了你，弟弟怎能记姐姐的仇？……我心里很着急，我怕你一时糊涂，明天到学校惹出什么事来，结果我就得扔下好多好多该办的事，来处理你捅的漏子——而你既不是流氓，也没有什么坏思想，只不过是一时想不开，那多没意思！我的心事你能明白吗？"